国家出版基金项目

国家无障碍战略研究与应用丛书（第二辑）

无障碍与文化传播

赵淑萍　吴炜华　著

辽宁人民出版社

图书在版编目（CIP）数据

无障碍与文化传播 / 赵淑萍，吴炜华著. —沈阳：辽宁人民出版社，2021.12
（国家无障碍战略研究与应用丛书. 第二辑）
ISBN 978-7-205-10396-5

Ⅰ. ①无… Ⅱ. ①赵… ②吴… Ⅲ. ①残疾人—社会服务—文化传播—中国 Ⅳ. ①D699.69

中国版本图书馆 CIP 数据核字（2021）第 266889 号

出版发行：辽宁人民出版社
地址：沈阳市和平区十一纬路 25 号　邮编：110003
电话：024-23284321（邮　购）　024-23284324（发行部）
传真：024-23284191（发行部）　024-23284304（办公室）
http：//www.lnpph.com.cn
印　　刷：辽宁新华印务有限公司
幅面尺寸：170mm × 240mm
印　　张：16
字　　数：240 千字
出版时间：2021 年 12 月第 1 版
印刷时间：2021 年 12 月第 1 次印刷
责任编辑：石　玥　郭　健　赵学良
装帧设计：留白文化
责任校对：冯　莹　耿　珺
书　　号：ISBN 978-7-205-10396-5
定　　价：70.00 元

总 序

张苏军

欣闻《国家无障碍战略研究与应用丛书》（第二辑）付梓，这份欣喜，既表达了对我国无障碍事业的蓬勃发展态势的喜悦，也有为那些投身于无障碍事业的各界人士的赞许，更饱含对创造更加宜居、宜业、宜游、舒适美好生活环境的期待。此套丛书的出版，对助力我国无障碍法治环境建设，以法治的精神、法治的力量和法治的感召，深入推进我国无障碍环境建设高质量发展，向世界展示中国方案、中国作为和中国成果，意义重大。

此套丛书汇集了我国无障碍理论研究的最新成果，聚合了北京大学、清华大学等国内高校和科研机构专家团队的力量，以多元视角、在诸多层面，系统性地对无障碍的社会价值、经济价值、科技创新等领域进行研究，同时对我国无障碍社会实践进行了深化梳理和总结，对城市更新、适老化改造、全龄友好型社区和残疾人家庭无障碍改造等进行了细化研究，为不断满足人民群众日益增长的对美好生活的需要，促进人的全面发展、逐步实现共同富裕的目标等提供了理论支持，发挥了无障碍理论研究与实践融合的独特作用及价值。

习近平总书记指出：“无障碍设施建设问题是一个国家和社会文明的标志，我们要高度重视。”这为我国无障碍事业发展提供了遵循，指明了方向。无障碍环境建设是一个国家科技化、智能化、信息化水平的体现，是一个国家经济建设和社会建设水平的体现，也是一个国家硬实力和软实力的综合体现。无障碍环境建设的高质量发展，将更好地满足人民群众日益增长的需

张苏军　第十三届全国人大常委会委员，第十三届全国人大监察和司法委员会副主任委员，中国法学会党组成员、副会长。

求，充分体现“以人民为中心”的发展理念。我国有8500多万残疾人，有近2.64亿60岁以上老年人，是世界上残疾人口和老年人口最多的国家，在无障碍环境建设方面有着巨大的现实需求。消除公共设施、交通出行、信息通信等领域的障碍，让广大老年人、残疾人平等地参与到康养、教育、就业和社会生活中，加强无障碍环境建设，是保障全社会成员特别是残疾人、老年人等有特殊需求群体融合共享社会生活的重要前提，是完善城乡基本公共服务的重要内容，是应对老龄化、满足适老化需求的重要措施，是建设美丽中国、健康中国的重要体现，是国家经济发展、人权保障、社会文明进步的重要标志。对于提升老年人、残疾人的社会适应能力，促进社会融合具有重要的现实意义。

近年来，我国无障碍环境建设发展迅猛。无障碍法规政策标准体系不断完善，无障碍设施、无障碍信息、无障碍服务水平不断提高，城乡无障碍环境建设方兴未艾，社区、残疾人家庭无障碍改造受益面不断扩大，无障碍环境建设取得的成就，在国内外彰显了重要的人文价值，产生了良好的社会影响。党的十九届六中全会总结中国共产党从小到大、从弱到强，从胜利走向胜利的根本经验，就在于依靠人民、服务人民、赢得民心。坚持以人民为中心的发展思想，着力保障和改善民生，着力解决人民群众急难愁盼问题，加强基础性、普惠性、兜底性民生保障建设，在幼有所育、学有所教、劳有所得、病有所医、老有所养、住有所居、弱有所扶方面不断推进。为人民创造安宁祥和、稳定有序的社会环境，才能让人民生活全方位改善，获得感、幸福感、安全感更加充实、更有保障、更可持续。这其中，高质量推进无障碍环境建设发展是必不可少、大势所趋的应有之义。

应该看到，当前我国无障碍环境建设与经济建设和社会发展水平还不相适应，无障碍环境建设还面临着诸多亟待解决的困难和问题；我国法律中关于无障碍的规定还不系统、不规范，法律之间缺乏有效衔接，而且多部专业领域的法律中未涉及无障碍环境建设的规定内容，因此，需要整合并形成系统完善的无障碍专门法律，强化无障碍法规政策实施落地的切实举措，进一步以法治来推进无障碍环境建设与国家社会经济发展和人权保障成果的融合，以法治来建立新冠肺炎疫情防控工作中的无障碍环境保障长效机制，以法治来促进无障碍环境护佑人民群众生命安全和身体健康，以法治来保障我国无障碍环境建设持续健康高质量发展，满足社会全体成员对无障碍环境建设日益增长的迫切需求。

无障碍环境建设立法已成为当前重要课题，是新阶段推进无障碍环境建设的必然所需，亟待加快无障碍环境建设立法进程。无障碍环境建设是一项整体的社会改造工程，不仅需要政府的主导，还需社会力量，特别是科研机构、社会组织等的广泛参与。无障碍立法既要立足现实，也要有前瞻性，要在中国特色社会主义法治体系之下探寻无障碍建设的法治保障，满足广大社会成员日益增长的无障碍需求，实现无障碍环境建设的高标准、高质量发展。

借《国家无障碍战略研究与应用丛书》（第二辑）出版，向促进社会美好和谐发展的中国无障碍事业致敬！向丛书全体编创人员表示感谢和敬意！

2021年11月

国家无障碍战略研究与应用丛书（第二辑）

顾　问

叶静漪　庄惟敏　吕世明

前 言

新千年以来，世界各国对信息无障碍的理念认同、技术应用和实施标准达成了基本的共识。在生命权利和知识权利的宏观框架里，残障人士的无障碍文化权、信息权和传播权的水平和能力成为评估政策、社会和文化水平的重要指标。《中国信息无障碍发展白皮书（2019年）》指出："信息无障碍工作要求所有的信息产品和信息服务都能适应每个人的身体特点，让任何人在任何情况下都能平等地、方便地使用一切信息产品和一切信息服务。"

无障碍文化信息传播在信息无障碍概念基础上发展而来，是以数字人文和全纳教育思路构建的一种信息传播模式及文化格局，以综合描绘现代社会中残障人群的文化参与、信息可及与传播素养的能力状况与应用情境；对一个社会的无障碍文化信息传播的效能评估基于信息科技的无障碍指标，不仅需要在国家与社会层面监测其所反映的群体权益，也需要观察单一社会主体的文化适应能力与信息获取技能的日常性体验。

首先，无障碍文化信息传播是对信息环境、渠道、接受与发散公平的整体性描述，是残障、老年等弱势人群的信息权、知识权和传播权的保证，更是建设新时代和谐信息社会的根本需要。

其次，无障碍文化信息传播是在政策导向、技术驱动与社会共建等多方力量的多元协同下开展的公益性质的知识与能力赋权行动，不仅需要逐步渐进消除客观性、物理性障碍，更要改变主体性和观念性障碍。

最后，无障碍文化信息传播的实现，紧密结合在现代社会的复杂网络之中。宏观层面，无障碍文化信息传播需要扎根于先进的无障碍政策环境和开放包容的社会环境的结构性框架之中；中观层面，无障碍文化信息传播孵化于全面、友好的无障碍技术环境之中；微观层面，无障碍文化信息传播是社会主体无差别的文化、媒介、信息消费的日常化实践。三个层面的交织融合与复杂动力，推动着无障碍文化信息传播在现代社会的发展与差异性表达。

本书纵览历史且聚焦当下，从信息无障碍的政策演变、技术变迁、社会行动与文化表达等多个视角展开对无障碍文化信息传播的推进与应用的现象与学理分析。

本书写作之际，恰逢中国成功抗击新冠肺炎疫情，全国人民同心协力扶贫攻坚的伟大时代。中国无障碍文化信息传播的发展从萌芽到变迁、从提升到转型，正体现了新时代的中国社会伟大的创新力、创造力、想象力与行动力。习近平总书记强调，残疾人是社会大家庭的平等成员，是人类文明发展的一支重要力量，是坚持和发展中国特色社会主义的一支重要力量。残疾人完全有志向、有能力为人类社会作出重大贡献。这一重要论述，进一步强调了残疾人的价值，阐释了在社会主义大家庭内残疾人应有的社会地位，揭示了残疾人对推动社会文明进步的重要作用。无障碍文化信息传播所彰显的全面、包容、平等、先进的文化观、信息观与传播观，是残疾人的社会能动性、文化主体性充分发挥的基础，也是发挥残疾人社会贡献、技术理想和文化价值的基础。中国无障碍文化信息传播的发展道路之上，虽有光明，但仍有艰难坎坷，唯有以本土发展的立场和扎根现实社会的精神来指导研究，才有可能真正理解其创新探索的丰富内涵。本书抛砖引玉，自有缺漏之处。在理论框架和方法论模型上均有不足，研究发现的进一步优化空间很大。希望在未来的研究中，我们力争克服缺陷，完善方法，建设理论，为中国无障碍研究贡献新知与参照。

赵淑萍　吴炜华

2021年6月

目 录

第一章

中国信息无障碍的理念演进、政策倡导与实践模式

第一节　信息无障碍的理念演进

一、信息无障碍的理念缘起

信息无障碍起源于“无障碍”（barrier-free）理念。“无障碍”孕育于早期西方的民权运动对生存权的抗争，旨在让残障者享受与健全人平等的生活，改善残障者在社会生活中遇到的不平等待遇，弥合其物质生活中的诸多不便。在联合国《残疾人权利宣言》《关于残疾人的世界行动纲领》等文件的倡议下，无障碍成为世界范围内的共识，反对以健全人为中心的不平等的社会，倡导通过无障碍设计与技术支持，让残障群体回归社会主流，融入社会生活。而随着无障碍理念在各类建筑、交通、公共设施中的日臻完善，在物理设施之外的信息屏障成为阻碍残障群体自由、平等参与社会的一个更加严峻的问题。进入信息社会，信息传播科技（Information and Communication Technology, ICT）正以前所未有的力量改变着人类的生存方式与思维认知，从日常生活到教育、医疗、交通、经贸交易，信息为个人发展与社会进步带来了新的机遇，而信息弱势群体因各类身心缺陷而流落于信息鸿沟之中。在高度文明的社会中，无论其经济状况、健康状况、年龄、学历如何，都应当享有平等地获取使用信息、参与社会生活的权利，这也是建设和谐社会的关键。因此，“无障碍”理念逐渐进入信息传播领域，信息无障碍事关民生福祉，也是衡量一个社会发展程度的重要标志。“信息无障碍”理念成为世界各国建设无障碍社会的核心关切与共识。

“信息无障碍”（information accessibility）是指任何人在任何情况下都能平等、方便、无障碍地获取信息、利用信息[①]。我国电信主管部门对“信息无

① 赵英，赵媛．信息无障碍支持体系研究［M］．成都：四川大学出版社，2012：1.

障碍”概念进行了明确定义：信息无障碍是指无论健全人还是残疾人，无论年轻人还是老年人都能够从信息技术中获益，任何人在任何情况下都能平等地、方便地获取信息、使用信息。“信息无障碍”的概念最早由加州大学教授E. 斯旺森（E.Swanson）在1992年提出，彼时，人们对信息无障碍的理解侧重于信息技术对组织内信息交流的影响。2000年，八国首脑会议发布了《全球信息社会冲绳宪章》，提出了“每个人都应该可以使用信息与通信网络”“特别注意社会弱势群体、残疾人和老年人的需要和限制，并积极采取措施，使得他们可以获得和使用”，倡导“逾越数字鸿沟”。此后，“信息无障碍”理念在世界范围内得到广泛推广。

2004年，第一届中国信息无障碍论坛在北京召开，对“信息无障碍”的发展理念有了更加具体化的认识，也为中国信息无障碍的发展提供了富有操作性的指南。“所谓信息的获取和交流的无障碍主要是指公共传媒应使听力、言语和视力残疾者能够无障碍地获得信息，进行信息交流，如影视作品和电视节目的字幕、解说、电视手语、盲人有声读物等。这里的公共传媒主要是指电子信息媒介，如广播、电视、移动通信、网络等通信手段或设备。”2006年联合国大会上通过的《残疾人权利公约》规定，“缔约国应当采取适当措施，确保残疾人在与其他人平等的基础上，无障碍地进出物质环境，使用交通工具，利用信息和通信，包括信息和通信技术和系统”，对保障残疾人的信息权益提出了明确要求。[①] 同年，中国提出了系统化制定信息无障碍标准的思路，并开始着手建立《信息无障碍标准体系框架》。信息无障碍日益进入中国社会保障与城市规划的视野，中国的信息无障碍事业开始快速发展。

二、信息无障碍的内涵与构成

随着信息社会的发展，信息成为人们参与社会生活的环境要素，也是人们认识世界、作出行动不可或缺的中介物。信息的无障碍传播成为超越物理层面无障碍基础设施的更深远的社会需求。

2006年，工业和信息化部（原信息产业部）发布了《信息无障碍标准体系框架》，将信息无障碍的服务对象聚焦在四类群体：

① 郭亚军，卢星宇，张瀚文．人工智能赋能信息无障碍：模式、问题与展望［J］．情报理论与实践，2020（4）：1–11.

（1）身体机能差异人群：主要包括残疾人、老年人等身体机能缺失或退化的群体；

（2）基础环境差异人群：主要包括通信基础落后的农村地区人口以及城市低收入人口；

（3）语言文化差异人群：主要包括不同语言文化背景的人群；

（4）行为习惯差异人群：主要包括对信息工具具有不同使用习惯的人群（例如左利手）。

其中，残疾人与老年人是获取与使用信息障碍最多的两类群体，是信息无障碍服务的主要目标对象。据统计，当前全世界患有听力障碍的人达 3.6 亿，视障人群约有 2 亿。中国有世界上最大的视听障碍人群，其中，1731 万视障群体，听障群体达 3000 万。随着中国逐渐步入老龄化社会，老年人口的比例逐年攀升，截至 2018 年底，我国 60 周岁及以上人口已达 2.49 亿。中国是信息无障碍工作的倡议国和发起国之一，我国的信息无障碍事业经过 70 年的发展，从认识理念到政策与制度建设，再到实践与应用，均积累了较为丰富的经验，初步建立起中国信息无障碍体系（如图 1-1-1 所示）。信息无障碍以政府为主导，全面推进信息无障碍事业发展，形成了一系列政策性规范，并面向国际提出了具有广泛适应性的技术标准。近年来，伴随着信息社会的日臻完善，尤其是智能数字技术的逐步成熟，中国逐步建设起多元协同的信息无障碍体系，实现了从“无障碍”理念，到各层级制度建设，再到政府、

图 1-1-1
信息无障碍体系

公益组织、图书馆、企业、媒体等多层次多主体的丰富实践。

随着对信息无障碍的理念发展与延伸，信息无障碍主要体现在以下两个维度：一方面，面向内部，探索信息领域自身技术、硬件设备 / 设施、软件服务的无障碍化；另一方面，面向外部，延伸信息领域与建筑、交通等其他领域无障碍环境建设的融合。[①]

第一，信息无障碍聚焦无障碍技术的开发与应用，关注技术的“可及性”。技术的可及性是信息可及性的基础设施与前提条件。自信息无障碍理念的提出以来，一种“技术中心”的视角成为相关研究的主流范式以及政策、实践的主要发展方向，尝试通过改进信息传播科技，来弥合残障或弱势群体用户在接收信息、传播信息过程中的使用障碍。在传统媒体时代，信息无障碍主要围绕改进报纸、图书、电视等媒体的硬件技术与服务，盲文图书、手语电视节目、口述影像、无障碍图书馆等成为残障群体主要的信息接触媒介。截至 2017 年，全国省、地市级电视台共开设电视手语栏目 285 个，广播电台共开设残疾人专题广播节目 223 个，省、地、县三级公共图书馆共设立盲文及盲文有声读物阅览室 959 个，座席数达 2.5 万个。随着传播科技的革新，互联网为信息无障碍提供了更加便捷、完善的解决方案。以集成各类无障碍应用的智能手机以及可穿戴设备为主体的无障碍媒介，将无障碍的信息服务与残障群体广泛的社会生活相连通。

第二，信息无障碍聚焦无障碍环境的融合与互动，关注信息无障碍的融合性。在技术可及的基础上，信息无障碍逐渐从一个技术问题，成为深入广泛社会肌理的社会问题。信息无障碍理念的内涵，不仅是指消除由于身体或者其他原因造成的获取和使用信息方面的障碍，更是要实现现代信息技术与无障碍设施与服务的融合。[②] 在新的社会环境下，信息与传播科技为残障群体的社会交往、人际沟通提供了便捷，提升残障群体参与信息传播的自主性与独立性，真正融入到健全人的社会生活中，享受与行使公民权利，让信息领域与公共卫生、教育、建筑、交通、文化与娱乐等领域相融相通，构建多

① 中国信息无障碍发展白皮书（2019 年）：中国信息通信研究院、深圳市信息无障碍研究会，2019.

② 中国信息无障碍发展白皮书（2019 年）：中国信息通信研究院、深圳市信息无障碍研究会，2019.

元协同的信息无障碍体系，并进一步营造平等、包容、共享的无障碍社会环境。

三、信息无障碍发展理念的演进趋势

中国信息无障碍事业历经70年的探索发展，从早期引入、借鉴海外概念，到如今发展出富有中国本土特色、适应中国国情的信息无障碍体系，其理念与内涵逐步成熟，彰显出具有引领性、科学性的发展演进趋势。

（一）全员化

信息无障碍不仅关系到残障、弱势群体，更关系到每一位社会成员。狭义的信息无障碍所关照的对象主要包括视障人群和听障人群。而随着信息无障碍的理念在更广泛社会领域的推广，信息无障碍所聚焦的主体从视力、听力、言语障碍者拓展到更大范围的残障群体、老年群体、儿童等“信息中下层”[①]群体，为尽力弥合信息化时代越发严峻的“数字鸿沟”提供了有效途径。面向未来，信息障碍可能在更多健全人的社会生活中发生，因此，面向全体社会成员的信息无障碍将成为未来的演进趋势。同时，在政府的主导与推动下，参与信息无障碍事业的行动主体向着企业、社会组织、公益团体等方面延伸，动员起全社会的力量。信息无障碍行动惠及全民，友好包容，形成多元主体协同共建的良性互动。信息无障碍事业已经从单纯关怀弱势残障群体，演变为创建全人类共享的信息无障碍环境。信息无障碍理念渗透进入社会全员、全程，将为人类的生活环境带来更为宏观、整体性的革新。

（二）智能化

信息传播科技的日新月异不断刷新信息无障碍建设的格局。2002年，中国盲文出版社开发了针对视障群体的电脑软件产品，并以“阳光”来命名这款软件，以表达信息技术对视障人群的特殊意义。多年来，“阳光”参与到了盲人的生活、工作、学习各个领域，使用群体覆盖国内外。随着人工智能、大数据、可穿戴设备、未来媒体等信息科技走向成熟，信息无障碍理念助推着科技产品与服务的创新，也让越来越多的身心弱势群体共同享受互联网科技的红利，引领信息无障碍事业实现跨越式发展。语音、文字、视听等不同

① “信息中下层”（middle and lower classes of information）指包括聋哑人在内的残疾人等信息弱势群体，他们是在社会分层中处于中下层的群体，其信息地位也往往处于中下层。

媒介类型的实时转换能够为视障、听障人群在不同场景下的信息获取与传输提供便利；人工智能识别技术协助视障群体辨识图像，走入正常社交生活；智能家居、智能穿戴设备让残障弱势群体能够自主操控家居设备、参与社会活动；而大数据技术正带来更加精准化、个性化的无障碍信息服务。智能化的信息无障碍理念推进着相关信息产品与服务的创新，将信息领域的无障碍建设引入纵深。

（三）国际化

消除信息障碍、共享人类文明是全球政府、公益组织、教育科研机构等共同关心的话题，各国在制定各自的信息无障碍标准的同时，也在努力弥合国际间的理念差异与实践矛盾。随着我国在无障碍建设领域的越发自信、开放与成熟，我国的信息无障碍工作与国际密切接轨，在学习与借鉴他国经验的基础上，与国际电信联盟（ITU）、万维网联盟（W3C）等国际标准组织展开合作，探索富有全球推广价值、世界统一标准的信息无障碍建设框架。

（四）协同化

早期的无障碍理念主要聚焦于建筑、交通、公共环境等领域，已在这些相关领域积累了成熟的建设经验与模式。随着信息传播在广泛的社会领域中发挥着越来越重要的作用，信息无障碍与其他行业领域呈现出协同发展、共享共治、相互融合的发展趋势。在交通方面，信息化导航定位、无障碍地图在交通信息服务中得到广泛应用；在建筑方面，物联网信息技术、智能感应技术等实现了残障群体与建筑物的联通。在城市生活的方方面面，信息无障碍理念正在将以人为本的平等、包容融入其中，逐步成为协同未来智慧城市的核心要义。

（五）制度化

从抽象概念与零散的社会行动到层级完备的制度法规，信息无障碍理念的变迁与丰富的法规、标准的制定共振，以国家意志保障残障群体的合法权益。以《中华人民共和国残疾人保障法》为基础，我国发布了《无障碍环境建设条例》《无障碍环境“十三五”实施方案》等法律、行政法规、规章制度文件等政府文书，建设起等级清晰完备的无障碍政策体系。与此同时，在政府部门的主导下，我国工业和信息化部逐步制定出系统化的信息无障碍技术标准。2008 年，在北京奥运会、残奥会的推动下，标准化网络无障碍建设行动在国内外产生广泛影响，一系列的技术服务标准在奥运会、世博会等重大国际活动中得到应用与推广。制度化的信息无障碍发展理念为相关研究与行业实践提供了根本依据与方向引领，标示出中国信息无障碍事业的发展目标与高度。

（六）常态化

除了满足基本的日常生活必要需求之外，信息无障碍理念逐步面向残障、弱势人群更高层次的文化需求、知识与教育需求以及娱乐消遣需求。在更广泛的领域内，信息无障碍正成为常态，在移动新媒体技术的加持下，逐步建立起残障群体“感知—理解—操作”的信息传播路径。例如，围绕特殊教育，信息无障碍建设迅速发展，互联网线上教育、虚拟教学为信息弱势群体突破时空限制提供了便利。通过教育教学无障碍建设，残障弱势群体拥有了更充分的受教育的机会，为实现“信息中下层”群体的社会阶层跃升提供了知识资本积累。日趋常态化的信息无障碍建设极大地改善了残障群体的生存状态，赋予他们与健全人平等的感知、参与社会生活的权利。伴随着信息传播领域的垂直细分，信息无障碍理念也逐渐落细、落小，呈现出多领域细分、垂直化发展的趋势，为信息弱势群体搭建起更加立体多彩的美好生活。

第二节　中国信息无障碍的政策倡导

信息无障碍作为社会主义全面信息化建设的构成部分，事关残障人士、老年人等特殊群体的生存发展权益。改革开放以来，在各项法律法规、规范性文件的推动下，中国信息无障碍建设实施不断推进。目前，我国已形成以联合国和中国社会政策制度为共同保障的信息无障碍政策体系。其中联合国《残疾人权利公约》构成信息无障碍政策落地的国际框架，《中华人民共和国宪法》为信息无障碍建设提供了本土法律保障的根本依据。除此之外，《中华人民共和国残疾人保障法》《无障碍环境建设条例》等涉及我国残疾人权益保障的 80 多部法律、50 多部行政法规和众多规范性文件[①]，共同构成了当下推进信息无障碍建设的政策体系环境。借助中国法律信息网——法律之星搜索库，以“信息无障碍”“信息交流无障碍”“无障碍”“残疾”“盲人”“聋人”等关键词进行交叉检索，对改革开放 40 多年来（1978—2020 年）信息无障碍的政策和法规文件（不包括地方性法规、规章和规范性文件）进行抓取，获取了涉及“信息无障碍”包括法律、行政法规、司法解释、中央规范性文件等在内的 221 项文件。

总的来看，40 年来“信息无障碍”政策出台表现出跨越式的大发展。改革开放以后，随着残疾人事业的恢复和重新起步，政府主导的信息无障碍相关政策法规条例落地获得初步探索。1988 年国务院出台《中国残疾人事业五年工作纲要》将残疾人事业发展首次纳入国家发展规划体系，此后政府多部门推动信息无障碍政策条例围绕残疾人事业各项维度快速推进。2012 年《无障碍环境建设条例》的出台标志着我国信息无障碍事业更上一层楼。国家从法律层面增强了信息无障碍事业的可持续发展，此后国家信息无障碍服务体系逐步确立。本节以 1988 年和 2012 年作为两个节点，将信息无障碍建设划分为三个阶段，进一步分析我国信息无障碍政策的发展情况。

一、宪法根本保证，政策体系初步探索（1978—1987 年）

1978 年 12 月，十一届三中全会的召开，标志着中国特色社会主义事业新局面的到来。全党工作的重点开始转移到社会主义现代化建设上来，残疾人事业也得以重新恢复和发展。这一时期，党和国家为信息无障碍发展环境提供了《中华人民共和国宪法》（1982 年）的根本保证。中共中央以及国务院直属机关下发了关心和帮扶盲人和聋哑残障人士的规范性文件，信息无障碍建设得到初步发展。但由于改革开放初期，经济基础、科学技术、社会发展水平等各方面条件有限，信息无障碍政策主要局限于为残障人士提供扫盲教育和精神文化的基本保障层面。在政策条例的导向下，这一阶段国家集中为残障群体出版印刷了无障碍书刊读物，也开始尝试制作推出无障碍电视文化节目。

改革开放以后，伴随市场经济的发展，国家开始从社会制度、组织机构

①《改革开放 40 年中国人权事业的发展进步》白皮书．中华人民共和国国务院新闻办公室．2018 http://www.scio.gov.cn/ztk/dtzt/37868/39428/39439/Document/1643361/1643361.htm.

和个人努力的角度来理解贫困。人们逐渐认识到教育是解决贫困问题的一个有效机制，政府和企业将学校作为促进获得特定类型知识、技能的特殊组织，个人可以通过获得教育摆脱贫困。[①] 由此重视教育，利用教育促进个人与社会的发展成为国家政策推行的重要部分。我国在改革开放初期，将扫盲教育视为保障残障人士基本生存权益，促进残障人士融入社会的重要举措。1979 年民政部批复出版中国第一本聋哑人刊物《中国聋人》。1982 年《中华人民共和国宪法》出台，宪法第四十五条规定国家和社会帮助安排盲、聋、哑和其他有残疾的公民的劳动、生活和教育。此后，为落实宪法精神，帮助残障人士跟上时代发展的脚步，关注残疾人教育、文化需求的信息无障碍政策不断出台。1983 年 5 月，民政部针对中共中央、国务院《关于加强职工教育工作的决定》出台抓好盲人聋哑人职工文化技术教育的要求，加强聋哑人职工“扫盲”教育。同年 6 月，中共中央、国务院出台《关于加强出版工作的决定》，文件指出要关心和扶助盲人读物等出版工作。1984 年中国残疾人福利基金会成立，同年创刊《三月风》，至今已发行超过 300 期。社会读物的出版，帮助残障人士在学校获取教育之外了解社会信息建立了有效窗口。这一时期，政府为保证残障人士的文化生活权益，也开始首次尝试在中央级媒体开办适合聋人观看的手语节目。1984 年中宣部批复通过民政部关于《在中央电视台试办聋人手语节目》的申请，申请提出通过广泛使用手语翻译做交往中介，开办带手语字幕的专题节目[②]，促进聋哑人电视文化信息无障碍发展。

改革开放前期，是中国政府开启信息无障碍政策研究与探索的起步阶段。这一时期，以宪法为根本保障，信息无障碍步入社会关注的视野。但受到经济基础、社会发展水平等方面的限制，有关信息无障碍的行政法规和政策条例涵盖领域相对基础且单一，关于保障残障人士在医疗、司法、公共事务参与以及其他文化生活权益方面的信息无障碍政策十分有限，信息无障碍政策体系的建立与完善仍然任重而道远。

① 佘万斌，杜学元，郭玲 . 教育化视域下教育脱贫的功能及其合理解读［J］. 教育学术月刊，2021（2）：91–98.

② 中宣部关于在中央电视台试办聋人手语节目给民政部党组的复函 . 1984.06.04.

二、国内外共同推进，政策体系加快建构（1988—2011 年）

经过改革开放前期的研究与探索，中国信息无障碍政策的落地有了初步发展。1988 年，国务院出台《中国残疾人事业五年工作纲要（一九八八年——一九九二年）》，将残疾人事业发展纳入国家发展规划体系。此后从国家顶层战略出发，保障残疾人平等充分地参与社会生活进一步上升到国家专项立法保障层面。1990 年《中华人民共和国残疾人保障法》出台，明确提出要重视维护残疾人的合法权益，促进残疾人群体融入社会，共享社会主义物质文化成果。

这一时期，借助国际、国内环境的共同推进，围绕推进信息无障碍自身技术“可及性”的发展以及与外部其他无障碍环境建设的融合，信息无障碍政策体系建设进入迅速发展阶段。

一方面，信息无障碍政策体系的建构围绕无障碍技术的研究与开发展开。政府相关政策以推进无障碍传播媒介技术应用、设立信息无障碍标准为主要发展方向。在媒介传播方面，1990 年《中华人民共和国残疾人保障法》在文化生活方面就明确规定了信息无障碍内容，提到要组织和扶持盲人、聋人读物，电视手语节目，以及在部分影视作品中增加字幕、解说等。随后国家广播电影电视总局、残疾人联合会针对文化生活信息无障碍出台了一系列相应政策，增强读物出版物、影视媒体作品等传统媒介产品的信息无障碍功能成为提升信息无障碍技术应用的主要内容。在信息无障碍标准设立方面，2008 年为迎接北京奥运会、残奥会的召开，中国互联网协会、工信部信息通信研究院、中国残疾人联合会信息中心等单位联合开展制定了中国第一部信息无障碍标准《信息无障碍—身体机能差异人群—网站设计无障碍技术要求》（2012 年修订后名为《网站设计无障碍技术要求》）。[①] 探索信息领域无障碍技术标准的发展有助于加快推进现代信息技术，统一无障碍技术社会服务标准，帮助残障人士跨越信息屏障，融入社会物质文化生活和精神文化生活。

另一方面，在技术可及性基础之上，无障碍信息技术需要向外延伸，加强与社会各领域融合，使得残障人士在人际交往、教育就业、医疗保障等各

① 黄畅，刘巧艳．加快构建信息公平服务环境　推进信息无障碍普及服务［J］．建设科技，2019（13）：43-45.

方面真正感受到无障碍信息环境的建立。在国际、国内环境共同作用下，无障碍信息政策不断推进。国内方面，这一时期国内信息无障碍政策规范分布延伸至信息领域与建筑、交通等其他领域无障碍环境建设的融合中。例如，2006年，国务院制定出台《中国残疾人事业“十一五”发展纲要（2006年—2010年）》，提出城市道路、建筑物和信息无障碍建设全面推进，为残疾人走出家门、共享社会物质文化成果和公共服务提供了便利，拓展了空间。[①] 此后建设部办公厅等部门印发关于《2008年创建全国无障碍建设城市工作要点》，进一步将信息无障碍建设纳入无障碍城市发展规划。

得益于国际国内环境的共同推进，2008年无障碍信息政策出台达到改革开放以来的数量高峰。2008年4月24日，第十一届全国人大常委会第二次会议审议通过《中华人民共和国残疾人保障法》修订案，第七章第五十二条规定“国家和社会应当采取措施逐步完善无障碍设施，推进信息交流无障碍，为残疾人平等参与社会生活创造无障碍环境”。[②] 同时，2008年联合国大会通过了《残疾人权利公约》（后文简称“《公约》”），从国际层面加速了无障碍信息技术多元领域结合的共识。公约中明确提出“缔约国应当采取适当措施，确保残疾人在与其他人平等的基础上，无障碍地进出物质环境，使用交通工具，利用信息和通信，包括信息和通信技术和系统”[③]，中国于开放签署的第一天加入《公约》[④]，2008年9月《公约》对我国正式生效。这一公约的签署与加入有助于形成信息无障碍问题应对的全球共识，其中公约中提到的“无障碍的进出物质环境”，强调无障碍信息技术与无障碍设施和社会环境的结合，有效促进了多领域与无障碍科学技术的链接。此后中国残疾人联合会、民政部、卫生部、教育部、工业和信息化部、住房和城乡建设部等纷纷在各领域推进落实信息无障碍政策，对残障人士在法律援助、人权维护等社会保障方面提供信息无障碍支持，信息无障碍政策数量连年增加。同时，随着人口老龄化不断加剧，针对老年人的信息无障碍政策在这一时期有所推进。2009年，民

① 国务院批转中国残疾人事业“十一五”发展纲要的通知（国发〔2006〕21号）. 2006.06.04.

② 代红，徐洋，张群，赵菁华. 国内外信息无障碍法律法规及标准研究［J］. 建设科技，2019（13）：37-39+53.

③ 联合国《残疾人权利公约》. 贵州省人民政府政策法规. http://www.guizhou.gov.cn/zwfw/ztfw/sbfw/zcfg_7310/201709/t20170926_992820.html.

④ 联合国《残疾人权利公约》. https://baike.baidu.com/item.

政部发布全国民政科技中长期发展规划纲要（2009—2020 年），其中规定了要开展老年人无障碍科技产品研发。重点研究开发针对老年人的无障碍科技产品和信息服务技术。进一步推进无障碍政策服务范围的扩展。

三、开展顶层设计，政策体系全面建设（2012—2020 年）

2012 年我国出台第一部关于无障碍建设的行政法规——《无障碍环境建设条例》，更加全面地提出了我国信息无障碍发展的建设规划，标志着我国信息无障碍政策体系建设进入了全面发展时期。这一阶段，一方面，国家开展顶层设计，加快出台政策体系推进信息无障碍技术研发与应用在传统媒介与高科技智能终端信息服务领域的建设，以及将信息交流建设纳入国家信息化建设规划，全面加强构建国家信息无障碍服务体系。另一方面，从“信息无障碍”广义的内涵出发，为使得任何人在任何情况下都能平等、方便、无障碍地获取信息、利用信息，[①] 我国政府充分考虑残障人士、老年人等社会特殊群体及全社会信息无障碍需求，切实推进无障碍政策切入社会肌理，多层次推进信息无障碍技术与社会环境融合。

顶层设计方面，2012 年我国第一部关于无障碍建设的专项政策《无障碍环境建设条例》出台，此后涵盖促进“信息无障碍”媒介辅助技术落地的政策广泛落地。从 1978—2019 年信息无障碍政策年度分布（如图 1-2-1 所示）

图 1-2-1　1978—2019 年信息无障碍政策年度分布

① 赵英，赵媛．信息无障碍支持体系研究［M］．成都：四川大学出版社，2012：1.

来看，2012年全国人民代表大会、国务院、国务院直属各机构、中国残疾人联合会等单位共推进信息无障碍政策落地33项。包括盲文出版物和教材、电视节目、影视媒体产品等传统媒体领域在内的信息无障碍政策的推进成为补齐民生短板，彰显更高人文理念的社会福祉。同时教育是弥合数字鸿沟，为残障人士参与社会生活赋能的重要渠道，改革开放以来我国不断在政策条例方面增强残障人士获取教育知识和技能的信息可及性。改革开放初期政策条例覆盖范围相对单一，指出社会、学校要为盲人群体提供盲文出版物和教材。随着社会的发展进步，在教育工作中通过多种技术辅助及政策法规来进一步推进帮助残障人士获取知识，接受教育。这一时期，国家集中出台了包括残疾人教育条例（2017年修订）在内的一系列政策，在教育标准化工作、特殊教育工作、国家通用手语和国家通用盲文推广等规范性文件，且其中均提到了关于“信息无障碍”技术保障内容。

《无障碍环境建设条例》第三章“无障碍信息交流”明确规定了要进行全方位信息化建设。2013年，在工业和信息化部、住房和城乡建设部、民政部、中国残疾人联合会、全国老龄工作委员会指导下，联合国教科文组织、国际电联特别支持，国家互联网信息办公室特别指导，各级人民政府积极参与，构建了我国首套信息无障碍解决方案——中国政务信息无障碍服务体系。[①] 截至2018年，500多家政府单位完成了信息无障碍公共服务平台建设，3万多个政务和公共服务网站实现了无障碍服务。[②] 以人民为中心，构建国家信息无障碍服务体系全面推进。

在无障碍政策全面切入社会肌理方面，《无障碍环境建设条例》的出台规定了关于信息无障碍建设的各项内容。条例指出要进行全方位信息化建设，推动信息无障碍在公共服务机构、公共场所、政府政务、教育考试、无障碍图书馆建设、通信终端设备、影视文化类制品等方面落实推进。《无障碍环境建设条例》政策的出台大大加快了无障碍技术与社会环境的融合。这一时期共出台151份政策文件，其中包括7份强制性法律文件和11份行政法规。在

① 黄畅，刘巧艳．加快构建信息公平服务环境　推进信息无障碍普及服务［J］．建设科技，2019（13）：43-45.

②《平等、参与、共享：新中国残疾人权益保障70年》白皮书．中华人民共和国国务院新闻办公室．2019.7 http://www.xinhuanet.com/politics/2019-07/25/c_1124797039.htm.

公共服务领域方面，政策文件内容主要规定了包括无障碍城市建设、无障碍图书馆建设中的信息无障碍设施的建立等。对于残障人士在脱贫、寻求法律援助、人权维护等人权保障方面也继续推进政策实施。同时随着信息无障碍作为社会肌理渗透的深入以及老龄化社会的到来，“信息无障碍”纳入国家老龄事业发展建设规划，以促进除残障人士之外的广泛的信息无障碍环境的建立。2016 年 10 月，全国老龄办、中国残联、工信部等 25 个单位联合发布了《关于推进老年宜居环境建设的指导意见》，提出“进行信息无障碍优化改造，构建适合老年人的信息交流环境。提升互联网网站等通信设施服务老年人群体的能力和水平，消除老年人获取信息的障碍，缩小数字鸿沟”[①]。2017 年，国务院关于印发“十三五”国家老龄事业发展和养老体系建设规划的通知，也包含了关于“信息无障碍”建设的内容。这一时期，国务院、民政部、住房和城乡建设部、交通运输部等出台保障“老年人信息无障碍”的政策共 14 项，不断推动“老年人信息无障碍”建设进入国家老龄事业发展建设规划。

党的十八大以来，随着党把残疾人事业发展的规律性认识提高到一个新的高度，信息无障碍政策继续不断推进。2012—2020 年，这一时期的信息无障碍政策涵盖领域更为广泛，政策进一步加强了信息无障碍技术与老年人养老体系、国家脱贫攻坚行动的规划与联系，加强了残疾人和老弱群体以及地区间信息无障碍的推进。随着残疾人权益保障的体制机制不断完善，信息化社会建立建设不断发展，信息无障碍已与残障人士生活的多个方面建立紧密联系，并在向惠及全社会的“城市无障碍”方向不断融合演进，成为惠及全社会的民生工程。

① 关于印发《关于推进老年宜居环境建设的指导意见》的通知．中华人民共和国中央人民政府网．2016. http://www.gov.cn/xinwen/2016-11/25/content_5137617.htm.

第三节 从“个人模式”到“社会模式”的中国信息无障碍实践发展路径演变

关于残障问题的探讨，学术领域有两种主要观点，一种认为障碍问题出在个人身上，需要依靠个体寻求医疗和矫正来解决问题、适应社会。相应地，另一种观点强调的是社会层面的责任，该观点强调残障者的问题并非仅仅是个人层面的“损伤”，而是源于社会制度等障碍相关者发挥能力机会的剥夺。[①]世界范围内的残障研究，经历了“个人模式”到“社会模式”的演进。社会模式更强调通过社会行动来消除歧视、摆脱控制，追求的是自身能够有所选择地生活，最终倡导的是实现社会改变，而非仅仅要求残障者去实现个体的适应。[②]中国的信息无障碍实践伴随着现代文明社会对“残障”模式的认识不断演进变化。残障最初被赋予宗教色彩，认为是特殊个体带有的不祥之兆，随着新中国成立以来国家和社会的介入，通过医疗及其他手段帮助身体和心智等生理不健全的人，残障群体得以逐步适应城市化进程的生产需要。20世纪70年代，“社会模式”开始被逐渐提倡和倡导。“社会模式”的革命性贡献在于将障碍产生原因的分析视角从个人转向社会，指出不应当由人们来适应社会，而应当由社会适应人们的不同状况。[③]改革开放以来，中国的信息无障碍实践模式则从以“个人模式”为主逐渐向“社会模式”为主变化（如图1–3–1所示）。

---

① 杨锃.残障者的制度与生活：从“个人模式”到“普同模式”[J].社会，2015，35（6）：85–115.

② 杨锃.残障者的制度与生活：从“个人模式”到“普同模式”[J].社会，2015，35（6）：85–115.

③ 于莲.以可行能力视角看待障碍：对现有残障模式的反思与探索[J].社会，2018，38（4）：160–179.

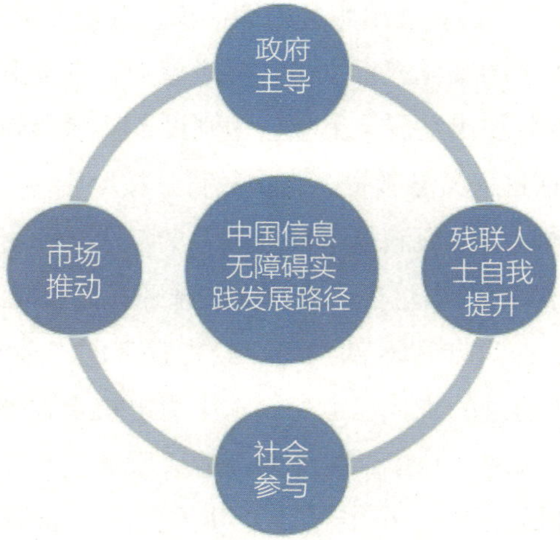

图 1-3-1　中国信息无障碍实践发展路径

一、"个人模式"为主导的信息无障碍实践阶段（1978—2007 年）

这一时期信息无障碍实践的主要目的是为破除残障人士的生理障碍。通过国家和社会手段介入，消除由于身体或其他原因造成的获取和使用信息方面的阻碍，帮助残障人士融入社会发展，以适应社会主义现代化的生产建设需要。改革开放初期，由于国家和社会刚恢复到生产建设上来，信息无障碍实践的推进主要依靠政府主导以及残障人士主动接受帮助和自我提升，社会共同参与和市场积极推动的发展力量较为有限。

书刊读物出版方面，1979 年，民政部在关于编辑出版《中国聋人》杂志的批复中提到，要"结合聋哑人的思想实际，教育聋哑人群众不断地提高社会主义觉悟，调动他们的积极因素，做到残而不废，为实现四个现代化贡献力量"[①]。1983 年，中共中央、国务院《关于加强职工教育工作的决定》指出，"当前我国盲人聋哑人文化程度普遍较低。职工队伍中具初中以上文化水平的盲人、聋哑人数甚少。这种状况远不能适应福利生产发展的需要"[②]。自 1978 年

① 民政部关于编辑出版《中国聋人》杂志的批复（〔79〕民办字第 43 号）. 1979.11.15. http://law1.law-star.com.

② 民政部关于贯彻中共中央、国务院《关于加强职工教育工作的决定》，切实抓好盲人聋哑人职工文化技术教育的通知（民〔1983〕办 39 号）. http://law1.law-star.com.

北京盲文出版社成立，我国盲文出版进入编、印、发全方位发展新阶段以来[①]，为了尽快提升残障人士的文化教育水平，促进就业，在党和政府政策的支持和帮扶下，盲文出版事业加快发展，出版、印刷设备技术得到较大改善。从1978年到21世纪初，包括盲人义务教育、高中教育、按摩中专和中医大学本科教材在内的上百种盲文教材的出版满足了社会教育的需求。一批中西医临床和医学科普类盲文读物的出版有效满足了广大盲人按摩师提高技能的需求。[②]

电视节目方面，1984年民政部党组在给中宣部的申请函中写道："广大聋哑人深感落后于时代前进的步伐，迫切要求中央电视台在便利他们接受外界知识与智力教育方面，采取特殊措施为他们开放、服务。"[③]中宣部借此批准通过试办手语和字幕节目。同年广东电视台开办了我国大陆地区第一档真正意义上的手语主持节目《聋人手语节目》。1989年5月7日，北京电视台《新闻手语》的开播，标志着我国当前最重要的手语主持类型新闻手语主持诞生。[④]1990年《中华人民共和国残疾人保障法》出台，正式提出在文化生活领域国家与社会应为残障人士提供信息无障碍帮助。同时，保障法总则规定了要"维护残疾人的合法权益，保障残疾人平等地充分参与社会生活，共享社会物质文化成果"。虽然此后仍以"生理模式"为主帮助残障人士克服自身信息获取的障碍，以适应时代发展和社会生产需求，但国家和社会开始转变对残障人士的认识，以人文理念的社会视角主动为残障人士提供文化生活领域的服务和便利。

1994年，北京盲文出版社成立，开始向全国盲人免费借阅盲文图书。[⑤]这为我国此后广泛设立盲文图书馆、盲文阅览室建立了导向基础，残障人士克服自身生理障碍融入信息社会开始向由社会主动提供无障碍信息公共服务环境转变。同年，电视节目领域，我国第一档专题类手语节目，天津电视台《我们同行》开播，[⑥]展现了残疾人群体自强不息的奋斗精神，旨在释放为残障人士营造平等参与社会生活的信号，鼓舞残疾人回归主流社会。2005年，中

① 张伟．中国盲文出版事业的回顾与思考［J］．中国出版史研究，2018（4）：33-49.

② 张伟．中国盲文出版事业的回顾与思考［J］．中国出版史研究，2018（4）：33-49.

③ 中宣部关于在中央电视台试办聋人手语节目给民政部党组的复函（中宣发函〔84〕122号）．http://law1.law-star.com.

④ 袁伟．中国电视手语主持发展40年［J］．中国广播电视学刊，2018（12）：86-89.

⑤ 张伟．中国盲文出版事业的回顾与思考［J］．中国出版史研究，2018（4）：33-49.

⑥ 袁伟．中国电视手语主持发展40年［J］．中国广播电视学刊，2018（12）：86-89.

国残疾人艺术团春节联欢晚会中《千手观音》的手语主持工作，标志着我国电视手语主持晚会类节目的开始，[①] 国家和社会更加关注满足残障人士提升艺术文化素养方面的需求。

21 世纪初，“十五”计划纲要的主要目标和指导原则明确增加了“发展信息和交流无障碍”的内容，政府政务网站无障碍服务逐渐起步。从 2004 年开始，中国互联网协会与中残联等有关单位合作在信息无障碍的普及和建设方面做了大量工作，如参与国家首个信息无障碍技术标准的研究和制定、推进无障碍网站行动，等等。[②]

可以看到这一时期，以“生理模式”为主导的信息无障碍实践在不断向“社会模式”转变，而向“社会模式”转变的过程也反映出信息无障碍实践技术“可及性”的不断发展。从传统印刷、电视媒介，再到互联网技术、智能科技等，中国的信息无障碍实践正逐渐加强社会范围内的互联互通，为残障人士提供保障。

二、加快进入“社会模式”的信息无障碍实践（2008—2020 年）

从 2008 年至党的十九大以来，中国信息无障碍实践加快进入“社会模式”。2008 年，《中共中央国务院关于促进残疾人事业发展的意见》学习辅导读本指出“造成残疾人问题的根本原因不是残疾本身，而是外界的障碍。政府和社会有责任消除障碍，对残疾人给予特别扶助”[③]。因此，要倡导全社会更加意识到，（应）改变的并非被介入的残障者个体，而是强调改变社会环境本身。[④] 随着“社会模式”的信息无障碍实践被社会各领域广泛接纳，我国逐渐形成了由政府、社会组织、行业市场和残障人士共同构建的无障碍服务环境，共同致力于将现代信息技术与无障碍设施与服务更好地融合，为残障人士实现个人价值，使其更加平等地共享社会发展成果提供强大的社会保障。

① 袁伟．中国电视手语主持发展 40 年［J］．中国广播电视学刊，2018（12）：86-89.

② 中国信息无障碍实践案例汇编 2018. 汇编整理单位：中国信息通信研究院、深圳市信息无障碍研究会：171-172.

③ 于莲．以可行能力视角看待障碍：对现有残障模式的反思与探索［J］．社会，2018，38（4）：160-179.

④ 杨锃．残障者的制度与生活：从“个人模式”到“普同模式”［J］．社会，2015，35（6）：85-115.

以政府为主体，自 2008 年起，建设部办公厅等部门关于印发《2008 年创建全国无障碍建设城市工作要点》，将信息无障碍建设纳入无障碍城市发展规划。2009 年国务院新闻办公室发布《国家人权行动计划（2009—2010 年）》推动无障碍建设，要求在 100 个城市开展包括信息无障碍工作在内的无障碍城市创建工作。此后在金融、交通、医疗、税务、教育等社会公用服务领域，无障碍信息服务不断落地。例如，2012 年中国银行业协会印发《关于进一步完善残障人士银行服务的自律要求》，要求积极进行产品创新和服务创新，推行无障碍信息和通信技术系统。[①] 在 2017 年《中国银行业无障碍服务情况调研报告》中显示，一些银行营业网点已逐渐具备低位自助设备、语音叫号系统、叫号显示屏、盲人用取款机、盲文密码输入器等。[②]2018 年，交通运输部等部门出台《进一步加强和改善老年人残疾人出行服务的实施意见》。交通领域加快落实保障老年人、残疾人在内的所有人都能尽可能平等方便地接触公共交通信息无障碍设备。在城市交通工具以及城市公共交通枢纽场所为残障人士和老年人提供便于识别的语音提醒系统进一步落地，残障人士语音导航和导盲系统建设等不断完善，不断为广泛的信息获取有障碍的社会群体提供多样化、便利化的无障碍信息服务。

依托公共资源，调动社会合力，我国建设了从省到县多级无障碍图书馆，以增强知识和信息获取的无障碍渗透。截至 2018 年底，利用全国省、市、县三级公共图书馆共设立盲文及盲文有声读物阅览室 1124 个。[③] 广播电视领域，截至 2018 年底，全国共有省级残疾人专题广播节目 25 个、电视手语栏目 31 个；地市级残疾人专题广播节目 205 个、电视手语栏目 264 个。[④] 同时为了提高残障人士共享社会主义精神文明成果和文化发展成果，包括高校、社区、技术行业等领域在内的多维度社会力量，共同携手推动无障碍电

① 中国银行业协会关于印发《关于进一步完善残障人士银行服务的自律要求》的通知（银协发〔2012〕35 号）.

② 银行业无障碍服务的强与弱《中国银行业无障碍服务情况调研报告》发布［J］. 中国银行业，2017（2）：110-112.

③ 2018 年残疾人事业发展统计公报（残联发〔2019〕18 号）. http://www.cdpf.org.cn/zcwj/zxwj/201903/t20190327_649544.shtml.

④ 2018 年残疾人事业发展统计公报（残联发〔2019〕18 号）. http://www.cdpf.org.cn/zcwj/zxwj/201903/t20190327_649544.shtml.

影在我国的起步与发展。自2003年起，中国盲文出版社开办网络教室，开始在每个周末为视障者讲电影。2011年，中国盲文图书馆建成了中国第一家专业的盲人影院“口述影像馆”，专为视障群体提供口述影像服务。[①]2018年始，中国传媒大学和歌华有线等文化机构，发挥各自在视听研究、网络、资源、平台上的优势，通过“讲电影”的方式，为视障人群诠释经典电影和优秀院线大片，开启了立足公益传播的光明影院项目。[②]截至2021年，光明影院项目已为视障人士制作完成312部无障碍电影，落地覆盖到全国31个省、市、区及澳门特别行政区。

政府政策的积极推广，有效激发了市场主体的研发与参与。这一时期互联网企业在无障碍网站建设中发挥了巨大力量，2017年12月21日，中国互联网协会信息无障碍工作委员会在北京成立，腾讯、阿里巴巴、科大讯飞、百度、小米科技、深圳市信息无障碍研究会等50多家企业单位，在中国互联网协会下发起成立信息无障碍工作委员会，全面推进“中国信息无障碍公益行动”，面向政务网站、公共服务类网站，商业网站以公益的方式开展网站信息无障碍建设工作。[③]截至2018年，中国500多家政府单位完成了信息无障碍公共服务平台建设，3万多个政务和公共服务网站实现了无障碍服务。[④]

中国在向“社会模式”不断发展的信息无障碍实践过程中，将进一步彰显出更高的人文理念。当社会中的人因病、因伤、因老而不断退化，需要认识到通过帮扶个体使其完全具备适应社会的能力是并不现实的，飞速发展的时代，政府和全社会更有责任为残障人士、老年人等特殊群体破除外界障碍，使信息技术为其服务，使社会中的每个个体都能更好地享受高速信息化社会带来的成果。

① 中国信息无障碍实践案例汇编2018. 中国信息通信研究院、深圳市信息无障碍研究会 . 2018. 171-172.

② 高晓虹，陈欣钢 . 光明影院：无障碍视听传播的研究与实践［J］. 中国编辑，2019（3）：4-7、25.

③ 中国信息无障碍实践案例汇编2018. 汇编整理单位：中国信息通信研究院、深圳市信息无障碍研究会 2018. 171-172.

④《平等、参与、共享：新中国残疾人权益保障70年》白皮书：中华人民共和国国务院新闻办公室 . 2019.7 http://www.xinhuanet.com/politics/2019-07/25/c_1124797039.htm.

第二章

国际间信息无障碍的文化发展与前沿探索

第一节　国际社会达成共识　全球无障碍政策协同推进

2006年12月13日，第61届联合国大会通过的《残疾人权利公约》中特别对交流传播予以界定，指出“交流”包括“语言、字幕、盲文、触觉交流、大字本、无障碍多媒体以及书面语言、听力语言、浅白语言、朗读员和辅助或替代性交流方式、手段和模式，包括无障碍信息和通信技术”，“交流”是残疾人文化信息传播权利的基础保障。在此公约下，国际无障碍文化信息传播的法律、规章、指导意见纷纷在各国出现，涉及全世界残疾人日常交流、文化活动、媒介消费以及网络与移动传播场景等方方面面。

无障碍文化信息传播，是基于信息无障碍的政策、技术与文化服务基础上所出现的综合概念，关注残障人群的文化参与、共享，信息与教育可及，传播赋能与公平。《残疾人权利公约》特别就“无障碍”予以解释，“确保残疾人在与其他人平等的基础上，无障碍地进出物质环境，使用交通工具，利用信息和通信，包括信息和通信技术和系统以及享用在城市和农村地区向公众开放或提供的其他设施和服务。这些措施应当包括查明和消除阻碍实现无障碍环境的因素，并除其他外，应当适用于：1. 建筑、道路、交通和其他室内外设施，包括学校、住房、医疗设施和工作场所；2. 信息、通信和其他服务，包括电子服务和应急服务”。

在近20年国际信息无障碍理念的推动下，各国政府、民间团体、科技公司和教育科研部门展开合作，致力于推进残障人群的无障碍文化信息传播的群体赋能和公共服务。“信息无障碍”理念所呼吁的政府主导与社会支持，扩展出丰富而具有地区差异的特点。从发达国家领先的无障碍文化信息传播服务，到世界各国的普遍关注；从国家型政务信息无障碍服务，拓展向社会与文化场景中的多类型、多层次无障碍信息应用；“技术”主导型信息无障碍理念，也从“技术维度”和“设计辅助维度”延展向更为深广的社会协同与文化参与的维度。无障碍文化信息传播由此也呈现出更为复杂、多元和发展性的政策导向、市场影响、残障族群和社会适用之差异。

无障碍文化信息传播，并不是考察单一残障个体的文化与信息权利，而需要以“政府—社会—公众—族群”共振的能力评估和“技术普及—应用适应性—素养提升”的交互形态进行检视。通过自上而下的政策、社会、文化支持系统的构建，从而实现充分、全纳的、平等的无障碍文化信息传播。《残疾人权利公约》特别专列条目以“参与文化生活、娱乐、休闲和体育活动”来引导各国在进行无障碍文化信息传播的支持系统的建设。该条目呼吁，“缔约国确认残疾人有权在与其他人平等的基础上参与文化生活，并应当采取一切适当措施，确保残疾人：1. 获得以无障碍模式提供的文化材料；2. 获得以无障碍模式提供的电视节目、电影、戏剧和其他文化活动；3. 进出文化表演或文化服务场所，例如剧院、博物馆、电影院、图书馆、旅游服务场所，并尽可能地可以进出在本国文化中具有重要意义的纪念物和纪念地”。

《残疾人权利公约》在无障碍及文化活动方面，所提倡的国际标准与要求，反映了新千年之后国际社会对提升残障人群信息与环境无障碍能力的共同诉求。通过政策倡导、国家推进和社会协作，最终推进残障人群整体社会能动性与文化主体性增强，使其更为主动、积极、轻松地融入信息社会，这已经成为无障碍文化信息传播建设中的核心议题。在《残疾人权利公约》发布后，世界各国政府、民间技术团体、公益组织和教育研究机构也纷纷推出各类型法案、指导意见、规章方案以及评估模型，以协同实现全方位的无障碍文化信息传播服务。

第二节　无障碍网络建设的技术标准与政策助航

无障碍文化信息传播，在过去 30 年的渐进发展中，成为一种具有交叉学科特征的实践、研究领域。为残障人士提供平等的信息可及、文化参与与交流的可能，充分享受和融入当下的全媒体社会，使其得以尽可能地全面享有知识获得与信息传播的机会，更为积极地参与社会建设与文化发声，已经成为全世界各国政府的社会发展目标。

无障碍文化信息传播的能力建设与全纳参与，曾经仅是民间组织与科研机构的慈善性倡导与服务，但在新千年之后，已然成为世界各国自上而下、多方协作、政经科教共同促进的事业。从法律法规的提出与施行，到技术规范与伦理规范的要求，形成了一股世界性推动的力量，更呈现出国际社会人文关怀、知识平等的理想与民生目标。受到全球互联网和移动传播技术普及影响，无障碍文化信息传播的社会场景、文化空间和媒介载体也发生着天翻地覆的变化。它成为全纳、开放、多元的信息社会和数字人文的建设图景中最为重要的组成内容，是消弭文化鸿沟、数字鸿沟和信息鸿沟，建设公平、包容的知识与教育生态的基础。

蒂姆·伯纳斯·李于 1997 年通过万维网联盟[①]启动“无障碍网络倡议计划”，开始着力于无障碍网络国际标准的建设。1999 年，万维网联盟完成“Web 无障碍网络指南 1.0”[②]（后文简称“WCAG 1.0”）的开发；2008 年“Web 无障碍网络指南 2.0”（后文简称“WCAG 2.0”）。在 20 年间，WCAG（1.0，2.0）得到全球各国的支持与应用推广，其所倡导的技术标准和设计规范，逐渐普及到世界各国，从用户代理、开发工具，到语义标签均发生了革命性的改变。2012 年，WCAG 2.0 已被采纳为 ISO/IEC 40500:2012 国际标准，并被欧洲网页内容与移动应用标准 EN 301 549 引用。其中文授权翻译由 W3C 北航总部完成。世界各国政府纷纷依据 Web 内容无障碍指南制订、修正、增补相关信息无障碍政策（如表 2-2-1 所示）。

① 万维网联盟创建于 1994 年，是 Web 技术领域最具权威和影响力的国际中立性技术标准机构，由设立在美国麻省理工大学、欧洲数学与信息学研究联盟、日本庆应大学和中国北京航空航天大学的四个全球总部的全球团队联合运营。

② Web 内容无障碍指南提供一个 Web 无障碍的共同标准，它定义了如何使残疾人士更方便地使用 Web 内容的方法，遵循这些方法，Web 内容更易为广大残疾人士所接受，包括失明和低视力、失聪和重听、学习障碍、认知障碍、行动不便、言语残疾、光过敏患者和这些病症的复合患者。遵循这些方法也可让普通用户更容易访问您的 Web 内容。

表 2-2-1　依据 Web 内容无障碍指南 2.0 框架下发展形成的相关法案与政策（部分）

国家和地区	法案及政策名称	实施时间	类型	执行方
澳大利亚	残障歧视法案 1992	1992	反歧视方案	公共部门 私营企业
澳大利亚	采购标准指导意见	2016	采购推荐	政府
加拿大	通信和联邦身份政策	2016	强制策略	政府
中国	信息无障碍　身体机能差异人群　网站设计无障碍技术要求	2008	建议标准	政府
中国	信息技术　互联网内容无障碍可访问性技术要求与测试方法	2020	建议标准	政府 公共部门 私营企业
丹麦	关于公共部门软件开放标准的协定	2007	强制政策	公共部门
欧盟	网页与移动无障碍技术指导	2016	无障碍法案	公共部门
欧盟	欧洲无障碍法案	2019	无障碍法案	政府 公共部门 私营企业
法国	一般性公共管理无障碍框架 2015 年 4 月 29 日令	2015	无障碍法案	公共部门
德国	联邦无障碍信息技术条例	2011	无障碍政策	政府
香港特别行政区	政府网站信息传播应用准则	1999	强制政策	政府
印度	印度政府网站建设意见指导	2009	强制政策	政府
爱尔兰	2000—2004 年平等地位行动法案	2004	反歧视法案	公共部门 私营企业
以色列	修订《残疾人平等权利法》	1998	反歧视法案	公共部门 私营企业
意大利	2004 年 1 月 9 日法令第 4 号："支持残疾人使用 IT 工具的规定"（斯坦卡法）	2004	无障碍法案	公共部门 政府
荷兰	2012 年采购法	2016	Procurement Law	政府
荷兰	荷兰法案[①]	2016	强制政策	政府 公共部门
新西兰	2013 年人权法（修正版）以及在线实操指导意见	2013	强制政策	政府

① 荷兰法案，参见 https://wetten.overheid.nl/BWBR0032203/2016-07-01。

续表

国家和地区	法案及政策名称	实施时间	类型	执行方
挪威	ICT 通用设计规范	2013	反歧视法	公共部门 私营企业
韩国	残疾人福利法案	2008	反歧视法	公共部门 私营企业
瑞士	《联邦消除残疾人不平等法》(修订版)	2002	反歧视法	公共部门 私营企业
台湾地区	《无障碍网络指导意见》	2017	强制政策	公共部门
英国	2010 年平等法	2010	反歧视法	公共部门 私营企业
美国	1973 年美国康复法案(修订)第 508 条	1998	无障碍法案	政府部门
美国	1986 年航空承运人准入法	2013	反歧视法案	私营企业

尽管 Web 内容无障碍指南更侧重于传统互联网——即网页无障碍模式的研发和标准制定，对移动互联环境的移动终端界面和智能手机 APP 并未特别规定，但在其发展中，移动无障碍指南也逐渐容纳其中。Web 内容无障碍指南首开先河，规定了信息无障碍四个最基本原则：可感知性、可操作性、可理解性、健全性，以实现让残障人士更容易地获取网页内容为宗旨，以提升盲人和低视患者、聋人和重听人、学习障碍、认知障碍、行动不便、言语障碍、光过敏患者以及多种残障情况复合的人群的无障碍文化信息传播素养为目标。

通过实行“法律法规 + 方针政策 + 标准规范”的运作模式，推动无障碍文化信息传播的基础建设已成为世界公认的最有效举措。

2000 年前后，美国通过增补 1973 年所立的《康复法案》专列条款 508，[①] 对“无障碍网络”标准——WCAG 1.0 和对大众型的数字与信息技术进行了精准的无障碍实施定义，如在线图书馆之数字文档、广播电视终端及其网络、通信终端及其网络等无障碍可及规范，以立法来保障无障碍技术规范的全国性推进。

近年来，随着欧盟社会老龄化趋势的加剧，残障人士、阶段性功能障碍

① 参见 https://www.access-board.gov/guidelines-and-standards/communications-and-it/about-the-ict-refresh/final-rule/text-of-the-standards-and-guidelines.

人士的数量增加，预计到2020年底，欧盟患多重或轻微障碍的群体数量将达1.2亿人，社会层面对于无障碍产品和服务的需求越发紧迫。欧盟通过出台法案的形式，采取国际性统一标准，对企业、供应商制定无障碍化的相关义务，确保满足不同类型消费者和业界需求。2019年6月，欧盟正式发布《欧盟无障碍法案》，[①] 并针对主要面向的产品及服务订立了统一的标准（如表2-2-2所示）。法案就“无障碍产品和服务”的定义作出了阐释，即旨在与其他人平等的基础上，残障人士可察觉、可操作和可理解的使用产品和获取服务；即产品、环境、方案和服务的设计，是尽可能供所有人（包括残障人士在内）使用的通用设计，而不需要适应或专门设计。

表2-2-2　欧盟无障碍法案所涉及产品及服务（2019）

	要求	产品和服务
1. 产品总体设计和制造	（a）产品上关于产品使用的信息设置：必须提供一个以上的感应通道；必须可以被理解；必须可以被感知；在可预见的使用条件下，字体足够大。 （b）产品的包装应提供相应信息（包括产品打开、关闭、使用和处理）。 （c）关于产品使用、安装和维护、储存和处理的说明书：说明书的内容应为文本格式，同时可以生成其他辅助格式；可以选择非文本式说明书。 （d）产品的用户界面设计应满足（b）点要求。 （e）产品解决功能障碍者使用问题应满足（b）点要求。 （f）提供辅助器具接口。	1. 计算机和操作系统。 2. 自助服务终端（自动取款机、售票机和自助登记机）。 3. 电话服务，包括紧急服务和用户终端设备。 4. 视听媒体服务和相关用户终端设备。 5. 航空、巴士、铁路和水上客运服务的网站，移动设备服务，智能票务和实时信息和自助服务终端。 6. 银行服务，网站、基于移动设备的银行服务和自助服务终端。 7. 电子书。 8. 电子商务。
2. 产品用户界面和功能设计	（a）给通信和定位提供1个以上的感知通道。 （b）给通信和定位的语言提供其他选择。 （c）提供灵活的放大和对比。 （d）提供灵活的方式从背景中分离和控制噪声，提高清晰度。 （e）用户可以控制音量。 （f）提供时序控制以及精细运动控制的替代方式。 （g）提供有限范围和力度的操作模式。 （h）避免引起光敏性癫痫。	1. 计算机和操作系统。 2. 自助服务终端（自动取款机、售票机和自助登记机）。 3. 电话服务，包括紧急服务和用户终端设备。 4. 视听媒体服务和相关用户终端设备。 5. 航空、巴士、铁路和水上客运服务的网站，移动设备服务，智能票务和实时信息和自助服务终端。 6. 银行服务，网站、基于移动设备的银行服务和自助服务终端。 7. 电子书。 8. 电子商务。

① 参见 https://www.etsi.org/deliver/etsi_en/301500_301599/301549/02.01.02_60/en_301549v020102p.pdf.

续表

	要求	产品和服务
3. 服务	（a）确保在服务中使用产品的无障碍性，符合关于“具有先进计算能力的用户终端设备”（b）点中的要求。 （b）提供有关服务的功能和其无障碍性的特点和设施的信息，如说明书的内容应以文本格式，并可以生成以其他方式感知的辅助格式；说明书应可选择非文本形式；电子信息，包括服务中所需的相关在线应用程序需满足（c）中要求。 （c）使网站的访问方式符合用户的感知、操作和理解方式，包括内容介绍和互动的适用性，必要时可以用电子形式替代，并且提供可以与欧盟和国际水平的用户代理和辅助技术实现互操作的方式。 （d）为方便实现与辅助服务互补性的无障碍信息。 （e）通过有针对性的服务解决有功能障碍人群的使用需求，包括功能、实践、政策程序以及操作中的改变。	1. 电话服务，包括紧急服务和用户终端设备，视听媒体服务和相关用户终端设备。 2. 航空、巴士、铁路和水上客运服务的网站，移动设备服务，智能票务和实时信息和自助服务终端。 3. 银行服务，网站、基于移动设备的银行服务，自助服务终端。 4. 电子书。 5. 电子商务。
4. 所涉及网站服务	网站的访问方式应符合用户的感知、操作和理解方式，包括内容介绍和互动的适用性，必要时可以用电子形式替代；并且提供可以与欧盟和国际水平的用户代理和辅助技术实现互操作的方式。	1. 航空、巴士、铁路和水上客运服务的网站，移动设备服务，智能票务和实时信息和自助服务终端。 2. 银行服务，网站、基于移动设备的银行服务，自助服务终端。

我国信息无障碍技术标准主要借鉴了美国 508 法案、WCAG 1.0 和 WCAG 2.0 等相关标准。2008 年，信息产业部发布《信息无障碍—身体技能差异人群—网站设计无障碍技术要求》（YD/T 1761–2008），对网站内容的可感知性、可理解性，接口组件的可操作性进行了规定。随着信息无障碍发展的进一步深入，2012 年工业和信息化部发布了新的《网站设计无障碍技术要求》（YD/T 1761–2012），替换了之前的 YD/T 1761–2008。现行的技术标准还有《信息无障碍呼叫中心服务系统技术要求》（YD/T 2097–2010）、《信息无障碍语音上网技术要求》（YD/T 2098–2010）、《信息无障碍公众场所内听力障碍人群辅助系统技术要求》（YD/T 2099–2010）、《网站设计无障碍评级测试方法》（YD/T 1822–2012）等。其中，YD/T 2098–2010 标准提供的技术规范使信息障碍人群可以通过语音控制的方式访问互联网。

2012 年《无障碍环境建设条例》颁布，通过国家鼓励、支持采用无障碍通用设计的技术和产品的政策性建议的实施，推进残疾人专用的无障碍技术和产品的开发、应用和推广。

2004 年到 2019 年，由中国残疾人联合会、工业和信息化部、中国互联网协会等组织的中国信息无障碍论坛连续举办，为网络无障碍环境的构建营造了良好氛围。2019 年 7 月 27 日，中国“无障碍环境建设成果展示应用推广暨第十四届中国信息无障碍论坛”以“融合发展、人文共享”在上海市国际康复中心召开，2019 论坛上重点介绍推广了《无障碍环境建设条例》实施 7 年来我国无障碍环境建设丰厚成果近 200 项。“第十四届中国信息无障碍论坛”和“无障碍战略与实践——非常无障碍论坛”主题论坛也同期平行举办。中国信息通信研究院和深圳市信息无障碍研究会联合汇编的《中国信息无障碍发展白皮书（2019 年）》正式发布，从信息无障碍的发展历程入手，对信息无障碍理念进行了全面阐述，在系统分析国内外信息无障碍建设现状的基础上，深入探讨推进我国信息无障碍建设的模式与方法，结合当前热点信息技术，分析信息无障碍工作的未来发展趋势，提出推进我国信息无障碍事业发展的政策建议。

W3C 中国对信息无障碍相关的标准的推动非常重视。W3C 中国与腾讯、华为等国内企业和科研院所开展深入合作，有效促进一系列新兴 Web 标准在国内的推广、普及和应用。2014 年 10 月 23 日，W3C 中国完成了 WCAG2.0 中文版的翻译和发布。W3C 中国下设信息无障碍社区组，由腾讯公司黄希彤发起并担任主席，社区着重技术交流与讨论。目前，国内重视信息无障碍并进行具体技术实践的企业主要有 IBM（中国）、腾讯、阿里巴巴、搜狗、百度等，这些企业在各自的产品线上大力发展信息无障碍技术。2013 年，腾讯倡导发起“中国信息无障碍产品联盟”，其主要工作包括与工信部电信研究院、中国互联网协会等合作推动宏观政策的发展，提供专业的信息无障碍测试、咨询、优化服务，参与行业标准制定及升级，开展倡导性活动等，对我国信息无障碍建设起到关键性作用。

2020 年 3 月 1 日，基于 WCAG2.0 的《信息技术互联网内容无障碍可访问性技术要求与测试方法》（简称“《方法》”）在我国正式实施，建议以无障碍网络建设的 58 项具体指标和技术要求来统一规范互联网产品和服务，包括提供语音验证码、增加语义描述准确的网页标题等。此版《方法》的正式实施，与国际无障碍法案和标准之间相互联系，起着互相渗透、互相补充和互相促进的作用。无障碍标准是开展无障碍文化信息传播的技术通道、文化平台和社会环境建设的重要依据，规范的标准必将成为引导无障碍文化产品、信息产品和传播产品开发、系统搭建、服务提供的技术依据。随着社会经济及互联网的深度发展，无障碍文化信息传播的技术标准势必会成为互联网和智能媒体行业发展的必然趋势。对媒体及文化行业而言，通过无障碍技术标准实现自我参考与能力提升，既是所生产之文化产品对用户体验的提升，更是体现文化产品价值的社会认同感和企业社会责任的方向。无障碍文化信息传播的标准性技术通道的搭建对残障群体不再仅意味着对信息的获取，更意味着在互联网风口下，为他们能够享受互联网带来的便利，也让每个人都能通过科技平等享受现代文明。

第三节　无障碍文化空间的信息重组

无障碍文化空间的信息重组与传播赋能渐成规模，与无障碍城市的理念性融合和技巧性接驳，塑造全新的无障碍文化空间，成为近年来国际社会无障碍文化信息传播的新趋势。在此指导思想下，无障碍文化信息传播的空间理念得以充分展现。首先是空间无障碍的推进，其次则是文化信息无障碍的服务。如在国际共识下无障碍公共图书馆、博物馆及体育场馆服务的不断优化。

美国 APH Migel 图书馆是美国最大盲文图书馆，专门存储和收藏失明和视觉障碍有关图书及文件，材料范围从手稿到出版的小说以及研究文献与政府法案等，包括极为珍贵的历史文件，约 22000 件。其印刷品类分为布莱叶盲文出版、无障碍考试材料、无障碍音频、可触图形、大字版本等。2010 年 10 月之后，APH Migel 图书馆馆藏目录数字化转型成功，与互联网存储开放图书馆合作;10 年中，完成近万件馆藏文件上网，便于视障人士在线阅读（浏览情况见表 2-3-1）。

表 2-3-1　美国 APH Migel 图书馆在线馆藏浏览情况
（2020 年 5 月 1 日—6 月 1 日[①]）

国家	地区	访问量
美国	弗吉尼亚	10747
德国	未知	2799
美国	未知	1890
美国	加州	1644
美国	俄勒冈	1485
美国	华盛顿	453
德国	北莱茵 – 威斯特法伦	416
法国	未知	406
俄罗斯	圣彼得堡	334
德国	巴伐利亚	311

APH Migel 图书馆所依附的互联网存储开放图书馆，目前图书数量超过 4392260 个[②]，图片 3470717 幅，音频馆藏 11209504 部，影视及游戏馆藏 5850223 部，软件、多媒体程序及开放源代码 5850223 件，大多以开放、免费的公共信息形态提供给公众查阅和在线浏览（数据见表 2-3-2）。APH Migel 图书馆的无障碍数字文本在互联网存储开放图书馆的专属目录中，也推动了曾经较为小众的盲文图书服务从专门视障人群服务走向更为广阔的无障碍文化信息空间。

表 2-3-2　互联网存储开放图书馆 2010—2020 年间图书及计算机程序在线开放量

图书（年）	件数	软件、程序、插件、开放源代码	件数
2010	28630	2010	1288
2011	24641	2011	1085
2012	22471	2012	1076
2013	21507	2013	1302

① 数据截至 2020 年 6 月 6 日，参见 https://archive.org/details/aphmigel.

② 数据截至 2020 年 6 月 6 日，参见 https://archive.org.

续表

图书（年）	件数	软件、程序、插件、开放源代码	件数
2014	18132	2014	1655
2015	11799	2015	2323
2016	6284	2016	2399
2017	6712	2017	7082
2018	6165	2018	6654
2019	1776	2019	7789
2020（6 月 6 日）	29	2020（6 月 6 日）	4953

通过公立图书馆和视障图书馆的数据协调，进行无障碍文化活动、信息及出版信息汇总。将传统的无障碍文化信息服务融入更为广阔的公共文化空间，推进无障碍文化信息的日常可及和公共传播的泛大众模式，成为近年来国际上发达国家在无障碍文化信息传播服务中的一种常态。

无障碍博物馆的设计与展示是无障碍城市发展趋势中与文化服务结合极为紧密的一个发展方向。博物馆是一个极具文化地缘和历史纪录特征的空间，如何使所有的参观者，特别是在听、读、视等方面有障碍的信息接受者无障碍接入博物馆的信息传播环境，就需要在展品标签和音频讲解之外，再综合考虑，为视障、听障和学习障碍者提供更为丰富和相宜的博物展览及信息翻译服务。法国早于 20 世纪 70 年代就开始探索基于博物馆空间的文化信息的无障碍服务，2005 年法国残疾法案实施之后，博物馆无障碍服务在全法铺开。如卢浮宫针对智力、身体、听觉、视觉残障人士提供差别服务。其无障碍文化信息指引，不仅提供较为详细的无障碍参观指南，也详细而清晰地展示出无障碍参观辅助设备及展品区域，如描述性展品讲述，触觉访问，法语手语，唇语展示或线索语 。卢浮宫也提供陪伴身心障碍人士前往触摸画廊、地下商场旁停车场和最近计程车站的服务。

卢浮宫触摸画廊、大英博物馆的动手柜台、佛罗伦萨的乌菲兹美术馆以及马德里的普拉多博物馆均已开放博物馆可触展览，特别为视障人士以触摸接触博物馆复制展品，从触摸石膏雕塑，感觉其形态与纹理以及艺术风格，而更接近地理解艺术展品中所演绎出的文化信息。卢浮宫触摸画廊的无障碍参观指南中如是描述："通过触摸进行历史的解释，这一种三维参观的方式使被触摸的艺术品自己实现讲述，在被识别形态与机理的同时，也提供了全新的审美情感。"

近年来，可触展览在美国各博物馆也逐渐展开，纽约惠特尼美国艺术博物馆、现代艺术博物馆、大都会艺术博物馆、费城艺术博物馆、辛辛那提艺术博物馆以及明尼阿波利斯艺术学院均开始设计出独特的"触摸展区"和"触摸游览动线"，帮助盲人和弱视游客进入其间，接近艺术展品。美国史密森尼美国艺术博物馆及其系列子馆2015—2020年间增加30%以上的可触展览区域，提供手语翻译，视频和音频描述的开放字幕，触觉展示，提供辅助收听设备、音频说明和后窗字幕的IMAX电影，以及特殊的患有认知或感觉加工障碍辅助参观服务。国家美术馆推出艺术品模型，如梵高油画的仿品，以便于盲人参观者触摸；艺术描述展品，如"Picture This"，以辅助音频的形式，将艺术品的质地、颜色、构图、内容，甚至艺术家的创作信息予以展示，甚至细致到艺术品中角色的睫毛、眼镜的颜色和指甲的模样。

体育无障碍方面，世界各国均开始探索残障人士参与体育活动的无障碍辅助建设。2018年，北京冬奥组委与中国残联、北京市政府、河北省政府联合正式发布《北京2022年冬奥会和冬残奥会无障碍指南》，遵循"公平、尊严和适用"的基本原则，以安全性为首要出发点，体现通用性设计理念，完善无障碍细节要求，同时适应本国特点，加强了信息无障碍、服务无障碍等薄弱环节，特别是突出无障碍环境的系统性、连贯性，促进形成闭合的无障碍环境。该指南首次提出无障碍卫生设施的设置比例要求，即为每15个有需求的人提供1个无障碍大便器、1个无障碍小便器；关于场馆座席的无障碍要求，不只是一定数量的轮椅座席和陪同座席，还要求一定数量的礼遇座席，服务于孕妇、老人等不乘轮椅的行动不便人士，更加体现通用性；场馆在入场时，排队等候是不可避免的，对于排队区提出了宽度、坡度和休息座椅的要求；通过调研，发现肢残人士对于交通场站内的安检反映比较多，所以《北京2022无障碍指南》特意设置了单独的"安检"一节，提出要求使受检的残障人士保有尊严。

新千年以来，无障碍戏剧演出和无障碍电影展映（无障碍电影将专章分析，本章不再赘述）呈现出多元化、可持续、准专业和规范化的国际发展趋势。具体表现为：

（1）公益活动模式的无障碍文化服务模式依然存在，以非营利组织、残疾人公益组织推动的临时性巡演和现场式活动为主。如聋人戏剧演出配置舞台旁的手语解说和特殊字幕，以及服务听障人士的现场讲解式电影公映。这类型无障碍文化活动往往依托于组织方所能筹措到的活动资金、文化展演资源，更需要志愿者的艺术化手语表达及电影语言的口语描述能力进行行动匹配，才能得以实现。这种类型无障碍文化服务模式多以一种慈善自发组织的行动方式介入无障碍文化信息传播活动的世界版图之中，较为分散，也较难持久。如斯洛文尼亚的“The Theatre Interpreter Initiative”就是近年比较成功的一项无障碍戏剧活动，通过培训准专业手语讲解员，并将之嵌入舞台，在舞台表演的同时，戏剧讲解员进行手语翻译。

（2）准专业“手语”戏剧演出（服务听障人士）与描述音轨的影视展演（服务视障人士）成为一种无障碍文化信息传播服务的可持续模式。相对规范化的“手语”戏剧培训，将专业戏剧和舞台表演人士与听障演艺人士组织起来，为听障人士提供更为轻松、易懂、可欣赏的公共展演服务，也逐渐成为世界聋人舞台演出和戏剧演出中的常规流程，并发展出欧洲模式与美国模式。欧洲模式以一种聋人剧院联合体的形式推进，该联合体于 2001 年维也纳聋人戏剧大会上成立，其成立宗旨是希望能联合欧洲各国分散的聋人戏剧组织的力量，挖掘欧洲聋人戏剧的历史及其传承，举行欧洲及国际聋人戏剧节的表演专场，与专业机构合作开发聋人戏剧培训与课程序列等。俄罗斯阿里亚德涅模仿与手势剧院与乌克兰聋人学会合作，开发出莎士比亚手语及表演剧“驯悍记”，在演出中，演员不仅需要用手语进行表达，也需要用语言、表情和身体语言参与表演。2019 年 6 月 1 日，“驯悍记”在哈尔科夫首演成功之后，迅速进入全国巡演，力求将手语传意及舞台表演的奇妙结合表演，送达乌克兰各地的听障人群之中；苏联时期的聋人剧院历史悠久，其文化遗产从 20 世纪 90 年代之后纷纷散逸到俄罗斯、乌克兰等国。无论是古老的苏联聋人剧院还是目前仍在持续演出（近 50 年历史的）基辅“彩虹”剧院以及种类繁多的小剧团，如托木斯克的“靛蓝”剧团、新西伯利亚的“手势”剧团、罗斯托夫的“Slov.net”剧团、下诺夫哥罗德的聋人儿童“钢琴”剧院均以服务听障人士、制作无障碍戏剧提供公共表演为己任，但多因财务、人力和空间的困难，难以维系。无障碍戏剧生存困难，处境维艰，受到政治、社会、经济、志愿者多种因素之掣肘。纵观无障碍戏剧在欧洲大陆上的生存史，我们可以清晰地看到其艰难发展的自我抗争之路。英国的聋人剧院因经营不善而解散，聋人论坛剧院就接班继续；瑞典沉默剧院生存超过 50 年，并开发出自己的电视节目。法国国际视觉剧院成立于 1977 年，但直至 2004 年才在巴黎大吉尼奥尔拥有了专属的聋人剧院。其他国家如西班牙，仅马德里一城就有 5 所聋人剧院，长年有节目推出；芬兰则通过国家文化部门所管辖的社区剧院，设立年度性的聋人戏剧项目服务社区听障人士；德国则以德国聋人剧院组织的合作形式，展开无障碍戏剧项目的研发。近年来，在欧洲聋人剧院联合体之外，欧洲其他国家如芬兰、比利时、保加利亚、克罗地亚、芬兰和葡萄牙等国的无障碍戏剧专业人士，提出“双语剧院”的概念，成立“手语及声音剧院联盟”，以民间合作的形式推进无障碍戏剧的开发教学、信息分享、合作演出等（详见表 2-3-3）。

表 2-3-3　国际著名聋人剧院（非全部，部分有译名）

剧院	国家	成立时间	演出类型
3D Derby Deaf Drama	英国	2002	话剧、歌舞剧
Ariadne Mimics and Gesture Theatre	俄罗斯	不详	话剧、歌舞剧
Australian Theatre of the Deaf	澳大利亚	1979	话剧、歌舞剧
中国残疾人艺术团	中国	1987	歌舞
Common Ground Sign Dance Theatre	英国	1986	歌舞
Das Deutsche Gehörlosen Theater	德国	不详	话剧、歌舞剧
Deaf West Theatre	美国加州	1991	话剧、歌舞剧
Deafinitely Theatre	英国	2002	话剧、歌舞剧
Quest	美国马里兰	1997	话剧、歌舞剧
International Visual Theatre	法国	不详	话剧、歌舞剧
National Theatre of the Deaf	美国	1967	话剧、歌舞剧
Seña y Verbo	墨西哥	1993	话剧、歌舞剧
ONA-ON	斯洛文尼亚	不详	手语翻译
Rayduha	乌克兰	不详	话剧、歌舞剧

续表

剧院	国家	成立时间	演出类型
Signdance Collective	英国、荷兰	2001	话剧、歌舞剧
Theatre Hand in the Eye	比利时	2006	话剧、歌舞剧
TOYS Theater	俄罗斯	1985	话剧、歌舞剧
Tyst	瑞典	不详	话剧、歌舞剧
The New York Deaf Theatre	美国	1979	话剧、歌舞剧

美国无障碍戏剧的领衔者当数美国国家聋人剧院，成立于 1967 年，是美国历史最悠久的剧院公司之一。NTD 在美国和国际戏剧节、聋人戏剧节上屡获殊荣，其作品在 150 多个国家和地区以及 30 多个国家、50 多个地区成功巡演。其所研发的无障碍戏剧结合表演、口语、美国手语和唇语等多种形式，向听障人士提供戏剧演出欣赏的机会，也向公众宣传无障碍戏剧的理念，使更多的公众了解、接触手语艺术，并借无障碍戏剧形式向公众推广宣传其无障碍艺术传播的观念。NTD 创建了美国口语模式的无障碍戏剧模式，并成为此领域的佼佼者，引领了美国一众小型、实验型戏剧组织和剧院加入无障碍戏剧的连锁式开发与演出合作。如芝加哥聋人剧院，聋人儿童剧院、聋人巡回剧场剧院、代顿聋人社区剧院、聋人剧院灯光（纽约州罗彻斯特）、明尼苏达州聋人剧院、音乐剧院公司、新领地聋人剧院、北卡罗来纳州手势剧院、安静区域剧院、聋人读者剧院、时代社区剧院集团标志（马萨诸塞州斯普林菲尔德）、频谱聋人剧院、太阳光剧院等。还有一些昙花一现的无障碍戏剧团体，如 20 世纪 90 年代曾活跃在纽约的黑人戏剧团队以及如纽约聋人剧院也纷纷为美国无障碍戏剧的发展做出了重要的贡献。

第四节　信息科技驱动创新无障碍设计的公益范式建立

无障碍文化信息传播的公益范式逐渐建立。基于人权平等、文化和技术权利平等、教育公平等理念下出现的信息无障碍发展经过数十年的实践和探索，世界各国寻找到适应本国国情和社会特征的政策倡导和公益服务策略。残障类型多样，所需要的无障碍技术也不尽相同。信息无障碍设计及相关应用以及由此推进的无障碍文化信息传播服务，目前多围绕视觉障碍、听觉障碍和运动障碍而展开。

视障用户的需求包括独立出行、识别身边物体、与信息设备交互等。针对独立出行的需求，目前有基于计算机视觉的道路识别技术，通过立体声场或者振动反馈为视力残疾用户指示方向。但是这些设备目前还不能取代盲杖，还需要更多的技术突破。针对识别物体的需求，主要是利用视频 / 图像转换为文本的技术，包括微软的 Seeing AI 和谷歌的 Lookout 都是此类应用。针对使用手机和电脑的需求，主要采用读屏程序 screen reader（苹果手机上的 VoiceOver 或者安卓系统上的 Talkback，均为系统默认自带功能），可以通过语音读出获得焦点的控件信息，这样视力残疾用户通过听就能了解设备界面上的信息内容。听力残疾用户面临的主要问题是与人交流存在障碍，以及观看视频内容时听不到声音。老年听力障碍是指随着年龄增长，听觉器官的衰老和退化所导致的听觉功能下降，发病率居世界第三位。助听器设备通过放大声音信号，可解决"听不到"的问题；但对于听觉中枢受损的人，声音信号分析能力却难以弥补，解决不了"听不清"的问题。针对听障用户，相关信息无障碍技术包括手语的识别与合成以及语音识别技术。运动控制能力缺失的用户，包括上肢残疾，或者患帕金森症、脑瘫、肌肉萎缩、渐冻症等疾病的用户。他们丧失了灵活控制手指运动的能力，而手指是人表达交互意图的主要运动器官，也是电脑和手机的主要操作器官。在构建面向这类用户的信息无障碍交互技术时，其中一个难题是用户的差异性，几乎每个用户的可运动部位及其运动能力都是不同的，给构建适合于个体的通用输入技术带来了挑战。相关的技术方案有眼动，但是用“眼动”作为输入方式时，缺少“确认”操作，容易产生误触发，且操作精度有限。

自 20 世纪 50 年代以来，信息无障碍的技术研发就开始出现在基于电脑的语音、文字识别等领域。经过半个世纪的技术攻坚，以互联网与电脑科技公司领衔，NGO 组织和教育研究机构三方力量合作协同的信息无障碍应用服务范式渐成规模。纵览其发展，国外以 IBM、苹果、谷歌为代表，国内则以腾讯、阿里巴巴为领先，助力无障碍公益科技全面深入地融入残障人士的电脑及互联网使用场景。而随着各国无障碍法案和信息无障碍技术规范的实施，信息无障碍技术的研发、推广与实施，也成为各科技公司企业社会责任评估的核心指标之一。无障碍科技的创新性设计层出不穷，市场性用户测评纷纷出现，社会服务的开放性与平等意识不断提升，已然成为时代的趋势。

一、无障碍 IT 理念的萌芽与发展：IBM 的无障碍设计实践

IBM 长期致力于无障碍电脑及网页技术的创新与研发。IBM 首席无障碍信息官认为，“IBM 将无障碍化视为产品设计中不可或缺的重要组成部分，以便帮助设计人员开发出真正吸引用户的产品，同时更加深入地了解身体残疾、认知障碍及环境处理失能等残疾人在实际操作产品时可能遇到的问题”。

信息无障碍的基本辅助手段之一是文字转语音技术和语音识别技术。早在 20 世纪 50 年代，IBM 就开始尝试开发可供半身不遂的残疾人使用的遥控键盘，1962 年研发的 Shoebox 可根据操作者 16 个单词的语音指示进行简单计算：zero, one, two, three, four, five, six, seven, eight, nine, minus, plus, subtotal, total, false, off。1971 年，IBM 可识别 5000 单词键入系统以及布莱叶盲文打印终端研发成功，成为语音识别和无障碍电脑应用的技术先锋。在此后的近半个世纪中，IBM 探索信息无障碍的各种应用场景，从基于电脑及网页的信息无障碍设计规范、无障碍信息以及标准的制订，到信息无障碍技术人才建设与无障碍研发机构的成立，为信息无障碍理念在电脑及网络时代的推行奠定了基础。

语音识别与文字转化，是IBM信息无障碍设计实践的最主要的两大技术领域。1995年，IBM在日本盲人计算机科学家浅川智惠子的研发基础上推出主页阅读器，是专门为视障人士所设计的自动识别发声的网络浏览器。1997年，IBM成功推出ViaVoice；1999年，免费版本的ViaVoice发布。依循这两大主流设计思路，IBM所开发出的其他应用与程序也为信息无障碍的电脑技术生态的健康发展贡献了力量。如以下系列产品，早期的AccessDOS，为有行动障碍、视觉和听觉损伤的电脑用户提供键盘、鼠标和声音访问方法；目前仍在使用的Easy Web Browsing，向有弱视、色盲、色弱、学习障碍者提供了友好的网页界面，可放大字体，朗读网页内容，通过改变字体和背景色等方式对网页进行优化。SpeechViewer，则为听障用户学习发音和正音治疗提供解决方案；Screen Reader，将文本和图形信息转换为合成语音或盲文输出；Screen Magnifer可放大屏幕上的文本和图像。电话通信器，可将计算机转化为电传打字机，视障人士可通过操控触摸发音的电话完成文字转化，并将之显示在计算机屏幕上。THINKable，为记忆或注意力受损人士提供辅助性的恢复治疗。

在信息科技无障碍标准的制订与开发方面，IBM于1999年开发出内部产品无障碍标准（Corporate Instruction 162，CI 162）。该规定要求IBM自身的软件、硬件、Web应用，甚至是对内对外服务都应该具有无障碍特性及接口。2000年左右，IBM成立无障碍研究中心，隶属于研究院，专注于研究、开发残障人士使用IT技术，并且通过这类研究提高产品通用性。

在无障碍研发机构建设上，从最初成立的IBM国家残障人士支持中心到之后组建的人类能力及无障碍中心，IBM在美国、欧洲、日本、巴西、印度、中国和澳大利亚多地设立信息无障碍研发专门部门，以全球协同的模式推进相关领域的技术实践与创新。

信息无障碍技术人才建设是IBM信息无障碍战略的重要组成部分。1995年，IBM推出了专门的需求网站Special Needs Web Site，来为业务、培训和个人使用提供产品下载文件、指南、数据表格和各种资源。目前，它就是现在的信息无障碍中心网站。而IBM早期研发的网站无障碍评估工具aDesigner，现开源到Java社区，已更名为ACTF，对无障碍网站的设计者助益颇多。

从1997年开始，IBM加入了以将残障学生投入工作和各行各业为目的的

ENTRY POINT! 实习计划，该计划吸收了众多的残障学生。1999 年推出 Able 计划（能力计划），以增加其残障员工的数量。自此以后，IBM 共聘用了 200 多名残障人士专家。2001 年，IBM 设立了面向中学残障学生的 MentorPlace 计划，提供在线的学习帮助和就业咨询服务。从 2001 年开始，IBM 扩展了信息无障碍的工作重点，开始加速产品的标准一致性计划，建立于主要助残技术厂商的业务合作关系，并提供内部的网络信息无障碍咨询和支持服务。

2008 年，IBM 为北京残奥会提供无障碍技术，通过为视障人士提供辅助技术手段，成功地使所有观众都能使用残奥会网站。2009 年的上海世博会，IBM 协助建成无障碍网页咨询服务，包含四种语言（汉语、英语、日语和法语）并符合国际无障碍标准且结合了多种辅助浏览手段和 IBM Easy Web Browsing 技术网站，方便残疾人士使用。借助于 EWB，各机构可以向无法舒适地阅读网站内容的用户提供更多的阅读选择。为了提升残疾人的就业能力和就业质量，IBM 与中国残联、中国残疾人福利基金会等单位合作开展了“十万盲人学电脑”项目，通过学电脑、用电脑，帮助盲人利用信息技术融入社会生活、提升自身技能、获得就业机会、提高生活质量。IBM 与全球无障碍教学联盟以及中国的教育主管部门和机构密切合作，在中国开展了“无障碍教学”试点项目。多年来，IBM 不但努力实现自身产品和解决方案的无障碍，积极开展无障碍技术的研发应用和业务模式的创新，而且与中国政府、各行业客户及合作伙伴密切协作，推动全社会对信息无障碍的关注和行动。

二、苹果、谷歌与脸书的无障碍研发

苹果产品简单易用、界面友好，其内置的辅助功能和系统平台无缝衔接，辅助工具 Voice Over 更是与系统应用完美结合，使得苹果系列手机一直以来都能在残障群体里广受好评。当苹果手机刚刚推向市场时，由于完全抛弃了物理键盘，并且没有任何辅助技术接入，被视障群体诟病多年，直到 iOS 3.0 系统添加了辅助技术，并且完善了 iOS 系统开发的无障碍接口，才有所改善。随后，iOS 系统不断添加通用性的平台应用，如 FaceTime 和 Siri 等应用极为友好，FaceTime 的视觉形式交流可以让听障用户用手语交流，而 Siri 的引导式访问，能够快速启动平台应用，对于视障和肢体障碍用户帮助很大。除此之外，一些独特的内置功能、特性，也对残障人士极为友好，例如单声道音频，帮助单耳失聪或者重听的用户更好地使用音频声道。第三方软件更可以帮助严重的自闭症患者学习、交流。

和传统的 IT 企业比起来，互联网企业的用户基数更为巨大，他们对于无障碍的重视也不仅仅停留在标准、法规上。谷歌作为互联网领军企业，产品已不单限于互联网，其主要产品都已经具有无障碍特性，或者增加了无障碍接口。安卓移动平台应用，和 iOS 系统一样，做了无障碍优化，并完善了开发信息无障碍的接口。浏览器是和 Web 结合最紧密的用户代理，它和读屏软件一起帮助视障用户获取互联网信息，它对无障碍语义标签的支持，决定了视障用户获取信息的多少。Chrome 浏览器对无障碍语义标签的支持一直都是最好的，不仅如此，它也扩展了其他形式的无障碍支持，比如丰富的快捷键、无障碍扩展、第三方无障碍测试工具。而谷歌旗下 YouTube 视频网站，通过字幕帮助听障人士获取信息，字幕的添加使用的是语音识别技术和字幕编辑软件结合完成，而语音识别的准确率则以谷歌积累深厚的大数据为基础。

脸书是 Web 2.0 的先驱，它在信息无障碍方面的巨大挑战是：大量数据、图片、文字由用户创造，在无障碍范畴里，图片只有添加了相应的替代文本，或者有意义的语义标签才能被辅助工具使用，让视障人士能够了解图片含义，但是脸书并不能强行要求用户去为某个图片添加无障碍的语义标签和替代文本。然而脸书并未放弃对信息无障碍的探索，2016 年初，脸书宣布通过人工智能技术帮助视障人士使用其应用，方法就是自动识别图像内容，为用户上传的图片添加替代文本，并将该文本朗读出来，帮助视障用户“看到”图片的内容。和谷歌语音识别一样，图像的识别也是通过大数据精准计算得以完成的。

三、腾讯的信息无障碍之征程

在走向实现互联网信息无障碍的征途上，腾讯推行三步走策略：其一，实现信息无障碍化；其二，帮助提升视障用户的电脑使用普及率；其三，推动视障者 IT 高端人才的就业。

腾讯产品进行有意识的信息无障碍优化始于 2009 年。当年，腾讯发起“网明行动”，倡导在腾讯系产品的设计中实现信息无障碍，提升视障用户的互联网体验。此后每一个版本的腾讯应用发布，都针对视障人士做了持续优化。腾讯旗下QQ、QQ空间、QQ邮箱、腾讯网、腾讯微博、QQ输入法、微信等，都进行了“无障碍化”，并在逐步将此模式复制到其他应用。2011年初，QQ空间推出QQ农场读屏版，给盲人朋友送出一份特别的新年礼物。同年，在深圳公益项目交流展示会举办之际，腾讯发布《网明宣言》，反映了视障人士接入互联网的现状和困难，呼吁行业内更多的企业加入到网络产品“无障碍化”的行动中来。2012年6月26日，“腾讯无障碍产品同盟会”成立。同盟会以产品为单位自愿加入，倡议在产品设计上，遵循一系列无障碍规范，满足无障碍体验；在产品开发上，为无障碍设备接入提供便利，让视障人士能用得起来；在研发流程上，确保出场产品经过无障碍检验，实现无障碍承诺。为了快速大面积推动互联网无障碍化进程，腾讯无障碍团队的技术骨干发起了“互联网通用无障碍解决方案”项目，通过一个客户端脚本智能分析提炼出当前界面的一些主要功能，并预留出一定的用户配置接口，当用户在浏览器端引用这个脚本后，进行简单配置就可以使页面无障碍化。经过不断摸索，“Page-access-helper”（网页无障碍助手）发布。此智能优化方案，可以帮助志愿者快速对已有的网站进行无障碍化改造。同时，腾讯志愿者无障碍分会还在公司内部开展“Action in Dark”等模拟盲人的互联网体验活动，让公司员工真切地感受残障用户的体验，了解产品无障碍化的重要性。

2013年8月，腾讯新闻改版，在信息无障碍方面首次将W3C WAI-ARIA规范中的landmark进行商用尝试，为日后推广技术打下基础。此外，2013年底，由温和开发的“网站无障碍基础”课程通过公司专业通道与腾讯学院的双重检验面世，到目前为止已开课五次，参与学员达100多人。

腾讯的无障碍进程不仅局限于单款产品的完善，还将网明行动渗透到整体产品设计和服务中，全方位关注特殊群体的互联网需求，开创全新的互联网“责任关怀”模式，鼓励视障人士编程，开拓就业新途径。2011年12月2日至3日，“腾讯公益杯第二届全国盲人计算机技能大赛”决赛在北京举行。来自全国24个省、市的30名选手通过选拔进入决赛，腾讯鼓励和帮助视障人士更好地使用电脑，更鼓励有爱好的视障学生参与编程。2013年，腾讯基金会携手手机QQ，引进盲人测试工程师，为他们提供参与产品测试和优化设计的工作岗位。2013 年 11 月 11 日，腾讯、阿里巴巴、百度、微软（中国）、W3C 等公司派出代表，在深圳正式成立“中国信息无障碍产品联盟”。2014 年 1 月，为更好地推动产品的无障碍化，腾讯公益慈善基金会通过资助、引入技术和流程支持、引入产品接入测试等全方位的帮扶方式，协助专业的信息无障碍 NGO 招募并建设“视障信息无障碍工程师”团队，为国内的 IT 产品提供专业的信息无障碍测试服务。最终，三名视障者成功入选，他们虽目不能视，却能“听”软件写测评。现在“视障信息无障碍工程师”团队已由原来的三名成员扩充到四名。国庆假期前，“视障信息无障碍工程师”团队完成了“微信 Android 6.0 版本”的信息无障碍测试，并为微信团队提供专业的信息无障碍咨询服务。目前，团队正在同时开展“电脑管家 10.0 版本”和“手机 QQ 空间 Android 4.9.6 版本”的信息无障碍测试，还会在近期为“手机 QQ 邮箱”做信息无障碍测试。通过腾讯公益慈善基金会和腾讯信息无障碍同盟的帮助，他们获得了梦寐以求的工作机会，并且可以亲自推动腾讯产品的信息无障碍优化，让数字科技惠及更多的视障者。盲人工程师测试团队不仅让腾讯公司及时获得视障人士的第一手产品体验反馈，同时也探索出一条视障人士就业的新渠道。

2014 年初，腾讯与中国信息无障碍产品联盟的其他会员单位一起，通过技术和资金帮扶的方式，协助深圳信息无障碍研究会招聘建设了中国第一个全职的信息无障碍测试专业团队，测试人员全部由视力障碍工程师组成。2014 年 5 月，微信发起“The Voice Donor：为盲胞读书”的公益活动。通过网友互动，收集语音文件，制成有声书，供盲人同胞收听。

腾讯在完善自身产品无障碍化的同时，不断加强与同行业的交流协作，共同推进国内互联网的无障碍进程。为了更好地指导信息无障碍落实到公司产品中，腾讯委托工业和信息化部电信传输研究所起草了《互联网公司将“信息无障碍”融入产品开发和维护流程的指南》和《移动端互联网产品的信息无障碍技术标准》两个标准，在公司内部规范产品的无障碍化，以弥补国内国际相关领域的标准空白。

四、阿里、百度的无障碍工作模式

以志愿者组织形式组成的阿里巴巴“信息无障碍小组”，成员主要由设计师和开发人员组成。该小组主要负责对阿里旗下的产品提出无障碍方面的优化意见，并推动产品改进。作为阿里与视障用户沟通的一个桥梁，“信息无障碍小组”开通了“@阿里无障碍小组”专用微博，用来传播信息无障碍理念，收集视障用户反馈并上报相关产品组。该小组还会不定期向阿里集团内部员工宣讲信息无障碍理念如“聆听看不见的淘宝”的活动等。

从2011年起，阿里旗下的淘宝网针对视障用户的需求，开始有意识地对页面产品做一些无障碍优化。比如淘宝首页，为每一张图片加上替代文本，对每一个交互的操作，包括链接、按钮，都进行设置，使得这些操作可以通过键盘来完成。对验证码进行改造，加入了语言朗读功能。所有这些都是为了方便盲人用户通过读屏软件读取和操作页面内容。2013年11月11日，阿里巴巴联合腾讯、百度等公司成立了“中国信息无障碍产品联盟”，与联盟内其他公司共同推进信息无障碍建设。由阿里巴巴社会责任部资助联盟招聘建设了中国第一个由盲人组成的专业无障碍测试团队，2014年开展阿里产品的无障碍测试。2018年，淘宝在信息无障碍领域重大升级，视障者的网购正在变得更加便利。基于读光OCR（光学字符识别）技术在淘宝中的应用，那些原本存在于图片中的文字也能被读取，更便于视障者进行信息识别。2019年，阿里以其无障碍电商服务入选福布斯“十大有爱零售故事”。

百度的信息无障碍开展在2009年左右。针对老年人用户，百度推出老年搜索：http://123.baidu.com。这是结合大字体浏览模式和简易操作理念所设计出的老龄网民的适用搜索。2010年前后，保益互动与百度合作，探寻为视障人士提供更为友好优质的搜索、导航和上网服务。经过评估，百度将百度输入法、百度地图、百度浏览器等产品的数据以及技术对接给保益互动。2012年保益互动与百度地图进行技术合作，开发推出盲人地图。

五、智能无障碍的设计进路与探索

近年来，人工智能技术被广泛运用于信息无障碍的设计之中，深刻改变并拓宽了无障碍文化信息传播创新的解决新思路。

腾讯将AI Lab提供的“图像描述生成”技术嵌入安卓版QQ空间客户端，腾讯AI Lab图片描述生成技术，关键在于设计出能够充分理解图像内容的模型，进而将相应编码的图像内容再“翻译”成自然语句，从而让视障用户也可以“看到”图片。QQ 空间是国内率先将人工智能应用在信息无障碍领域的社交产品。脸书也开发出 QQ 空间“图片描述”无障碍应用。

上海肇观电子科技有限公司所研发出的天使眼智能眼镜，是一款专为视障人士提供生活帮助的可穿戴式智能辅助用具，采用计算机视觉及人工智能技术，辅助视障人士出行和感知世界。“天使眼”可以通过把视觉图像转化为简洁的声音提示，为视障群体提供更便利的出行辅助，更可将可识别的文字、人脸、红绿灯等环境转化为语音，帮助视障人士感知周围，安全避开日常出行时遇到的楼梯、坑洼、车、门、树、栏杆、人等障碍物，从而判断活动范围是否安全，更能识别文字、钞票、颜色、斑马线和手机等常用物品，为视障人士更有自信和安全感地融入社会提供技术赋能。

国外相似产品，如微软与英国导盲犬组织合作的“视障耳机”以及 Soundscape（音景）的新应用等。Soundscape 应用是通过 3D 音频技术，为视障人士提供地点导航和探索服务。当开启 Soundscape 应用，戴上立体声耳机，使用者在路过包括商店在内的地标或道路时，Soundscape 就会读出地标或道路的名称。使用者也可以对自己本身熟悉的地方添加标签，下次再经过同样地方的时候，就会自动播报。

2018 年，腾讯启动多项无障碍 AI 技术对外开放，通过在小程序“多媒体 AI 平台”上线“无障碍 AI”入口，将一些可用于无障碍领域的人工智能技术对外开放接口，助力互联网相关行业的技术革新。其上线开放可用于无障碍场景的三大 AI 技术，包括：其一，图片转语音：通过多层深度神经网络识别图片中的内容，并将图片中的内容有逻辑地组织成语言展示给调用者，能够帮助障碍用户阅读图片。其二，语音合成：通过机器学习与训练，可以定制化地将一段文字以特定角色诵读出来，并支持情绪调节，便于用户更加无障碍地体验文字转语音场景服务。其三，OCR 识别：通过 AI 技术识别图片中的文字，便于用户在生活的各个场景中，对说明书、指示牌等文本检测领域信息的获取更为便捷，并支持海量图片的文字搜索功能等。

2019 年 10 月 15 日国际盲人节，信息无障碍研究会联合阿里巴巴钉钉、阿里巴巴集团标准化部、信息无障碍技术标准联合工作组、中国残疾人信息和无障碍技术研究中心、浙江省盲人学校发起成立全球首个“智能办公硬件无障碍联盟”，推进“智能办公硬件无障碍标准”制定计划。

信息科技、人工智能与无障碍设计的理念互动与实践创新，日益传递着未来互联网生态建设中的最核心的主题。通过科技赋能无障碍文化信息传播的全民、全时、全效可及，为残障人士全面融入社会发展，重塑社会能动性与文化主体性奠定基础，这是近20年间国际社会在探寻文化公平、信息共享和全纳教育的无障碍理想与共识，更是新时代中国信息无障碍建设的目标。唯有实现更为全面、立体、规范化、可持续的无障碍文化信息传播标准、信道、应用与服务模式，我们才能真正实现消弭残障信息鸿沟，推进残障人士的知识平等、信息平等与科技平等的发展，以呼应新千年社会创新与文化建设的时代使命。

第三章

无障碍文化信息传播的媒介接触：现状、变迁与发展

第一节　无障碍化媒介接触的历程与现状

根据第六次全国人口普查我国总人口数及第二次全国残疾人抽样调查我国残疾人占全国总人口的比例和各类残疾人占残疾人总人数的比例推算，2010 年末我国残疾人总人数 8502 万人。各类残疾人的人数分别为：视力残疾 1263 万人；听力残疾 2054 万人；言语残疾 130 万人；肢体残疾 2472 万人；智力残疾 568 万人；精神残疾 629 万人；多重残疾 1386 万人。① 媒介接触主要借助视觉和听觉进行，所以对于视障人士和听障人士来说难度较大，尤其是视障人士。因此，本节以视障人士的无障碍文化信息传播媒介接触为主要对象，以听障人士为次要对象。

根据中国传媒大学“光明影院”项目组于 2018 年对盲校师生的调查显示，对于视障学生来说，盲文书籍和手机是他们获取信息的主要媒介，盲文书籍占比最高达到 66.67%，手机占比 44.44%（如图 3-1-1 所示）；电视节目、广播节目、电脑、电影等同样是视障学生获取信息的有效方式。可见，上述六类媒介都应纳入国内外无障碍文化信息传播的媒介接触研究范畴之中。

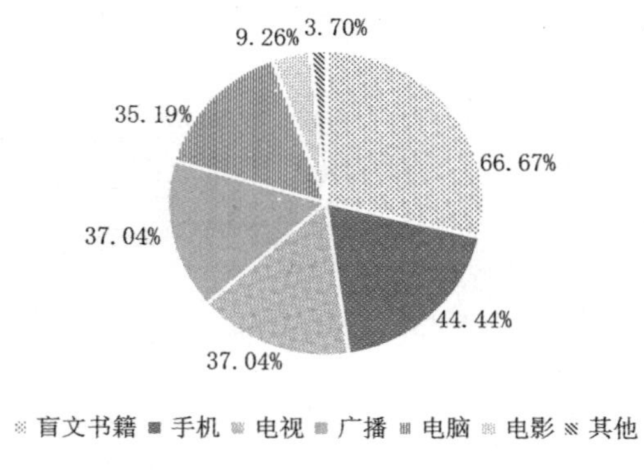

图 3-1-1
盲校学生接触
的媒介百分比

① 中国残疾人联合会 . 2010 年末全国残疾人总数及各类、不同残疾等级人数［EB/OL］. http://www.cdpf.org.cn/sjzx/cjrgk/201206/t20120626_387581.shtml，2012-06-26.

一、盲文图书

1. 盲文图书出版社

1952 年，时任中国盲人聋哑人协会主席的视障人士黄乃参照布莱尔盲文体系，提出《新盲字方案》。1953 年，《新盲字方案》在全国推行。从此，中国大陆地区有了统一的盲文。同年 12 月 3 日，中国盲文出版社成立，正式出版了新中国第一本盲文图书《谁是最可爱的人》。这是中国首家也是目前中国唯一一家为视障人士服务的国家级公益性文化出版机构。1959 年中国盲人聋哑人协会修订了《汉语手指字母方案（草案）》，经聋人手语改革委员会同意，内务部、教育部、中国文字改革委员会联合推广。[①] 此后，我国手语使用的规范化进程加快。1986 年，隶属中国残疾人联合会的华夏出版社成立，残疾人书刊出版业获得发展。2000 年后，我国陆续通过立法、免税等方式扶持盲文书刊的出版，并提出设立盲文图书馆、增加有声读物的倡议。2018 年 7 月 1 日，《国家通用盲文方案》和《国家通用手语常用词表》正式实施。规范化通用手语和通用盲文极大地促进了残疾人文化、教育事业的繁荣与发展。然而，目前，我国专业盲文出版社较少，有且只有一家出版社即中国盲文出版社。另外，因为盲文图书印刷工艺特殊且复杂，对纸质也有较高的要求，纸张一般采用 25 厘米 ×30 厘米的大小。由于制作成本高昂，所以盲文图书定价颇高，但是视障人士大多收入较低，难以承担高昂的读书费用。因此出版社一般以成本的 10% 左右的价格销售盲文图书，这就导致出版社收支难以平衡，继而难以持续发展。

2. 盲文图书的种类

截至 2017 年 10 月，中国盲文出版社共出版盲文书刊新书 4950 种，包括时事政治类、教材教辅类、文学经典类、社会读物类、音乐艺术类、医药保健类、彩色明盲对照类、期刊类等几大类别；中国盲文出版社共出版大字本约 1200 种 60 多万册，包括义务教育教材和教辅，低视力人群就业需要的按摩、钢琴调律、心理咨询等方面的自学教材和辅导材料，盲人生活所需的法律、医学、计算机普及读物和保健养生类读物；中国盲文出版社已建成

① 内务部，教育部．中华人民共和国内务部、中华人民共和国教育部关于试行聋人汉语手指字母方案的联合通知［J］. 语文建设，1959（6）：6.

20T 的数字资源库，含有电子盲文书 3999 种约 4.1 亿字，有声书 12479 种共 4.5 万小时，电子图书 15.6 万种，另有特色数据库、工具书、期刊等海量资源。[①]2016 年，中国盲文出版社编辑李娜对全国 13 个省的特殊教育学校、康复中心、按摩医院、残疾人艺术团等机构的视障人士展开实地调研。调查显示，盲童普遍喜欢故事类图书，但是多数地区康复中心和残疾人学校提供的这类图书非常有限，并且更新速度较慢；另外，视障人士对医学类图书的需求最大，但往往供不应求，尤其是西医学图书较为缺乏，中医药学图书种类不全，按摩教材普遍陈旧；除此之外，视障人士需求量较大的乐谱、辞典类工具书也较少。[②]

3. 盲文图书的发行

盲文图书在各大书店里都比较少见。视障人士购买图书通常要通过出版社，以点对点的邮发订购的方式，但这样的邮递方式速度较慢，花费的时间较长。而视障人士阅读的终端机构是图书馆、康复中心、残疾人学校等机构内的盲人阅读室。1986 年，广东省立中山图书馆设立了轮椅通道。1987 年 1 月，我国成立第一家盲人图书馆——芜湖市盲人图书馆。[③]2011 年，中国盲文图书馆在北京建成开馆。馆内设有文献典藏区、盲人阅览区、展览展示区、教育培训区等。教育培训区还划分为盲人电脑培训教室、盲人音乐培训教室、视功能训练、心理咨询以及口述影像馆等，为盲人提供全方位的文化服务。[④] 截至 2014 年，中国盲文图书馆共有馆藏图书 18269 种，其中盲文图书 3623 种，120407 册；盲文刊物 809 种，5322 册；馆藏有声读物（光盘）1852 种，34190 盘；大字本图书 338 种，5260 册，并以年均 200 种的规模递增；有声读物（磁带）1148 种，110419 册；还收藏有盲人书画摄影和手工艺术作品 1100 多件。[⑤] 根据《〈国家人权行动计划（2012—2015 年）〉实施评估报告》

① 中国盲文出版社．中国盲文出版社历史概况（简版）[EB/OL]．http://www.cbph.org.cn/ArticleContent.aspx?ID=1&CategoryID=362，2017-10-26.

② 李娜．盲文出版物的现状及趋势 [J]．现代出版，2016（5）：30-33.

③ 芦小芊．芜湖开办盲文图书馆 [N]．人民日报，1987-01-17.

④ 中国盲文图书馆．中国盲文图书馆机构设置 [EB/OL]．https://baike.baidu.com/item/ 中国盲文图书馆．

⑤ 中国盲文图书馆．中国盲文图书馆历史概况 [EB/OL]．http://www.blc.org.cn/Pages/Abouts/Abouts.aspx.

显示，截至2015年底，全国盲人阅览室座席数达2.1万个。[①] 大部分盲人阅览室除供视障人士借阅盲文图书以外，还有数字图书馆、视障人士电脑培训、举办视障人士读书会、举办主题活动、上门送书等各种服务。根据《中国残疾人事业统计年鉴2020》显示，截至2019年底，全国省市县三级公共图书馆共设立盲文及盲文有声读物阅览室1174个。[②] 但与视障人士需求相比，我国为视障人士提供的无障碍阅览室数量还远远不够，而且由于配套的无障碍服务不完善等多种原因，盲人阅览室的利用效果也不尽如人意。另外，盲文图书发行渠道较为单一，视障人士购买、借阅书籍的渠道较少。2019年，中国残联等五部门联合举办盲人数字阅读推广工作交流会，会议要求中国盲文出版社协同400家图书馆和100所盲人教育机构免费向盲人出借1000台盲文电脑和盲文电子显示器。[③]

二、手机

1. 手机媒介使用偏好

截至2020年12月，在我国9.89亿的网民中，有99.7%是手机网民，规模达9.86亿。[④] 对于视障人士来说，手机也是他们最常用的上网设备。据酷鹅用户研究院与信息无障碍研究会联合发布的《2018视障网民移动资讯行为洞察报告》显示，在受调查的视障人士中，有95%的人常使用手机上网。视障用户手机上网的主要诉求是社交、网购、听音乐、生活服务等，除使用头部互联网产品外，他们还有专业聚集的论坛和交流群比如爱盲网争渡论坛、中国盲人安卓爱好者、保益悦听QQ群、视障者苹果群等。据统计，七成视障用户会使用手机“看”新闻。视障网民“浏览”资讯的主要目的是增长知识、了解感兴趣的内容，新闻APP、社交平台如微信、微博是视障用户移动端获取资讯最核心的渠道，其中视障用户常用的新闻APP主要包括腾讯新闻、今日头条、网易新闻、新浪新闻，而33%的视障用户会主动关注相关论

① 中华人民共和国国务院新闻办公室.《国家人权行动计划（2012—2015年）》实施评估报告［N］.人民日报，2016-06-15（009）.

② 吕世明.中国残疾人事业统计年鉴2020［M］.北京：中国统计出版社，2020.

③ 凌亢.中国残疾人事业发展报告［M］.北京：社会科学文献出版社，2020.

④ 中国互联网络信息中心.第47次中国互联网发展状况统计报告［EB/OL］.https://zndsssp.dangbei.net/2021/20210203.pdf，2021-02-03.

坛和贴吧。但是，视障用户对移动新闻产品的满意度一般，只有 18% 的人非常满意，31% 比较满意，合计不到半数。[①]

2. 无障碍进程中的问题

互联网对视障用户价值巨大。根据中国信息无障碍产品联盟秘书处于 2016 年发布的《中国互联网视障用户基本情况报告》显示，63% 的视障者认为互联网的普及在一定程度上改变了他们的生活或命运，37% 的视障者认为互联网让他们的生活更加丰富了，几乎没有视障者认为互联网没有价值。然而，66% 的视障用户认为目前中国互联网的整体信息无障碍水平一般，互联网产品勉强能让视障者使用，有 20% 的视障者认为大多数互联网产品很难使用；3% 的视障人士认为互联网简直是噩梦，另有 11% 的视障人士认为几乎所有互联网产品都用得很顺畅（如图 3-1-2 所示）。[②]

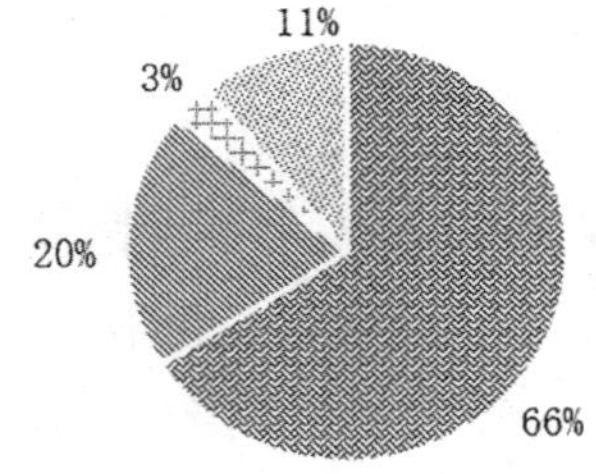

图 3-1-2　视障者对目前中国互联网信息无障碍水平的评价

造成这种现象有两大原因：第一，部分视障者对手机的操作不太熟悉，导致他们在操作互联网产品的时候会遇到一些障碍。第二，有很多互联网产品无障碍体验感不好，用户使用读屏软件时，信息流（新闻列表）、各个功能按钮、图片、视频等读屏体验不佳，视障人士操作很不方便。2019 年 9 月，信息无障碍产品联盟发布可及评测，聚焦 9 款主流短视频 APP 进行无障碍功

① 酷鹅用户研究院、信息无障碍研究会 .2018 视障网民移动资讯行为洞察报告［EB/OL］. http://www.capa.ac/media/1/2018 视障网民移动资讯行为洞察报告 .pdf，2018.

② 中国信息无障碍产品联盟秘书处 . 中国互联网视障用户基本情况报告［EB/OL］. http://www.capa.ac/media/1/ 中国互联网视障用户基本情况报告 .pdf，2016-03.

能评测。抖音、火山小视频成为短视频平台无障碍优化最佳的两款 APP，是仅有的两款 iOS 端与安卓端都可用的短视频软件。西瓜视频等其余 7 款 APP 评分均在及格线 60 分以下，无障碍功能基本不可用，其中快手、美拍无障碍优化情况最差。总的来看，我国短视频领域信息无障碍建设正逐步推进，但整体水平较低，多数产品无障碍优化亟待改进。①

3. 无障碍化手机与 APP 的现状

随着移动互联网技术的迅猛发展，移动互联网已经渗透到社会生活的各个方面，移动应用的无障碍化建设逐渐成为我国信息无障碍建设的重中之重。

（1）无障碍化手机的研发与生产

手机制造企业在研究开发无障碍移动终端系统。2017 年，小米公司开发的“MIUI 无障碍模式”在 MIUI9 中上线，为盲人提供“Talkback”服务，即 Android 设备内置的屏幕阅读器。② 2017 年底，OPPO 便针对 ColorOS 开展信息无障碍优化工作。截至 2018 年 11 月，R15 搭载的 ColorOS5.0 版本已支持无障碍使用，OPPO 还作为标准单位参与了工信部主导的《移动终端无障碍技术要求》行业标准的讨论和制定。③ 2018 年 10 月，工信部发布了 YD/T3329《移动通信终端无障碍技术要求标准》，中国泰尔实验室依据标准要求开展了检测认证工作，华为成为第一家获得无障碍移动通信终端产品检测合格证书的企业。在 EMUI 系统 5.1 版本中，实现了系统级适配——50 多种控件的无障碍标准化，报读内容更加清晰简洁。④ 在 2019 年推出的 EMUI 系统 10.0 版本中，华为研发了新一代“屏幕朗读”功能。

（2）腾讯旗下的 APP

2005 年，深圳市信息无障碍研究会成立，是我国最早专注于信息无障碍

① 中国信息通信研究院 . 信息无障碍动态［EB/OL］. https://www.sohu.com/a/344472174_120025397,2019-09-30.

② 深圳市信息无障碍研究会 . 行业动态 | 信息无障碍要闻（2020 年 5 月）［EB/OL］. http://capa.ac/-20205-1，2020-05-11.

③ 中国信息通信研究院，深圳市信息无障碍研究会 . 中国信息无障碍实践案例汇编（2018）［EB/OL］. http://www.capa.ac/media/1/ 中国信息无障碍实践案例汇编 _2018_.pdf，2018-12-20.

④ 中国信息通信研究院，深圳市信息无障碍研究会 . 中国信息无障碍发展白皮书［EB/OL］. http://www.capa.ac/media/1/ 中国信息无障碍发展白皮书 _2019_.pdf，2019-07.

的专业机构，以第三方身份为企业和产品提供专业的信息无障碍服务。[①] 手机QQ是国内首批支持进行信息无障碍优化的APP，2013年6月，手机QQ4.0.1版本启动无障碍优化。至今，共实现2135个无障碍特性包括但不限于表情图片无障碍、安全支付、声纹加好友、OCR识别帮助视障群体阅读等特性。微信是超过十亿人在使用的手机应用，也在持续升级无障碍体验。[②]2014年，腾讯在微信中发起了“声音捐献”活动，通过用户语音识别技术为视障者提供有声读物。[③]

（3）阿里巴巴旗下的APP

阿里巴巴作为全国首个发布助残报告的企业，与中国残疾人联合会共同发布的《阿里公益助残报告》显示，企业技术工作人员从2011年起成立信息无障碍小组，搭建“网上盲道”来辅助视力残疾人士无障碍体验平台产品及基本服务。手机淘宝是中国第一个将信息无障碍纳入更新维护常态化流程的产品。2015年，手机淘宝成立了专门的无障碍优化小组，联合阿里其他事业部（搜索、UC等）一起推动无线端的无障碍体验工作。支付宝则重新优化了密码键盘读屏功能，其安卓版上线了业内首个专门的密码键盘读屏功能。2020年12月3日，阿里巴巴集团、中国盲文图书馆、浙江大学联合发布信息无障碍“读光计划”，推出一整套针对中国盲文图书馆实际需求场景的信息无障碍应用与产品解决方案。其中，最主要的技术应用是：第一，应用天猫精灵智能家居技术，在中国盲文图书馆设立智能家居馆；第二，结合优酷在互联网文娱领域的技术积累和内容资源，与中国盲文图书馆共建无障碍内容网络视听平台；第三，输出达摩院最新的OCR读屏技术方案，助力中国盲文图书馆阳光读屏系统性能提升。[④]

（4）今日头条

今日头条APP是市面上第一个进行全面系统无障碍优化的资讯APP。目

① 信息无障碍研究会．机构简介［EB/OL］. http://www.siaa.org.cn/about-us.

② 中国信息通信研究院，深圳市信息无障碍研究会．中国信息无障碍实践案例汇编（2018）［EB/OL］. http://www.capa.ac/media/1/中国信息无障碍实践案例汇编_2018_.pdf，2018-12-20.

③ 腾讯公益．为盲胞读书，将良好动机转化为有效行动［EB/OL］. https://gongyi.qq.com/a/20150518/027250.html，2015-05-18.

④ 深圳市信息无障碍研究会，信息无障碍产品联盟，凤凰网，凰家评测．2021“可及”信息无障碍案例汇编［EB/OL］. http://www.siaa.org.cn/static/image/img_media/2021可及信息无障碍案例汇编.pdf，2021-5-21.

前今日头条拥有160万头条号，日均发布内容60万条以上，同时有8万以上国家机构及其他组织进驻头条号。借助今日头条APP，视障用户将获得各类资讯、党政机构发布信息、短视频、小视频等多种内容。①

（5）网络音频APP

喜马拉雅、蜻蜓FM等网络音频平台相继推出有声书、无障碍电影等产品。2019年，由中国残联牵头，中文在线启动了“书香残联”残疾人网络阅读平台，该平台不仅是一个阅读平台，还可以实时开展丰富的线上活动，包括阅读知识竞赛、名家讲堂、阅读分享会等；喜马拉雅推出残疾人“文化大礼包”，整合了包括各类优质付费内容在内的喜马拉雅平台有声读物，免费赠送给残疾人使用。

（6）科大讯飞

科大讯飞联合全国聋协于2019年5月19日发起“听见A.I.的声音”公益项目，通过人工智能技术把语音转化成文字，变听为看、看听结合，帮助听障人士在日常社会生活中与他人无障碍交流。截至2021年，讯飞听见网站及APP为近1680万用户提供智能转写及翻译服务，累计转写时长超5421万小时，为听障用户定向捐赠时长超2789万分钟。2020年10月，讯飞输入法适配Android和iOS系统的无障碍模式，成为国内首款通过中国盲人协会认证的手机输入软件（证书编号202010APP-A/I-XF1019）。一直以来，讯飞输入法与华为、OPPO、vivo、小米等国内手机厂商保持长期合作关系，在智能手机合作方面，荣耀的“智灵键”、锤子手机内置语音识别和全局搜索、魅族、MOTO等均内置了讯飞输入法同款识别技术。②

移动互联网为残障人士提供了相对更多的触媒机会。2020年12月24日，工信部印发了《互联网应用适老化及无障碍改造专项行动方案》，表示自2021年1月起，在全国范围内组织开展为期一年的互联网应用适老化及无障碍改造专项行动。针对视力障碍人士，推动网站和手机APP与读屏软件做好

① 李平．2019科技无障碍发展大会推出短视频无障碍计划［EB/OL］．http://scitech.people.com.cn/n1/2019/0420/c1007-31040702.html，2019-04-20.

② 深圳市信息无障碍研究会，信息无障碍产品联盟，凤凰网，凰家评测．2021“可及”信息无障碍案例汇编［EB/OL］．http://www.siaa.org.cn/static/image/img_media/2021可及信息无障碍案例汇编.pdf，2021-05-21.

兼容，解决“验证码”操作困难、按钮标签和图片信息不可读的问题，并推动企业设计研发智能导盲技术和功能；针对听力障碍人士，鼓励互联网产品内容信息加配字幕，提高与助听器等设备的兼容性，并推动企业提供在线客服等其他可替代电话客服的服务方式；针对肢体障碍人士，引导网站和手机APP支持自定义手势，简化交互操作，推出更多贴合肢体障碍群体需求特点的互联网应用。在政府、专业机构、企业、高校各方的合作研发下，移动互联网信息无障碍建设将会进一步发展，残障人士将获得更优质的媒介体验。

三、广播与电视

1. 国外无障碍视听节目服务现状

在世界范围内，欧美等国家的无障碍影视服务已经发展多年，且相对完善。在美国，1989 年，波士顿公共电视台就在副声道为视障人士播放部分节目的口述。2002 年起，美国更是以法律形式规定，各大电视台每季度至少提供 50 个小时的黄金时段节目解说。2010 年，时任总统奥巴马签署通过了 21 世纪通信与视频无障碍法案，法案规定 2011 年后四大广播网和五大有线频道必须每周提供 4 小时的无障碍影视服务。英国于 1955 年颁布《残疾歧视法案》，法案中明确规定所有电视台制作的节目至少要有 10% 的无障碍影视内容，包括 BBC1、BBC2、BBC3、BBC4、ITV3、ITV4、MTV 等 65 个电视台，无障碍影视内容包括电影、舞台表演艺术，还涉及各种电视剧，旅游、科学、历史、健康、娱乐、体育等方面的节目以及纪录片、脱口秀、儿童节目等内容。德国 1992 年起开始提供无障碍影视服务，视障人士只需通过机顶盒就可订阅无障碍节目。在德国的各大书店、影像店，视障人士随时可以买到无障碍影视光盘。

2. 国内无障碍视听节目服务现状

国内方面，1984 年，广东开办了我国大陆地区第一档真正意义上的手语主持节目《聋人手语节目》。[①]2001 年 7 月中央电视台决定在电视节目中增加字幕，[②] 字幕逐渐在电视节目、电视剧中运用开来。2005 年，中国残疾人艺术团的听障人士主持人姜馨田担任了春节联欢晚会中《千手观音》的主持工

① 穆晓林．荧屏上一道亮丽的风景线——记广东电视台聋人手语节目［J］．中国残疾人，2000（12）：4-6.

② 韩立梅．关于电视剧台词字幕的制作与探讨［J］．现代电视技术，2002（2）：77-86.

作，这是我国电视手语主持晚会类节目的开端。[①] 此后，配备手语的节目类型日趋多样，有专题类、娱乐类、访谈类、直播类等。2008 年 12 月 3 日，全国首个专门为残疾人"量身定做"的数字广播频道"阳光之声"在上海正式开播。该频道播出时间为每天中午 12 时 15 分至 12 时 50 分，主要节目有"帮困信息""残友心曲""人物访谈""政策解读""才艺展示"和"康复知识宝典"等，节目的采编、制作和播音等工作也主要由残疾人完成。[②] 截至 2020 年底，全国共有省级残疾人专题广播节目 25 个、电视手语栏目 34 个；地级残疾人专题广播节目 209 个、电视手语栏目 262 个。[③]2020 年 6 月，北京甲骨今声科技有限公司联合阿里巴巴达摩院语音实验室研发生产"今声优盒"实时字幕机顶盒。该产品与电视机顶盒、电脑或手机连接后，就可以把直播节目中的语音实时转化成字幕，与视频节目"同屏"呈现。2020 年 10 月，深圳卫视知识春晚节目与科大讯飞合作，利用人工智能技术将演讲实时转化为文字，并且直接呈现在电视直播画面中，这是 AI 直播字幕技术首次应用于省级卫视频道，助力听障人士收看节目。[④]2021 年春节前夕，首批"今声优盒"实时字幕机顶盒入驻全国百个听障人士家庭及社区，让百名听障人士和家人一起收看春晚直播。

四、门户网站

1. 推动网站无障碍建设的政策与标准

美国在网站无障碍建设方面主要采用 W3C 规范。2006 年，美国修订了《残疾人康复法案》第 508 节，要求一切互联网产品确保残障人士能够无障碍地使用，要求从事商业活动的网站必须和一般的商业机构一样遵守《美国残疾人法》中有关无障碍设施的规定。英国于 1995 年颁布并实施了《反残疾

① 袁伟．中国电视手语主持发展 40 年［J］．中国广播电视学刊，2018（12）：86-89.

② 吴军．国内首个残疾人专用广播频道在上海开播［EB/OL］．http://www.chinadp.net.cn/channel_/barrier-free/news/2008-12/05-2438.html,2008-12-05.

③ 中国残疾人联合会．2020 年残疾人事业发展统计公报［EB/OL］. https://www.cdpf.org.cn/zwgk/zccx/tjgb/d4baf2be2102461e96259fdf13852841.htm，2021-04-09.

④ 深圳市信息无障碍研究会，信息无障碍产品联盟，凤凰网，凰家评测．2021"可及"信息无障碍案例汇编［EB/OL］．http://www.siaa.org.cn/static/image/img_media/2021 可及信息无障碍案例汇编 .pdf，2021-05-21.

歧视法》，于2001年颁布实施了《特殊教育需求与残疾人法案》，于2002年颁布了《商品、设备、服务无障碍的权利：实施纲要》，于2003年颁布了《通信法案》，经过对英国网站为期一年的无障碍状况调查后，于2004年4月提出《Web：对残疾人的无障碍和包容性》报告，逐步推进网站的无障碍建设。2001年，日本政府由IT政策指挥部发布了政策指导，要求政府机构网站中的信息可以被视障人群访问，官方报纸发布在网站上的信息可以被视障人群访问。

1989年，我国颁布实施了第一部无障碍设施建设国家标准。在国务院残疾人工作委员会发布的《中国残疾人事业“十一五”发展纲要》中，明确指出加强残疾人事业信息化建设是国家政务信息化建设的整体要求，是实现残疾人事业现代化管理和可持续发展的重要措施，并鼓励各社会机构积极推动信息无障碍技术标准的制定，开展信息无障碍项目和产品的研发、推广和实效评估。在政府部门的领导下，中国互联网协会与中国通信标准化协会于2007年全面启动了信息无障碍标准研究工作。2008年3月，工业和信息化部正式发布我国第一部信息无障碍标准——《信息无障碍—身体机能差异人群—网站设计无障碍技术要求》。该标准要求网站内容要具备可感知性、可操作性、可理解性和兼容性。这部标准的出台对于中国信息无障碍发展具有里程碑式的意义。2012年8月1日，《无障碍环境建设条例》施行。该条例中指出残疾人组织的网站应当达到无障碍网站设计标准，设计的市级以上人民政府网站、政府公益活动网站，应当逐步达到无障碍网站设计标准。

2. 我国政务网站的无障碍建设进程

我国在互联网方面的信息无障碍建设始于残联、政务服务机构的门户网站的无障碍化改造。2008年，中国残联建立了国内首个标准化的信息无障碍示范网站。同年，科学技术部、工业和信息化部、中国残疾人联合会等主管部门联合推动开展了“北京2008奥运会、残奥会信息无障碍网站行动”，启动了我国首次标准化的网站无障碍建设行动。2010年，在世博会即将召开之际，在中国残联、上海残联的组织领导下，上海的四家政府网站按照标准要求开展了无障碍建设和改造工作，这是我国第一次有组织标准化的政府网站无障碍建设行动。[①] 根据2019年第一季度，中国互联网协会联合国家相关机

① 中国信息通信研究院，深圳市信息无障碍研究会．中国信息无障碍发展白皮书［EB/OL］．http://www.capa.ac/media/1/中国信息无障碍发展白皮书_2019_.pdf，2019-07.

构、社会组织发布的《全国各省（市、区）政务信息无障碍建设情况报告》显示，在全国省级政府门户网站无障碍服务能力指数排行中，北京市人民政府门户网站（首都之窗）凭借规范化建设、服务效能优异的突出成绩位列第一。新疆维吾尔自治区和青海、海南、上海市和贵州等省级人民政府网站均以无障碍建设满足规范，服务效能好等优势，分别位列服务能力指数第二到六名。在全国省级政务服务网站无障碍服务能力指数排行中，北京市、上海市政务服务网站凭借规范化建设、服务效能优异的突出成绩，排行第一、二位。北京市、海南省、贵州省、青海省和新疆维吾尔自治区以及河北雄安新区、北京市海淀区等 32 个省、市、区（县）人民政府在网站无障碍建设和服务工作中，认真务实、与时俱进，把网站无障碍服务真正做到实处，为中国政务信息无障碍建设工作起到积极推动作用。① 截至 2020 年底，全国 31 个省级、256 个地级、760 个县级残联开通网站。②

3. 我国商业网站的无障碍建设进程

永德读屏软件是国内第一款能够朗读 Windows 界面的屏幕朗读软件，于 1999 年研发成功，帮助视障人士打破壁垒、使用电脑获取信息。如今由它提供的语音库，全面支持微软公司的办公自动化软件。近年来，企业网站也都纷纷进行无障碍优化。2016 年 8 月，民航局消费者事务中心网站完成无障碍化。③ 该网站是民航业内第一家实现无障碍服务的网站。2017 年 12 月 19 日，首家中国民航即南方航空公司上线无障碍网站服务，目前网站已实现信息浏览、购票、退改签、里程兑换等功能。④

① 新华网 . 全国各省（市、区）政务信息无障碍建设情况报告［EB/OL］. http://www.xinhuanet.com/info/2019-02/27/c_137854505.htm，2019-02-27.

② 中国残疾人联合会 .2020 年残疾人事业发展统计公报［EB/OL］. https://www.cdpf.org.cn/zwgk/zccx/tjgb/d4baf2be2102461e96259fdf13852841.htm，2021-04-09.

③ 中国信息通信研究院，深圳市信息无障碍研究会 . 中国信息无障碍实践案例汇编（2018）［EB/OL］. http://www.capa.ac/media/1/ 中国信息无障碍实践案例汇编 _2018_.pdf，2018-12-20.

④ 中国民航网 . 南航无障碍网站第二期功能上线［EB/OL］. http://www.caacnews.com.cn/1/6/201812/t20181229_1263914.html，2018-12-29.

第二节　无障碍化媒介接触的变迁与重塑

总体而言，我国的无障碍文化信息传播进程正逐步加快。在残障人士的社会生存状况不断得到改善的同时，其媒介关注度与自主性的媒介接触也迅速提升。大规模、多频次的媒介接触，重塑了残障人士的身份认同、人际交往，提高了他们的社会参与度，扩大了其社会话语空间，对于促进残障人士融入社会具有重要意义。

一、残障群体的社会关注

党的十八大以来，以习近平同志为核心的党中央对残疾人事业非常关心，强调要推动残疾人共享我国经济社会发展成果。习近平总书记指出，“2020 年全面建成小康社会，残疾人一个也不能少”，李克强总理强调，“全面建成小康社会，不能让残疾人掉队。要让残疾人的生活更加殷实、更有尊严”。

残障群体在康复、教育、就业等基础方面得到越来越多的政策关注和基本生活保障，残疾人的社会保障水平大幅度提高，社会生活基本条件得到全面保障：2015 年国务院印发《关于加快推进残疾人小康进程的意见》《关于全面建立困难残疾人生活补贴和重度残疾人护理补贴制度的意见》；2016 年国家国民经济和社会发展“十三五”规划纲要对保障残疾人基本权利、提升残疾人服务保障水平提出新的明确要求；截至 2017 年底，全国提供视力残疾康复服务的机构达 1194 个，得到康复服务的持证残疾人中有视力残疾的个体达 88.3 万；中国残联、教育部等部门制定实施《第二期特殊教育提升计划（2017—2020 年）》；教育部印发《残疾人参加普通高等学校招生全国统一考试管理规定》，开展残疾人高等融合教育试点工作；等等。

残疾人士得到越来越多的媒介关注，社会生存空间不断拓展，社会成长的选择性日益丰富。以视障群体的媒介关注为例，与 2003—2012 年的十年数据相对比，2013—2018年10月五年多时间内，互联网有关“盲人”“视障人士”的信息总量达到39639条[①]，是前十年的26倍，同时相关信息明显呈现多元化趋势，其内容包含对视障人群的政策保障、现状调查、民间关怀、群像报道，甚至视障人群辅助技术的研发报道等（详见图3-2-1、图3-2-2）。

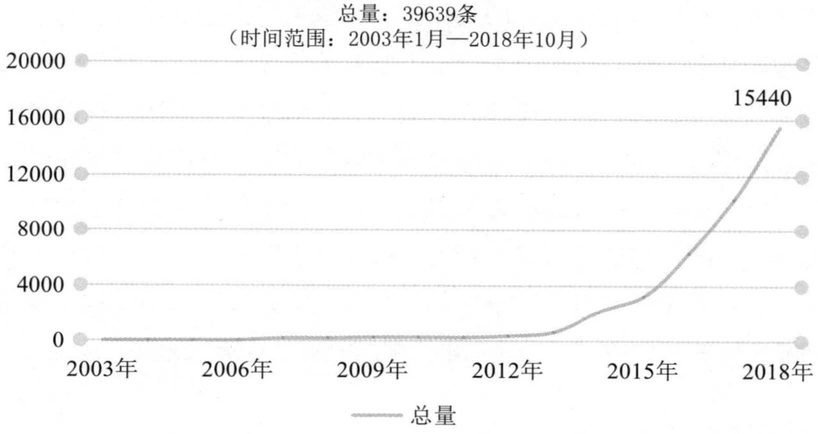

图3-2-1　“视障”“盲人”相关新闻传播趋势

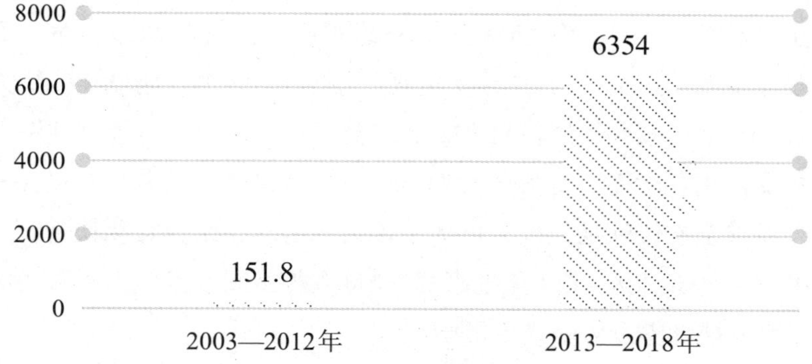

图3-2-2　党的十八大前后有关“视障”“盲人”新闻量对比

① 相关数据来源于方正智思互联网大数据信息服务平台，检索日期2018年10月15日。

2017 年 10 月，习近平总书记在十九大报告中提出，中国特色社会主义进入新时代，要着力解决好人民日益增长的美好生活需要和不平衡不充分的发展之间的矛盾，要更好地满足人民在经济、政治、文化、社会、生态等方面日益增长的需要，更好推动人的全面发展。

对于残障群体而言，“日益增长的美好生活需要”不仅是物质文化生活方面的满足，从社会全面进步、人民全面发展的角度看，残障群体在拥有越来越好的教育条件、越来越多样的工作机会、越来越满意的收入、越来越稳定的社会保障和越来越高水平的医疗卫生服务的前提下，应该有越来越大的社会参与度和社会话语空间，应该有更加丰富的精神文化生活。在社会主义新时代，残障群体更平衡、更充分地发展，应立足于如何使其更好地融入社会主流，在精神生活享受方面获得和健全人同等的条件。作为社会大家庭中的重要群体，残障群体的生存状态折射我国社会文明发展程度和社会公共服务供给水平；提升全社会对残障群体的宽容度，提升残障群体的社会参与度，提高残障群体的社会地位，是社会主义强国建设的应有之意。

二、新技术形态下的媒介接触

迈入新时代，残障群体日益增长的精神文化需求受到社会各界广泛关注：中宣部、财政部、文化部、广电总局、中国残联启动“盲人数字阅读推广工程”，搭建盲人读物融合出版与传播平台，为盲人读者使用盲用阅读设备提供持续性内容资源更新、软件升级和设备维护服务；截至 2019 年底，全国共有省级残疾人专题广播节目 25 个、电视手语栏目 32 个；地市级残疾人专题广播节目 219 个、电视手语栏目 272 个，全国省、市、县三级公共图书馆共设立盲文及盲文有声读物阅览室 1174 个……[①] 政府和社会各界积极探索、多方举措，力求全方位满足残疾人群体精神文化需求，结合文化扶贫、文化助残，实施“文化进社区”“文化进家庭”“盲人数字阅读推广工程”等项目，为基层残疾人提供优秀文化产品和服务。

与以往更加不同的是，借助新型技术形态，残障人士可以通过更友善的触媒实践迈入数字化信息世界。同信息技术发展过程保持基本一致，残障群

① 吕世明．中国残疾人事业统计年鉴 2020［M］．北京：中国统计出版社，2020.

体的“触网”行为也经历了由 PC 端到移动端的转变。随着移动互联的高速发展，智能手机所面临的使用环境越发复杂。为此，在智能手机软件的研发设计之初，除了惯常的文字输入，也逐渐添加了语音输入、语音文字双向转换等功能，如 iPhone 的 voiceover、微信的语音输入、讯飞听见的语音文字双向转换等，在满足健全人使用需求的同时，也为残障群体提供了更便捷的触媒选择。百度、腾讯、今日头条、滴滴、酷狗、科大讯飞等新媒体机构纷纷开启产品无障碍优化进程，加入信息无障碍建设，推进互联网产品信息的无障碍传播，以吸引更多残障用户跨过障碍，平等享受互联网带来的便利。读屏软件技术更新、移动与社交媒体兴起，对残障群体媒介使用习惯和信息获取模式产生革命性影响，丰富残障群体信息接收的可选择性和可控性，为残障群体平等接触媒介创造出极大空间。据中国信息无障碍产品联盟在 2016 年发布的《中国互联网视障用户基本情况报告》显示，63% 的视障调查对象认为互联网的使用对其生活影响价值巨大，甚至改变了他们的生活或命运，几乎没有视障者认为互联网毫无价值。

新技术形态下的无障碍文化信息传播直接促使残障人士的社会交往活动产生了巨大变迁。相较于差序格局闭环型的熟人圈，移动互联打破了血缘和地缘关系的封锁，改变了残障群体的人际关系网络和信息交流方式。残障人士可以利用网络的虚拟性在其中藏匿自身“缺陷”，实现与健全人无异的、自由穿梭各类社交工具的跨时空交流行为。在这种平等沟通的环境中，残障人士更有可能积极介入各种论坛或社群开展社交行为，像健全人一样发表意见，为其社会交往带来自信进而积极参与社会生活。不仅如此，拥有正向反馈的触媒行为有利于促进人际网中强联系与弱联系的有机结合，在无形中重塑了残障人士的社会关系。一方面，将现实关系延伸到网络，加之线上关系的拓展，扩大了关系网络；另一方面，由于网络的虚拟性和即时性，残障人士易于建立无差别化社交，且线上社交较之线下多半轻松活泼，更利于拉近时空距离、加深彼此了解，对建构强联系有着积极作用。扩大交往范围，并经此连接生活的各个方面，通过开拓、连接和互动提高残障人士的社会关系资本，新媒体平台功不可没。

三、媒介接触中的身份重塑

与触及性弱的传统媒体相比，新型媒介技术为残障群体提供了更多的触媒机会，特别是随着5G时代的到来和应用设计的不断更新，手机无疑在提高残障群体精神文化生活质量方面拥有更广阔的发展空间。大规模、多频次的媒介接触得以颠覆与重塑残障群体的身份认同、人际交往，提高社会参与度，拓展社会话语空间，最终完成社会融入。

社会融入是处于弱势地位的主体能动地与特定社区中的个体与群体进行反思性、持续性互动的社会行动过程。① 完成身份认同是参与社会生活的前提。残障人士如何在社会生活中进行定位，如何与他人相处，究其根本是对自我身份、自我归属的群体身份的确立，其答案往往是多重因素作用的结果。这些因素既包含残障者个体的社会关系（如血缘、地缘和业缘关系）和经济基础，又包含所处社会的价值观念（如关于伤残疾病的认知）和包容程度（如无障碍设施配备和社会舆论）等，潜移默化地影响着“我”“我们”“他们”的划分与归属，进而影响“自我认同”与“群体认同”的建构。②

基于中国传统社会的差序格局，残障者存在众多与由健全人构成的亲属关系和地缘关系所决定的社会关系，“特殊与正常”的对比既显而易见又影响深刻。除此之外，作为再现、传播上述身份认同坐标参数的重要平台，大众媒体在引导残障群体对“自我”、对“群体”的解读与判断上往往心有余而力不足：一方面，传统媒体的大众属性致使媒体必须以占比更多的健全人视角，即他者视角进行关注与书写。另一方面，传统媒体的内容体量在一定程度上也限制了有关残障群体的报道篇幅和力度，社会观念和包容程度的变化缓慢而曲折。受到他人和社会大量非正向反馈的残障人士，在尴尬境地中极易被负面情绪所裹挟，认同社会关于残障群体的刻板印象，认为个体发展前景渺茫无望，与社会割裂隔绝，拒绝融入。

如今以数字技术为肌底的融合媒体，凭借新媒体平台虚拟、垂直、海量等特性冲击大众的同时，也颠覆与重塑了个体对“自我”的解读与判断，日益成为残障人士完成身份认同的主要参考工具。首先，网络社交隐去了残障群体的缺陷，削弱了“特殊与正常”的对比，使其在网络上“另起炉灶”，重塑主体资本。

① 金恒江，张国良．微信使用对在华留学生社会融入的影响——基于上海市五所高校的调查研究［J］．现代传播（中国传媒大学学报），2017（1）：145-151.

② 吴瑶，韦妙．颠覆与重塑：数字阅读中的身份认同［J］．编辑之友，2018（11）：5-10+15.

其次，碎片化与垂直化的新媒体平台鼓励具有共同特性的人“重新部落化”，主张信息的自助获取、自我书写和主动传播。残障群体通过群体内部积极的自我书写和主动传播，撕去如“瞎子”“废人”等带有歧视含义的标签，客观看待自身缺陷。结合如北京市东城区残联举办的“视障服务队下基层项目”等一系列残联、基金会、公益协会等社会组织的线下活动，残障群体实现了从线上到线下的信心传递，体会自身价值，享有与健全人同样的机会和权利。

最后，新媒体平台的海量承载力使得社会对于残障群体的关注不再受容量限制，且内容丰富多元。在5G时代，视频影像成为信息传播、再现社会的重要载体之一，凭借着与现实社会“像似性”的符号打破时空界限，让人们在身临其境的感性体验中完成了“不出门而知天下事”的心愿，也在残障群体中发挥着促进社会认知的作用。海量信息使残障群体能够准确接收与他人在社会互动中的反馈信息，及时调整自我行为。不仅如此，关于残障群体的海量报道也引导着社会观念的改变，提升了整个社会的包容度，推动着社会发展的文明程度。借助新型媒介技术，残障群体正进行着一场确认自我、调整自我、实现自我的身份认同变革，逐渐实现从依靠“社会供给”到“自我供给”并推动社会发展的华丽变身，最终融入社会。

不可否认，凡此种种变迁与重塑都基于数字技术为残障群体带来的无障碍触媒体验才能得以实现。在社会主义现代化进程中，高速移动互联技术是保障残障群体享有人权和基本自由的新兴力量，是消弭信息障碍、促进社会融合的催化剂，其不断普及的战略性意义在推进残障人与健全人平等接收信息、接受教育、获得就业、融入社会生活、享受文化艺术中越发凸显。

第三节 无障碍化媒介接触的未来发展与建议

在理解和实现残障群体无障碍媒介接触的过程中，智能化、场景化成为提高媒介接触便捷性的突破口。人工智能在这一进程中大放异彩，活跃在无障碍信息建设领域，为传统媒体时代无障碍化的使用难题提供解决方案。然而，技术“可及”并不意味着传播“通畅”[①]，我们也更要关注在无障碍文化信息传播中的传播者、传播内容、传播效果、传播制度环境等诸多要素，在为残障群体提供更多优质无障碍文化信息服务的基础之上，进一步挖掘融合媒体与残障群体媒介使用需求深度结合的潜力，在媒介融合的进程中促进无障碍信息采集与传播新规范的形成，实现媒介生态无障碍化转型升级，为残障群体构建与健全人群共触、共享、共建的信息空间，推动全体社会成员的共同全面发展，推进社会进步。

一、人工智能在无障碍化媒介建设中的应用

2006 年来，以深度学习为代表的机器学习算法在机器视觉和语音识别等领域取得了较大的成功，识别准确性大幅提升。云计算、大数据等技术在提升运算速度、降低计算成本的同时也为人工智能发展提供了丰富的数据资源。人工智能的发展模式从过去追求“用机器模拟人工智能”，逐步转向机器与人协同合作的增强型混合智能系统，用机器、人、网络结合成新的群智系统以及用机器、人、网络和物结合成更加复杂的物联网系统。作为新一轮产业变革的核心驱动力，人工智能在催生新技术、新产品的同时，对日常行为生活也具备较强的赋能作用，在视觉识别、语音转化以及肢体行为等方面满足了残障人士的需求，在无障碍文化信息传播领域得到广泛应用，拓宽无障碍文化信息传播新思路。

1. 现有媒介产品的优化与升级

智能手机的普及与移动互联的高速发展使得大部分的媒介接触和信息服务在手机的应用程序中完成，这就要求不仅要在 ATM 取款机、自动售卖机等公共设施采用无障碍化的信息操作界面，更应注重个人移动终端及其应用程序的信息无障碍化搭建。目前，越来越多的信息运营商开启了无障碍化版本，结合人工智能将无障碍化的文化信息传播融入到媒介产品的设计与生产中，“信息无障碍工作已经由单纯的为某个用户群体服务上升到创建全社会的信息无障碍环境”[②]。

① 李东晓，熊梦琪．“可及”之后：新媒体的无障碍传播研究与反思［J］．浙江学刊，2017（6）．
② 凌亢．中国残疾人事业发展报告［M］．北京：社会科学文献出版社，2019．

（1）腾讯

从 2009 年起，腾讯就已在信息无障碍方面展开探索，从社交、娱乐、新闻等腾讯旗下各类产品出发，为障碍人士构建出友好的信息社会。截至目前，旗下 QQ、QQ 空间、微信、腾讯网、腾讯新闻、应用宝、企鹅 FM 等大部分产品已针对障碍用户实现专门优化。2019 年，腾讯通过在小程序“多媒体 AI 平台”上线“无障碍 AI”入口，将图片转语音、语音合成、OCR 识别等一些可用于无障碍领域的人工智能技术对外开放接口，助力互联网相关行业的技术革新。

（2）阿里巴巴

2011 年起，阿里巴巴技术团队的信息无障碍小组陆续推动相关团队开发语音验证码引擎、建立盲人卖家旺旺群、开发多个无障碍 APP，使无线端的无障碍化改造从淘宝、天猫又延伸到支付宝、钉钉、高德、UC 等阿里系多个产品中，为视障用户在网上开拓了一条条新“盲道”，使视障用户与健全人一样，享受平台应有的福利和体验。2018 年，阿里达摩院与清华大学共同推出盲人手机膜，通过低成本的屏幕盲键，帮助视障人群提升智能手机的交互效率和用户体验。

（3）字节跳动

2019 年 5 月 16 日字节跳动正式上线抖音和火山小视频的无障碍版本，这也是短视频领域内第一次实现读屏无障碍的两款应用。优化后的两款短视频应用支持与手机读屏功能适配，可以帮助视障用户通过读屏提示，顺利操作短视频应用。用户只需打开手机里的读屏功能，就可以自由播放抖音与火山小视频 APP 里的任意一个视频，还能评论、转发、点赞、关注视频作者，让每一位视障人士都能“看到”一个更加丰富与广阔的世界，无差别地体验短视频 APP，满足视障人群消费短视频、创作短视频的需求。

（4）同程艺龙

同程艺龙联合江苏省聋人协会，推出全国首个听障人士旅游出行“55 服务”，打通预订、出行及售后等各流程壁垒，更好地与听障人士无障碍交流，提供无障碍沟通和更便捷的出行服务。“55 服务”上线后，听障人士注册会员通过认证后，系统后台识别为听障用户。客服系统增加听障用户识别和专属服务入口，前期采用短信、微信等文字方式，后期引入手语客服人员，拓展智能化、视频化服务，涵盖交通票务、在线住宿预订及多个出行场景服务。

作为国内旅行行业首次向障碍人群推出特定服务，同程艺龙将及时收集用户需求，用科技为听障人士提供更优质服务。

2. 智能识别系统的研发与普及

人工智能识别系统为残障人士架起了一座媒介信息的桥梁。人工智能识别系统能够有效地完成不同形式信息符号之间的相互转化，将声音转化成视觉符号、将视觉符号转化成声音等，为残障人士、老年人的无障碍信息获取提供便利。目前，人工智能识别系统的研发与普及已经成为无障碍文化信息传播环境建设的重要发展趋势之一，将惠及越来越多的残障人士。

（1）优图 AI 手语翻译机

优图 AI 手语翻译机以普通摄像头作为手语采集装置，依托高性能计算机进行后台运算，用户只需面对摄像头完成手语表达，翻译机屏幕界面就能快速把手语转换为文字，帮助听障人士和健听人士进行正常交流。该手语识别数据覆盖了近千句日常表达、900 个常用词汇，设置有强大的特征提取器和词级信息提取单元，实现对数据的进一步分析和归纳，进而完成整句的识别和翻译。用户表达的时候可以连贯将整个句子表达完，不需要设定特定的结束或起始动作，也无须在句中故意停顿或放慢速度。优图 AI 手语翻译机未来有望在机场、高铁、民政窗口等公共场所部署应用，为听障人士日常交流提供便利，助力信息无障碍城市建设。

（2）科大讯飞

科大讯飞积极利用人工智能技术推出一系列无障碍信息转换应用，包括讯飞听见、听见智能语音课堂、阳光听书郎、讯飞翻译机等产品，为残障人士提供了更多的无障碍化媒介接触机会。讯飞听见 APP 通过手机拾音器将人声撰写成文字，并展现在屏幕上，让听障人士能够通过手机端迅速获取信息。为了兼顾残疾人士的试用体验，讯飞听见 APP 对产品界面和功能进行针对性优化，包括转写结果、全屏显示、字体大小缩放、页面自动横屏等，提升残障人士的用户体验。

（3）谷歌 MLCC 课程

谷歌 Learn with Google AI 在线课程中的“机器学习速成课程”（英文简称“MLCC”）利用谷歌的人工智能技术，将英文讲师的授课内容翻译为机器中文配音，并根据机器算法按照讲师的语速、停顿等即时播放机器配音。目前，这项在线课程即时翻译配音功能惠及的是众多自称“英语废”的学习者，以及包括视障人士、读写障碍人士在内的障碍人士，为无障碍在线教育提供了新思路。试想，如果日后有人工智能作为同声传译助手，包括障碍人士的所有人便能第一时间享受到国内外先进课程的资源，通过自主学习实现自我提升。

3. 物联网与无障碍化媒介的结合

随着5G时代与人工智能的发展与完善，我们即将面临一个“万物皆媒”的时代，智能机器在某种意义上都有可能媒体化，这为无障碍文化信息的传播提供了更广阔的媒介空间，也更加凸显了无障碍化媒介接触环境建设的重要性。目前，人工智能机器在智能家居、可穿戴设备等领域的成果让更多的人看到，物联网应该可以成为无障碍化媒介传播格局建设的出发点和落脚点。

（1）智能家居

智能家居是以住宅为平台，基于物联网技术，由硬件、软件系统、云计算平台构成的家居生态圈，实现人远程控制设备、设备间互联互通、设备自我学习等功能。目前的应用场景主要包括对家居系统各设备的操控，如小米的智能家居系列、长虹推出的Alpha人工智能语音空调；对家庭安全的自动防控，如LifeSmart开发的可视门锁、多功能门禁感应器等设施可对房屋进行智能监控等。2019年，广州市率先尝试为视障人士进行智能家居改造，通过智能家居让盲人插上科技的翅膀，实现无障碍生活。这样的智能家居无障碍改造切实地帮助到了盲人，提高了他们的独立生活能力。

（2）可穿戴设备

人工智能与可穿戴设备的结合将为无障碍文化信息传播带来全新的前景。可穿戴设备主要包括TWS、智能手表、智能手环、AR/VR等产品，是把多媒体、传感器和无线通信等技术嵌入人们的衣着或配件的设备，可支持手势和眼动操作等多种交互方式，是无障碍化媒介产品面临的又一个新的发展机遇。在国内，由上海肇观电子科技有限公司生产的“天使眼智能眼镜”是为视障人士熟知的电子科技产品。天使眼智能眼镜前方双目立体摄像头模拟人眼采集前方物体位置信息并转换成听觉信号，再通过骨传导耳机传达，即时提示避障，自动定位导航、智能识别物体。“天使眼”同时适用于不同类型的视障人士比如全盲、低视力等，为视障人士提供安全、便捷的出行保障。

二、优化无障碍化触媒环境建设的政策建议

对于移动互联网来说，硬件技术正被大力普及，而信息无障碍实现过程中人的因素、制度因素、社会因素等软性因素也不能被简单略过。比如，苹果手机所提供的语音导航系统比以往的盲人专用手机更加专业，但高昂的价格使得普通残障者望而却步；读屏软件可以完成初级的识别功能，却没有任何情感，对文化影视艺术作品的解读不仅无法给观者带来愉悦体验，甚至无法完成基本语意表达。这时就需要人的介入，即由掌握基本画面语言，具有“编码—解码”能力的专业人士来完成视觉元素的听觉转化。可见，残障群体触媒研究更是一个与社会机制、立法保障、内容生产、发行获取、受众心理等紧密结合的涉及面很广的议题，对其进行多维度观察，全面理解融媒体环境的复杂性，才能提升残障群体媒介接触体验。

1. 鼓励全社会共同构建无障碍化媒介环境

相较于具体层面的内容实践和优化，构建无障碍媒介环境才是提升残障群体媒介接触体验的首要议题。在西方，电信以及终端服务的提供商往往在法律和社会的监督下成为推动无障碍影视制作与传播的主力，起到积极的建设性作用。美国 2010 年的《21 世纪通信与视频无障碍法案》规定：凡是在美国提供电信及终端服务的软件、硬件、服务提供商都需要无障碍化，2011 年后四大广播网和五大有线频道必须每周提供 4 小时的无障碍影视服务，并逐步扩大服务范围，几年后全面覆盖美国。美国首映的电影中，六成多附有口述频道。其中，带有口述频道的电影有四成之多被制作成 DVD。在英国等国家，有公共服务义务的主流电视频道有不少于 20% 的电视节目提供口述服务。而在我国，推动媒介信息无障碍传播的主体大多仍是政府、学校、图书馆等社会公共服务机构，对于直接面向受众，提供文化信息内容的有线电视网、商业网站和文化产品供给商而言，该如何面对残障群体？供给媒介内容是作为公益行为鼓励还是强制内容要求？强调公共性还是公益性？这些问题的答案尚不明确。

2019 年“两会”期间，全国人大代表贾樟柯导演与 32 名代表联合署名，向大会呈报提交《关于发展我国无障碍电影事业的议案》，就无障碍电影的立法、版权限定和服务提升等方面提出构想方案，呼吁社会关注视障群体媒介环境的顶层设计。除此之外，制定关于信息无障碍的国家技术标准，推动政

务和公共服务网站的信息无障碍建设也是构建无障碍媒介环境的重点。加强信息无障碍标准体系建设，发布国家及行业标准，为残疾人便利使用信息通信设备、获取互联网信息、操纵辅助装置等提供有效标准支撑，方便其传播流通和交易，推动信息无障碍领域的规范化和规模化发展。

2. 大力支持无障碍文化信息内容的生产发行

适合残障群体使用的媒介内容生产发行成为被信息技术发展掩盖的另一大重要难题。虽然不同形态的信息符号能够借助数字技术和新媒体平台得以自由转换，使得残障群体看似与健全人拥有同等接触信息的机会，但适配内容的短缺使得两者并未真正平等。统计来看，融媒体环境下无障碍内容的社会供给较传统媒体时代并无显著增长，残障群体的精神文化生活依旧较为单一。根据盲校学生媒介使用习惯调查数据来看，选择电影作为信息接收媒介的学生仅占比9.26%，其中4人完全没有收听或“看过”电影，甚至有视障者表示电视比新媒体平台更好操作，网络内容缺少无障碍版本且查找路径烦琐，不如“看”电视。由此可见，互联网虽已成为电影发行和观看的重要平台，但可获取的无障碍版本的电影仍然凤毛麟角，无形中把即将要迈向信息时代的残障群体往回拉了一把。无障碍内容建设仍需要多方支持与努力，设立专项工程，整合影视机构、高校、科技公司和社会团体的力量，深层次挖掘数字信息技术全面满足残障群体精神文化需求的潜力，切实推进无障碍试听内容建设。

中国传媒大学的“光明影院”项目就提供了一个可推广的样本。电影解说工作由传媒大学的师生共同进行，片源和播出渠道由歌华有线、院线公司、新媒体公司提供，强调专业性、可持续性、可拓展性。专业性在于中国传媒大学专业影视人员的加入。无障碍影视不同于普通的录音剪辑，重点在于对影视进行场景分解，在对白和音响的间隙，用视障人士能够理解的语言，讲述画面信息及其背后所包含的情感与意义，对情感传递、文化价值观的传播具有重大意义。影视专业师生的加入和相关学术研究的开展对制定无障碍电影音轨制作准则、提升无障碍电影解说服务的专业水准均有助益。可持续性在于该模式综合多方力量，高校在专业领域的技能和人员优势，电信和新媒体企业的片源、传播渠道的资源优势均得到充分发挥，人员、片源以及平台的有效组合使得这项无障碍服务得以延续。可拓展性在于四个层面：一是服务对象可拓展，盲人、存在严重视觉障碍的人以及希望在不看屏幕的情况下亦了解节目内容的人都是目标受众；二是参与机构可拓展，新媒体公司均可参与其中，这也是新媒体时代商业公司的社会责任；三是服务内容可拓展，无障碍电影只是一个开端，相应模式可以延续到主流频道和政府网站视听内容的口述影像服务；四是青少年残障人群的教育和就业领域拓展，公益电影解说吸引着越来越多的视障群体加入进来，成为他们接受教育和实现就业的新路径。

3. 全面了解和准确把握残障群体的心理需求

上述所有的实践均要以全面了解和准确把握残障群体这一特定用户群体为前提。然而在大数据普遍应用的今天，这一前提仍不完备。首先，在用户画像方面，缺乏全局性的残障群体基本数据调查，各类研究均以本地的残障群体为研究范围进行抽样调查，但对全国残障群体的了解仍存在诸多盲区，数据更新速度无法跟上社会环境、媒介环境变化的速度，无法满足科学研究与政府决策的需要。

其次，在受众行为研究方面，当前大多数研究仍局限于问卷调查和实验法来简单定义和归类残障群体的媒介使用习惯、使用心理以及使用障碍，他者视角和方法固化使得研究结果雷同，无法敏锐捕捉信息技术发展中残障群体的媒介使用趋势。然而，在交互特性显著的新媒体平台中，残障人群早已不再被动地接收信息，但这一变化未在无障碍传播研究中得以观照和挖掘，严重影响着产品的研发方向与未来研究的走向。正如腾讯 SNG 即通产品部的项目团队早期的“好心办坏事”：手机 QQ 团队在 2015 年第一次做信息无障碍时曾经遭到障碍用户的抵抗，后来寻求外部机构的专业协助，与信息无障碍研究会合作，建立交流群聆听障碍用户反馈、内部流程规范化等一系列改进措施后，产品的信息无障碍化才获得了障碍用户的支持。

最后，在社会学研究方面，残障群体仍为研究盲区，残障人群的媒介权利研究仍处于“三空白”阶段：关注新型媒介对残障群体赋权问题的本土性尚处空白，残障人群的视听媒介行为研究尚处空白，视听内容无障碍服务的理论性系统化研究尚处空白。当残障群体借助数字技术冲破视觉信息符号设下的围栏，可以“自由”表达和书写时，这部分群体的身份认同与社会角色是否会发生改变？这一群体对于数字技术发展的速度是否敏感？ 5G 的到来对他们又会有什么样的影响？“技术赋权”是否能在这一群体中得到印证？这些问题的空白都印证了我国的无障碍化媒介建设任重而道远。

第四章

信息无障碍城市：空间变迁与权利平等的世界图谱与中国景观

第一节　无障碍环境发展概况

一、无障碍环境的国际建设

20 世纪初，在人道主义思想的影响下，建筑学界产生了一种新的建筑设计方法——无障碍设计，是为广大残疾人提供行动方便和安全空间的便利设计。20 世纪 30 年代，欧洲一些国家出于对一战时期产生的为数众多的残疾人的关心关注，开始打造专为残疾人服务的无障碍设施。[①]

20 世纪中期，西方公民运动和残疾人权利运动兴起，50 年代末，丹麦学者卞 · 迈克逊提出“正常化原则”，希望残疾人能和健全人一样，回归社会主流。1959 年，为了强调建筑的新建和改造要充分考虑残障人士的需求，欧洲议会通过了《方便残疾人使用的公共建设的设计与建设的决议》，“无障碍”理念初具雏形。至 1961 年，美国国家标准协会制定了《便于肢体残疾人进入和使用的建筑设施的美国标准》，这是世界上第一个有关无障碍的标准，为残障人士平等享用公共建筑、交通等服务的权利提供法律保障。[②]1968 年，美国颁布了《建筑无障碍条例》，由美国总务管理局、国防部、住房和城市发展部和美国邮政局等四个联邦机构负责制定无障碍设计标准并强制执行，[③] 无障碍设计具有了某种强制性。

1969 年，瑞典人本 · 那杰首次对“正常化原则”进行了理论阐释。[④] 此

① 潘海啸，熊锦云，刘冰．无障碍环境建设整体理念发展趋势分析［J］．城市规划学刊，2007（2）：42-46.

② 赵尤阳．美国无障碍环境建设法律法规和运行机制研究［J］．建设科技，2019（11）：28-33.

③ United States Access Board. About the ABA Standards. https：//www.access-board.gov/guidelines-and-standards/buildings-and-sites/about-the-aba-standards.

④ NIRJE B 1969. The normalization principle and its human management implications. Changing patterns in residential services for the mentally retarded［J］：179-195, ibid.

后，“正常化原则”成为制定无障碍标准的基础原则。[①]1973年，美国出台《康复行动法案》，专门禁止在政府组织的行动或活动中对残障人士差别对待，规定在教育方面给残障人士同等权利与便利。[②]1974年，联合国残疾人生活环境专家会议提出“无障碍设计”的概念，明确指出“我们所要建立的城市，就是要健全人、病人、孩子、青年人、老年人、伤残人等没有任何不方便和障碍，能够共同地自由生活和活动的城市”。从此，“无障碍”一词走进国际社会视野。1975年12月9日联合国大会宣布《残疾人权利宣言》，旨在促进各会员国采取国内和国际行动，保障残疾人各项基本权利。

1981年联合国发起“国际残疾人年”活动，主题为“充分参与和平等”，确定1983年至1992年为“联合国残疾人十年”，并通过了《关于残疾人的世界行动纲领》，要求各会员国制定具体政策以实现活动目标。[③]

1990年，美国颁布《美国残疾人法案》，具体规定了公共住所、商业设施、各州政府和地方政府等相关设施的无障碍设施建设标准和变更设计要求，由司法部和交通部制定标准并强制执行，确保残疾人能够无障碍地进入建筑环境。[④]

1993年，联合国制定《残疾人机会均等标准规则》，向世界各国宣告保障残疾人权益的重要性和紧迫性。附录第五条规则无障碍环境，这是“无障碍”概念第一次正式出现在残疾人权利国际文书中，标志着“无障碍”开始成为国际残疾人事务的核心主题。

2006年联合国《残疾人权利公约》将无障碍环境建设确定为基本原则和重要内容，“确认无障碍的物质、社会、经济和文化环境、医疗卫生和教育以及信息和交流，对残疾人能够充分享有一切人权和基本自由至关重要”（相关公约与宣言见表4-1-1）。

---

① 段培君，等．无障碍国家战略［M］．沈阳：辽宁人民出版社，2019：2.

② 赵尤阳．美国无障碍环境建设法律法规和运行机制研究［J］．建设科技，2019（11）：28-33.

③ 成斌．国内外无障碍环境建设法制化之比较研究［J］．西南科技大学学报：哲学社会科学版，2005（3）：28-31+56.

④ United States Access Board. About the ADA Standards.https：//www.access-board.gov/guidelines-and-standards/buildings-and-sites/about-the-ada-standards.

表 4-1-1　联合国相关公约与宣言

序号	宣言·规定·说明	通过日期	决议编号	具体内容
1	智力迟钝者权利宣言	1971 年	第 2856（XXVI）号决议	智力迟钝的人所享有的权利，在最大可能范围内，与其他的人相同。
2	残疾者权利宣言	1975 年	第 3447（XXX）号决议	在经济和社会规划的所有各阶段，都要照顾到残疾人的特别需要。
3	关于残疾人的世界行动纲领	1982 年	第 37/52 号决议	强调各国应承担主要责任，推动关于伤残预防、伤残复健和实现残疾人“充分参与”社会生活和发展及“平等”的目标的有效措施，并强调国际行动的方向应是协助和支持各国在这方面的努力。
4	残疾人机会均等标准规则	1993 年	第 48/96 号决议	本《规则》虽然不是强制性的，但如果为数众多的国家都本着尊重国际法规则的意向而付诸实施，那么即可成为国际惯例法。“障碍”一词是指机会的丧失或受到限制，无法与其他人在同等基础上参与社会生活。“它”指的是患某种残疾的人与环境的冲突。使用此词的目的是着重强调环境中和社会上许多有组织活动诸如信息、交流和教育中的欠缺，使残疾人无法在平等基础上进行参与。各国应确认无障碍环境在社会各个领域机会均等过程中的全面重要性。对任何类别的残疾人，各国均应:（a）采取行动方案，使物质环境实现无障碍；（b）采取措施，在提供信息和交流方面实现无障碍。
5	残疾人机会均等标准规则	1994 年	第 48/196 号决议	各国应确认无障碍环境在社会各个领域机会均等过程中的全面重要性。对任何类别的残疾人，各国均应:（a）采取行动方案，使物质环境实现无障碍；（b）采取措施，在提供信息和交流方面实现无障碍。
6	残疾人权利公约	2006 年（于 2008 年生效）	第 61/106 号决议	确认无障碍的物质、社会、经济和文化环境、医疗卫生和教育以及信息和交流，对残疾人能够充分享有一切人权和基本自由至关重要。“通用设计”是指尽最大可能让所有人可以使用，无须作出调整或特别设计的产品、环境、方案和服务设计。“通用设计”不排除在必要时为某些残疾人群体提供辅助用具。为了使残疾人能够独立生活和充分参与生活的各个方面，缔约国应当采取适当措施，确保残疾人在与其他人平等的基础上，无障碍地进出物质环境，使用交通工具，利用信息和通信，包括信息和通信技术和系统，以及享用在城市和农村地区向公众开放或提供的其他设施和服务。
7	残疾人权利公约任择议定书	2006 年（于 2008 年生效）	第 61/106 号决议	旨在确保残疾人享有与他人平等的人权。

二、无障碍环境的中国路径

我国的无障碍发展始于20世纪80年代。1985年，时任北京市建筑设计研究院研究员的周文麟在参与设计中国第一所康复中心（中国康复研究中心）过程中，在阅读资料中首次找到了“无障碍设计”的相关表述，填补了中国建筑史上的空白。[①]

党的十八大以来，法律法规和政策措施呈明显增长态势。目前，中国已经形成以《残疾人权利公约》为国际框架，以《中华人民共和国宪法》为根本依据，以《中华人民共和国残疾人保障法》为基础，以《无障碍环境建设条例》为主导，以地方无障碍环境建设法规为主体，以相关法律法规为辅助，全面保障公民无障碍权利和促进无障碍环境发展的法律体系（见表4-1-2）。[②]

表4-1-2　中国无障碍建设相关法规

序号	倡议·规范·法律·条例	颁布实施日期	价值意义
1	“为残疾人创造便利的社会生活环境的倡议”	1985年	将消除环境障碍作为残疾人福利事业的重要内容之一。
2	《方便残疾人使用的城市道路和建筑物设计规范（试行）》	1989年4月1日	我国第一部无障碍设施建设相关的设计标准，标志着我国无障碍设施建设工作拉开序幕。
3	《残疾人保障法》	1990年12月	有明确条文规定建设无障碍设施。
4	《老年人权益保障法》	1996年8月	我国无障碍设施建设工作有了法律保障，开始走上依法推进的道路。
5	《关于促进残疾人事业发展的意见》	2008年3月28日	第一次明确提出了交通和信息交流无障碍的概念，第一次以中央文件形式提出无障碍环境建设任务。
6	修订《残疾人保障法》	2008年	将原来有关无障碍环境建设的一个条款扩充为一个章节，体现了我国法律对于无障碍环境建设的重视。
7	《无障碍环境建设条例》	2012年	在物理环境层面为残疾人平等参与社会生活提供了无障碍条件，城市无障碍环境建设将进一步加强。

① 王俊，周文麟．让世界“无障碍”［J］．老同志之友，2008（12）：10-11.

② 凌亢．残疾人蓝皮书：中国残疾人事业发展报告（2019）无障碍环境建设［R］．北京：社会科学文献出版社，2019：36.

2020年5月，“中国社会政策进步指数2020”在京发布，“无障碍环境建设将进一步加强”成为国家社会政策发展的十大趋势之一。从建筑无障碍到交通无障碍和信息无障碍，面对庞大的有无障碍需求的人口规模，要充分认识到我国无障碍环境发展现状，整体提升我国无障碍环境建设水平，是我国进入高质量发展时代的重要议题。

第二节　中国信息无障碍城市的实践成果

一、建筑无障碍

（一）建筑无障碍的概念、定义与发展

建筑物障碍是指任何人（无论是健全人还是残疾人，无论是年轻人还是老人）在任何情况下都能平等地、方便地、无障碍地进入法律许可达到的建筑物，大体上分为盲道、坡道，标识、旅游景点，紧急避险和应急疏散，社会福利场所，社区建筑等五个类别，按照无障碍相关标准设计后建造起来或改造过的建筑。对障碍人群而言，住有所居不仅意味着有一个居住的地方，还意味着在居住空间能够像健全人一样活动，不仅能够进入公共场所，还能在这些场所像健全人一样活动。

建筑无障碍的重要性也能从无障碍环境建设的整体目标观察。根据国家《无障碍环境建设条例》第一章第二条，无障碍环境建设首先是一种建设活动，其目的是为了便于社会成员平等、顺畅地融入社会生活，包括出行、交流、获得社会服务等，包括残疾人但不限于残疾人的其他社会成员。建设的主要内容之一是无障碍设施建设，包括建筑设施、交通设施、通信交流设施等，其中尤以无障碍建筑物设施为其开端和基础。

梳理无障碍发展史，可以得出“建筑设施无障碍的出现是无障碍事业发展的最早实践”的结论。1959年《关于消除建筑上障碍物》指出“考虑残疾

人方便使用的公共建筑物设计及建设”的决议，它涉及最早的“无障碍”概念。同年，瑞典颁布《关于残疾人住宅的建设规定》。无障碍环境建设在美国也先后经历了建筑无障碍、交通无障碍、信息无障碍三个阶段。经过大量的建筑实践，《使残疾人易接近使用的美国建筑设施设计规范说明书》颁布，这是世界上第一部关于“无障碍”的标准，也说明了建筑的特殊重要性。

为了实现上述目标，需要把握建筑无障碍的路径特点。建筑无障碍发展历史表明，规范举足轻重，往往先行。

表 4-2-1　国外无障碍建筑标准规范概况

年份	国际组织或国家	内容	约束效力
1959	欧洲各国	《关于消除建筑上障碍物》决议，公共建筑物的设计和建设，必须让残疾人能够方便接近和使用	决议
1959	瑞典	颁布《关于残疾人住宅的建筑规定》	规定
1961	美国	《使残疾人易接近使用的美国建筑设施设计规范说明书》	标准
1963	英国	《使残疾人易接近建筑物的规范》	规范
1967	英国	英国标准协会制定《使残疾人易于接近建筑物的建筑标准》	标准
1968	美国	《消除建筑障碍法》	法律
1969	美国	《建筑无障碍法》	法律
1969	瑞典	《身心残疾人的建筑规范》	规范
1973	美国	修订《康复法》，设置协调各联邦机构改造建筑交通的无障碍委员会	法律
1974	联合国	召开残疾人生活环境专家会议，做出相关决议	决议
1975	瑞典	《建筑标准法》	法律
1977	瑞典	修订《建筑标准法》42 a 款为“所有住宅必须义务达到无障碍标准”	法律
1977	丹麦	《建筑基本法》条款：所有建筑义务达到无障碍标准，但是独立住宅除外	法律
1978	英国	《身体残疾人的建筑规则》	规则
1979	英国	《身体残疾人的住宅设计规范》	规范
1981	美国	《残疾人的建筑设备上的最低必要条件》	法律
1988	美国	修订《公正住宅法》为《1988 公正住宅法》，修正案明确在任何房地产交易中，对于家庭或家庭有人残疾而给予歧视都是违法的	法律

续表

年份	国际组织或国家	内容	约束效力
1990	美国	国会通过《美国残疾人法案》(ADA),取代《建筑无障碍法》的地位,其主要内容认定无障碍建筑标准	法律
1995	英国	《残疾人歧视法令》(DDA),明确新建筑无障碍设施标准,被认为是里程碑式法律文件	法律
2010	美国	《残疾人法案无障碍纲要》修订为《残疾人法案无障碍设计标准》,其主要内容为公共建筑设施标准	法案

国外关于建筑物障碍标准的发展概况(如表 4–2–1 所示)大体反映了建筑物障碍从设计标准规范到法律约束逐渐增强的特点,以瑞典为例,它在建筑物无障碍方面是一个领先国家,当国际建筑无障碍处在 20 世纪 30 年代初萌芽时期,瑞典已有扶手坡道等无障碍设施;当其他国家开始关注公共建筑无障碍时,瑞典已经开始关注残疾人无障碍住宅,它于 1959 年颁布《关于残疾人住宅的建设规定》,1977 年修订的《建筑标准法》42a 条款为所有住宅必须义务达到无障碍标准。

中国在建筑无障碍方面也大体是这样的路径:1985 年 4 月,全国人大六届三次会议提出在建筑设计中考虑残疾人的需要;1986 年颁发《方便残疾人使用的城市道路和建筑物设计规范》(试行版);1989 年颁发《方便残疾人使用的城市道路和建筑设计规范》;1990 年颁布《中华人民共和国残疾人保护法》,其中第七条指出,国家和社会逐步实行方便残疾人的城市道路和建筑物设计规范,采取无障碍措施。2001 年颁发《城市道路和建筑物障碍设计规范》;2003 年国家建设部批准《建筑物障碍设计标准图案》;2012 年颁布《无障碍环境建设条例》;2012 年颁布的《城市道路和建筑物障碍设计规范》列出了 24 款强制性条文。

(二)建筑无障碍建设的典型案例分析

北京作为最早开始进行无障碍建筑改造的场所,近年来也不断在新建建筑物中落实无障碍建设。如北京大兴国际机场积极与北京建筑研究院首都新机场设计团队多次对接,组织国家级无障碍专家多次实地考察论证,对首都新机场无障碍设计施工进行全方位指导,打造新机场无障碍卫生间,为其后待建的 100 多个无障碍卫生间树立了样板。2022 年中国将举办北京冬奥会、冬残奥会,组委会配合北京建筑研究院编制了《北京 2022 年冬奥会和冬残奥会无障碍指南》，推进冬奥会、冬残奥会场馆无障碍建设，并积极开展前期无障碍意识普及、无障碍设计人员培养及无障碍监督评审队伍建设等工作。

香港受垂直城市居住模式的限制，该地居所高度依赖升降机等高层直立承载系统、消防、警报、逃生等中央式屋宇设备系统以及底层地面步行连接和公共交通网络。房屋协会1999年推出了针对老年人的“长者安居乐”住屋计划和“隽逸生活”计划，这两个是专为老年人设计的租住类项目，利用“长者友善”的理念来进行设施建设。此外，还有“长者住安心”计划，为居住在私人住房的老年人提供改善居家安全的建议，房屋协会的专业人员会根据老年人的身体健康状况免费评估家居环境，列出详细的无障碍改造方案，业主自愿选择是否进行改造，改造工程结束后，会再次进行家访，对新设施的使用情况进行评估。

日本建筑物内的无障碍建设体现了无缝对接的连续性特点。第一，室内盲道，日本部分残障人士经常出入的公共建筑物内设置了室内盲道，比如车展、行政办公类建筑等，并将室内、室外盲道连成一体，这是较为鲜见的。第二，日本的公共建筑物无论高层或低层，一般都会设置电梯，并安置各个楼层的盲文介绍图，电梯内也会进行语音播报，以方便视障人士进出。第三，日本楼梯的无障碍设计注重考虑其安全性，包括设置高、低双层扶手，为所有楼梯设计防滑条等。

二、交通无障碍

（一）交通无障碍的概念、定义与发展

交通无障碍指的是任何人在任何情况下都能平等、便捷、无障碍地走入法律许可的地方。如果说，建筑无障碍是从静态结构保障无障碍，交通无障碍就是从动态过程保障无障碍，使障碍人群能够“动起来”，走出家门，平等地融入社会生活（中国交通无障碍发展相关文件见表4-2-2）。

表 4-2-2　中国交通无障碍发展相关文件

序号	倡议・规范・法律・条例	颁布实施日期	价值意义
1	《方便残疾人使用的城市道路和建筑物设计规范》	1989 年 4 月 1 日	我国首部无障碍建设设计标准正式实施，标志着我国无障碍设施建设工作走上正规化。
2	《中华人民共和国残疾人保障法》	1991 年 5 月 15 日	首次在国家法律上规定要建立无障碍设施。
3	《无障碍环境建设条例》	2021 年 6 月	第一部关于无障碍的专项行政法规，结束了我国无障碍环境建设“没有国家层面法规规范与调节”的时代。
4	《关于进一步加强和改善老年人、残疾人出行服务的实施意见》	2018 年 1 月 8 日	《意见》中强化对无障碍设计的规范要求。并指出，到 2020 年，交通运输无障碍出行服务体系基本形成。到 2035 年，完善的交通运输无障碍出行服务体系基本建成。
5	《中国交通的可持续发展》白皮书	2020 年 12 月 22 日	交通领域无障碍环境建设作为一项重要内容在白皮书中得到充分表述

交通无障碍主要分为路面交通（出租车与公交车），轨道交通（地铁、城市轻轨），民航交通（登机及机场），水路、公路、铁路交通等四个类别。对于许多障碍人士来说，借助辅助工具行走是无障碍出行的基本条件。所以，对于完善障碍人群（老年人、残疾人）的交通辅具，智能化可以提供更多更适宜的产品。社区是障碍人群出行的开始，做好居住小区交通无障碍工作将使障碍人群顺畅地进入公共场所。交通出行服务无障碍也属于交通无障碍的范畴，因此，完善航空订座、购票、安检、乘机、空中服务、助残设备运输等各环节的服务设施，可以更好地保障残疾人航空运输权益。

（二）交通无障碍建设典型案例分析

日本室外盲道设置非常普遍，步行街、公园和海边绿带随处可见。室外盲道设计的细致之处在于“人行横道设置盲道”，这使得室外盲道的连贯性变强，保障视力残疾人穿越人行横道的安全性，同时，为他们设置专用过街按钮以及盲用信号灯。日本公交车站和站台处设置配有盲文的按钮，视力残疾人上车前可以按此按钮提醒司机。以日本东京的高速巴士总站为例，它位于新宿站区域内，而新宿站区域日均客流量超过 400 万人次，是东京最繁忙的交通枢纽系统之一。东京高速巴士总站为视力残疾人提供了完整的无障碍路线，室内室外盲道遍及各处，基本实现无缝对接。中黄色盲道加设了黑色边缘，便于其他乘客辨认，也是引导各个服务点的重要提示。

2019年11月，《北京市进一步促进无障碍环境建设2019—2021年行动方案》正式印发，北京市无障碍环境建设正式启动实施。全市统一的“北京市无障碍环境建设信息管理系统”也上线试运行。目前，无障碍公交车达到12000辆，配置率超过50%，到2021年底，这个数字有望达到80%。[①]2020年9月，北京嘀嘀无限科技发展有限公司上线了“无障碍出行服务”，面向导盲犬用户开展服务，帮助携带认证导盲犬的乘客顺利完成出行。截至2021年4月，已有180多万滴滴司机进行“无障碍服务”认证，全国74个城市已经开展了这项业务。此外，北京嘀嘀无限科技发展有限公司还依托无障碍公益项目为老人、病患等特困特需群体提供免费服务。截至2021年3月，项目已与8家公益机构展开联动合作，帮助上万人次完成出行，总里程超26万千米。2021年4月，北京嘀嘀无限科技发展有限公司与中国盲人协会签订战略框架协议，以进一步推动视障人士的“无障碍出行服务”，从导盲犬用户延伸至更广泛的视障群体。

三、信息无障碍

（一）信息无障碍概念、定义与发展

党中央、国务院高度重视并作出工作部署，“十三五”规划纲要明确提出要全面推进无障碍环境建设。在信息爆炸的数据时代，信息无障碍的定义被赋予更广泛的内涵，如何真正推动和构建依托云计算、大数据、人工智能等技术的新型平台，如何通过包括互联网和移动互联网在内的信息环境向残疾人提供机会均等的无障碍信息技术、产品和服务，已成为社会各界关注的热点。

信息无障碍是指无论是健全人还是残疾人，无论是年轻人还是老年人都能够从信息技术中获益，任何人在任何情况下都能平等地、方便地获取和使用信息。[②]也就是所有人在所有生命阶段都能够无障碍地获取、交互和利用信息，平等进行社会参与，共享精神文明成果，不断提升信息无障碍服务的水

① 北京：无障碍公交车达12000辆　配置率超50%［EB/OL］. http://www.china.com.cn/guoqing/2019-11/26/content_75449032.htm.

② 凌亢. 残疾人蓝皮书：中国残疾人事业发展报告（2019）无障碍环境建设［R］. 北京：社会科学文献出版社，2019：192.

平。有关数据显示，人们通过视觉和听觉获得信息是从外界获得信息总量的90%以上[①]，因此，狭义上的信息无障碍建设较多关注残疾人尤其是视听障碍群体的信息获取和使用的障碍问题。随着信息技术的进步和无障碍跨领域建设工作的推进，技术角度的信息无障碍还包含两方面的内容：一是信息领域自身技术、硬件设备、软件服务的无障碍化；二是与建筑交通等其他领域无障碍环境建设的融合。

从各国的信息无障碍建设经验来看，信息无障碍都是从政策法规和技术标准两方面入手，将技术标准作为信息无障碍建设和监管工作开展的基本依据，以政策法规为无障碍技术要求的贯彻落实提供根本保障。我国的信息无障碍建设自2003年“大连通信残疾人信息无障碍论坛”开始走进公众视野，2004年在北京举办首届“中国信息无障碍论坛”，自此，信息无障碍的概念开始在国内普及（历届“中国信息无障碍论坛”信息详见表4-2-3）。

表4-2-3　历届“中国信息无障碍论坛”信息

时间	主题
2005年11月8—9日	缩小数字鸿沟，共享信息文明
2006年11月2—3日	提高科技创新能力，建设信息无障碍环境
2007年12月16—17日	推动无障碍应用，创建和谐未来
2008年9月11—12日	信息无障碍惠及残疾人
2009年11月3—4日	公益　责任　价值——探索信息无障碍的新机遇
2010年11月3—4日	融合、创新、规范——推动信息无障碍行业应用
2012年9月20—21日	推进共享・引领创新
2013年10月15—16日	整合与集成——全媒体时代的无障碍服务
2014年10月30—31日	智慧生活——新技术助力信息无障碍
2015年9月21—22日	跨界・融合・共享：信息无障碍再上新台阶
2016年10月13—14日	推动数字普惠・共创智能时代
2018年10月10—11日	技术、标准助力信息无障碍
2019年7月27—28日	融合发展・人文共享
2020年9月22日	信息无障碍助力公共服务

① 卜佳骏，戴连君，唐李真．无障碍与信息技术［M］．沈阳：辽宁人民出版社，2019：2.

（二）信息无障碍法律法规和标准规范的发展历程与现状

随着数字媒介的发展，各国将互联网及移动客户端的无障碍建设作为重点推进领域。西方国家自 20 世纪末期开始制定信息无障碍的相关法律和无障碍标准，强调所有信息服务设施必须符合信息无障碍标准，在社会信息化的进程中，信息无障碍是时代发展的必然要求、社会文明的重要体现、技术迭代的未来方向（详见表 4-2-4）。

表 4-2-4　各国信息无障碍建设相关文件

国家·组织	倡议·规范·法律·条例	颁布实施日期	价值意义
美国	《美国劳工康复法案》条例 508 节	1990 年	开创了全球信息无障碍理发的先河。
	《电信法案》	1996 年	明确指出新的电话产品设计必须能够被残障人士使用。
	修订《残疾人康复法案》第 508 节	2006 年	规定美国联邦政府在采购 IT 产品和服务时，供应商必须主动证明其产品能够满足由美国无障碍委员会制定的关于信息无障碍的标准。
西班牙	《计算机无障碍法规》	1998 年	对计算机的无障碍问题作出规定
瑞典	《计算机无障碍指南》	1998 年	对计算机领域无障碍改造提供行动指南
英国	《商品、设备、服务无障碍的权利：实施纲要》	2002 年 5 月	其中对网站无障碍问题作出明确的规定。
	《Web：对残疾人的无障碍和包容性	2004 年 4 月	推进网站的无障碍建设。
日本	《东京宣言》	2000 年	首次提出了“逾越数字鸿沟”的概念，明确了在信息时代和网络社会中，就残疾人群的生存和发展而言，信息无障碍较之城市设施无障碍建设具有同等甚至更为重要的意义。
	《JIS X 8431-3 标准》	2004 年	针对网站内容制定正式的工业标准。
	《原则宣言》	2003 年	指出教育、知识、信息和通信是人类进步、努力和福祉的核心。
韩国	《数字设备法》第 7 条	2002 年	要求保障残障人士和老年人都能够利用信息交流技术（ICT）服务。
	《网页无障碍指南 1.0》	2004 年	于 2005 年被作为韩国信息通信技术标准采用。
	修订《无障碍收听广播条例》	2015 年	提出政府将作为无障碍方案的费用提供支持，以保障残疾人获取广播的权利。

续表

国家・组织	倡议・规范・法律・条例	颁布实施日期	价值意义
澳大利亚	《万维网访问：残疾歧视法案咨询说明（3.2 版本）》	2002 年	帮助参与开发或修改万维网网页的人员和组织遵守这些要求。
	《网页内容无障碍规范（1.0 版本）》	1999 年	从信息平等角度提出了具有的网络和信息无障碍的要求。
	《残疾人图书馆标准指南》	1998 年	该指南要求所有图书馆必须使用这些标准作为最低要求。
中国	《无障碍环境建设条例》	2012 年	中国第一部关于无障碍环境建设的专项政策。
	《"十三五"加快残疾人小康进程规划纲要》	2016 年	要求大力推进互联网和移动互联信息服务无障碍，加强无障碍通用产品和技术的研发应用。
	《关于开展无障碍环境市县村镇工作的通知》《创建无障碍环境工作标准》	2018 年	对于为残疾人提供语音和文字提示的信息交流服务、影视节目手语播报、公共图书馆的无障碍设施等方面提出了更加具体的规定。
联合国	《残疾人权利公约》	2006 年	对电子政务、媒体与内容、教育、就业、政治权利、应急服务、文化与休闲、企业服务等做了无障碍要求。

（三）信息无障碍建设典型案例分析

1. 门户网站改造

政府网站作为连接政府和社会公众的重要桥梁，其信息无障碍程度将直接影响到每个人获取政府信息和服务的便捷程度。2016 年中国残联、国家互联网信息办公室联合发布《关于加强网站无障碍服务能力建设的指导意见》，指出"按照全面建成小康社会的总体要求，以促进残疾人参与社会生活为目标，坚持从实际出发，循序渐进，全面促进和改善网络信息无障碍服务环境。至 2020 年底，国务院各部门政府网站、各省级政府门户及部门网站、各市级政府门户网站的无障碍服务能力建设达到基本水平，能够满足残疾人浏览网站和在网上办理服务事项的基本需求，鼓励有条件的县、区政府网站开展无障碍服务能力建设，积极引导各级各类公共企事业单位、新闻媒体、金融服务、电子商务等网站的无障碍服务能力达到基本水平，为残疾人获取信息、享有公共服务提供便利"。①

① 关于加强网站无障碍服务能力建设的指导意见［EB/OL］. http：//www.gov.cn/fuwu/cjr/2016-03/07/content_5059768.htm.

2006 年，上海开始进行信息无障碍建设并在全国范围内率先完成了省级残联门户网站的信息无障碍全网改造工作、省级政府门户网站的信息无障碍全网改造工作，建设了为听力残疾人服务的视频新闻栏目、建设了无障碍电子地图，完成了省级无障碍数字图书馆建设。2018 年底，上海完成政府网站全网无障碍改造总数达 51 家单位，改造率达到 70%，并对网站全部栏目进行无障碍改造。对功能性内容、Flash 显示等进行无障碍设计，即使不依赖鼠标仅使用键盘也可以完成正常操作，更适合视障人群浏览，还设计出一套栏目跳转信息快捷获取方案，配合读屏软件，实现强化级别的无障碍访问。①

2. 无障碍影视的探索与发展

“无障碍电影”即帮助视障、听障人士消除获取和理解信息的障碍，让残障人士也能够“看”懂、“听”懂一部电影，一般是在原版电影的基础上，加入手语、字幕、影像描述的形式，经过专业技术制作，以此来达到听障、视障人士的信息理解无障碍。根据无障碍电影服务对象的不同，可简单分为三类：专供视障人士“听”的、方便听障人士“看”的以及两种特点兼具的无障碍电影。专为视障人制作的影像描述又可分为“直播式”和“录制式”，都是在电影对白与音响的间隙，插入解说词，描述视觉呈现的画面内容及画面背后所表达的含义。不同的是，“直播式”的工作地点为电影放映现场，影片播放过程中，讲述人在现场同步进行影像描述，无须对影片进行剪辑、合成等，传播范围仅限到场的“观众”。这种方式的优势在于，无须对影片进行剪辑和后期包装，几乎不存在后期压力。但相对地，它的劣势在于前期对电影讲解员的业务水平要求较高。“录制式”无障碍电影的工作环境在专业录音棚，经过后期合成等后期技术工序，导出完整的无障碍电影版本，并通过刻录成光盘、拷贝进 U 盘等方式进行可复制的大范围传播。

中国无障碍影视的探索与发展，主要由无障碍电影的制作、发行与放映来实现。经过近十年的发展，中国无障碍电影经历了从“社区”、“图书馆”、“盲人讲电影”、无障碍 DVD 寄送、无障碍电影观影行动到“心目影院”“光明影院”的发展，呈现了从小规模、小范围的口述电影到无障碍多媒体出版物的形态变迁，社区与图书馆的公益文化空间到影院、电影节的公共文化空

① 朱双六．网页设计无障碍应用标准［J］．信息技术与标准化，2015（4）．

间的变迁，从小众化的、特殊族群服务向新时代的大众认知与大众参与转变。无障碍电影不仅标志着中国文化助残活动的新起点，也是中国视障文化服务延伸的新方向。

中国盲文出版社与上海电影音像出版社致力的“版权 + 公益”的无障碍电影出版模式，成为中国无障碍电影制作与出版的主流模式。这两个出版社，是中国无障碍电影出版的先锋部队，数十年初心不变，一直致力于无障碍电影版权例外限制的争取，专业制作及公益寄送服务，其无障碍电影服务惠及全国。近年来，中国盲文出版社加大无障碍电影的制作力度，将探索性的无障碍影视制作与出版，发展为一项旨在惠及视听残障人士及伤残、老幼等弱势群体文化娱乐生活的民心工程。“十二五”期间，盲文出版社已制作无障碍影视片 119 部，“十三五”期间更以每年百部的速度推进。

我国第一家盲人公益电影院“心目影院”，采用的就是“直播式”影像描述，请志愿者担任讲解员，现场为视障观众讲解电影。参与“直播式”影像描述的志愿者，有从未接受过专业训练的电影爱好者，也有资深的电视电台节目主持人。讲解员是否能够在一遍过的“直播式”描述中准确把握影片内容，卡准影片对白的间隙，将关键细节和动作描述到位，并且在两三个小时的电影讲解中始终保持高专注度和高准确性成为影响影像描述质量的重要因素。

北京的无障碍电影制作与传播目前处于国内较为领先的水平。2017 年底，中国传媒大学和歌华有线等文化机构强强联手，发挥各自在视听研究、网络、资源、平台上的优势，通过“讲电影”的方式，为视障人群诠释经典电影和优秀院线大片，开启了立足公益传播的“光明影院”项目。不同于讲解员在影院或社区的现场讲述，“光明影院”的创作地点是在录音室，无障碍电影讲述人需要先完成撰稿，编写好无障碍电影解说词，再进入录音室，进行配音录制，将描述性内容同步录制成音轨，利用智能化影音技术与电影原声音轨进行合成，最终刻录成 U 盘或光盘进行传播，帮助视障人士理解完整的电影内容。项目团队每年制作完成 104 部无障碍电影，意味着全年 52 个星期，每周视障人士都可以“观看”两部无障碍电影，达到甚至超过健全人的观影频次。

上海市于 2012 年在国泰电影院推出了全国首家无障碍电影专场，由上海广播电视台无障碍电影公益解说团队现场解说，为10万人次提供观影服务。为了满足更多残疾人观看无障碍电影的需求，还在社区建立了“阳光院线”，丰富残障人士家门口最后一公里的文化生活。光影之声——上海无障碍影视文化发展中心采用“草根NGO+公益”的民间制作模式，从志愿者中培养出自己的管理团队、解说词撰稿审稿团队、无障碍影视配音团队，先后完成了50余部质量较高的无障碍影片的制作与放映。

3.电视节目配字幕、手语新闻直播

在英语中，与中文“字幕”含义相对应的单词有两个：Subtitles和Closed Captions。其中，Subtitles最为常见，也最接近我们平常所讲的字幕的含义，主要指多语种间的翻译字幕，包含原始语言的文本显示和翻译语言的文本显示两种。而Closed Captions（简称“CC”），直译为隐藏式字幕，与Open Captions（简称“OC”）开放式字幕相对。两者都是用户可以自行选择打开或关闭的字幕（OC则无法关闭）。

除了电影中的对白文本，CC字幕还会显示电影的声效、环境声、说话人信息和其他非语音元素，从这个角度讲，它更贴近于听障者字幕的含义。可以让听觉障碍者通过字幕“看”到更多画面信息，也为在嘈杂环境中观看或需静音观看视频的健全人提供方便。一般来说，CC字幕和翻译性字幕一样，显示在画面下方，白色文字黑色衬底，字体大小以听障人士能够看清为主。但出于声音内容传达的需要，也可能直接将字幕纳入画面构图，像漫画对白一样，将字幕显示在说话人旁边或声效发出的位置，便于听障人士更直观地了解声音信息。

手语在电视新闻中的使用方式也有两种：一种是主播正常播报，手语播报作为节目语言的翻译，起到和字幕相类似的作用，画面以小屏幕的方式出现在屏幕一角。目前，配有手语播报的新闻节目不多。以央视为例，CCTV新闻频道只有每天18:00播出的《共同关注》配有手语主播（如图4-2-1所示）。另一种则不是常规意义上的新闻主播，节目以手语播报为主，在画面下方辅以字幕。这种节目十分少见，典型案例是BBC专为听障人士设计的电视节目See Hear（如图4-2-2所示）。该节目以手语播报为主，同时配有英语播报语音和内容字幕，听障人士和健全人均可观看。

图 4-2-1 《共同关注》中的手语播报

图 4-2-2 See Hear-Deaf Not Dumb 节目

第三节 信息无障碍城市的反思与优化

在政府主导、部门协调和社会参与下，中国无障碍环境建设取得了重要进展，政策法规体系不断丰富，标准规范逐渐完善，信息无障碍覆盖面稳步提升。但同时也应该看到，中国信息无障碍城市建设尚存在亟待解决的问题。

一、健全法律法规，严格执行法律规范，保障依法开展无障碍城市创建

加快信息无障碍城市建设，立法是保障。国外无障碍建设发展经验证明，若要保证无障碍环境建设取得成效，必须立法先行。随着社会经济发展和文明程度的提高，国家对无障碍建设的需求也越来越高，在社会数字化、信息化的进程中，信息无障碍较之交通无障碍和建筑无障碍具有同等甚至更为重要的意义，信息无障碍是时代发展的必然要求、社会文明的重要体现、技术迭代的未来方向。

公众认知和社会重视是实现无障碍设施建设的重要基础和先决条件。美国北卡罗来纳州立大学通用设计研究中心和英国索尔福德大学通用设计研究

中心都开展了通用设计研究，推动了无障碍建设的发展。美国和日本两国在建设无障碍环境的同时，还很重视无障碍理念在整个社会上的传播，不仅仅将无障碍理念运用在设计以及管理等政府部门，更想让社会公民接受无障碍理念。英国、德国、法国、加拿大、丹麦、以色列、芬兰等几十个国家和地区都相应地制定和完善了无障碍环境建设法律法规，并将通用设计的理念融入相关政策之中。[①] 相较之下，我国的无障碍相关研究领域处于较为初始阶段，对于无障碍环境的认识落后于世界先进水平，高等院校的无障碍科研和教育力量薄弱。所以，党和政府要高度重视创建无障碍城市建设工作，把无障碍环境建设列入地方发展中，作为民心工程、民生工程来抓。要建立健全相应法律法规，明晰版权范围与内容，重视视听产品的无障碍制作、传播的法律保护与技术标准，同时还需重视无障碍视听产品在互联网场域的传播，适当放宽版权限制，为信息无障碍城市建设提供法律保障。

二、加大无障碍意识宣传，营造全社会积极主动创建无障碍城市的友好氛围

社会公众无障碍观念的树立与否及正确与否都在一定程度上影响着无障碍环境建设、维护的成效，因此无障碍城市建设要加强教育宣传，形成全社会共识，使无障碍的融合共享理念深入人心，让人们自觉地参与到创建无障碍城市活动之中。要加强对无障碍环境创建的宣传，利用各类媒体广泛宣传。例如深圳市设立无障碍环境宣传（促进）日，苏州市成立无障碍建设促进会，使平等尊重的观念输入到每个社会成员的意识中，使他们真正理解、尊重、帮助残疾人，自觉成为无障碍环境的建设者、维护者，消除残疾人士的社会障碍，实现“平等、参与、融合、共享”的目标。

信息无障碍的发展依赖于社会文明的进步，既是社会文明发展的重要组成部分，同时又能够助推社会文明发展，是社会文明程度的重要体现与检验标志。首先要构建交通无障碍和建筑无障碍，为残障人士扫除物理空间障碍的同时，消解其文化获得和社会参与的障碍有助于残疾人提高自信和生活质量，帮助他们平等地接受教育、参与就业，创造价值，这是人道主义的双重

① 成斌．国内外无障碍环境剑河法制化之比较研究［J］．西南科技大学学报：哲学社会科学版，2005（9）：48-56.

含义的体现。其次，要强化无障碍环境建设与社会成员个人的良好关系意识。无障碍环境与每一个社会成员都息息相关，我们建设好城市的目的是为了包括残疾人在内的居民宜居，人人能够幸福生活、安全发展，无障碍环境会陪伴每一个人。

三、改善无障碍城市发展不平衡、不充分的现状，加强无障碍乡村环境建设

党的十九大报告指出，"我国社会主要矛盾已经转化为人民日益增长的美好生活需要和不平衡不充分的发展之间的矛盾"。无障碍环境建设同样存在发展不平衡不充分的显著特征。20 世纪 80 年代，中国的无障碍建设从北京开始，从大城市进行试点推进，直到 2015 年，住房和城乡建设部等部门才发布《关于加强城镇无障碍环境建设的指导意见》，重视村镇的无障碍建设，存在比较严重的城乡发展不平衡。

从目前无障碍设施覆盖率和关注度来看，中国无障碍环境建设存在明显的区域不平衡和发展不充分的特点。在区域差异上，华北和东北地区的普及率相差 15.9 个百分点。在无障碍信息交流上，以政务信息无障碍建设情况为例，全国各省县、区级以上政府门户网站无障碍建设平均指数仅为 29.8%，说明有近 70% 的政府门户网站还没有进行无障碍建设，特殊群体获取政务信息仍然存在不小的困难。在无障碍社区服务上也存在较大的不平衡不充分问题，以学校、幼儿园综合服务中心无障碍设施覆盖率为例，2015 到 2017 年，城乡无障碍设施覆盖率始终存在差异，低位服务台的差距最大，无障碍厕所或厕位的覆盖率最低。此外，"无障碍"百度指数存在较大的区域和城市差异，其中华东地区的搜索指数最高，其次是华南、华北，西北和东北的搜索指数相对较低。初步判断，无障碍关注度和区域经济发展水平呈正相关系，经济社会的发展会提高人们对无障碍的关注和需求。

四、以国际无障碍城市建设标准为蓝本，制定中国本土化的无障碍建设标准

中国的无障碍环境建设较国外开展较晚，经过多国的制定与验证，在建筑无障碍、交通无障碍和信息无障碍方面有较多建设国际标准，为我国的无

障碍建设提供了依据和蓝本，在此基础上，应该因地制宜，探寻中国本土化的无障碍发展路径，提出科学可持续的无障碍城市建设设计与实施标准。

2020 年 3 月 1 日，“互联网盲道”建设也有了国标。《信息技术互联网内容无障碍可访问性技术要求与测试方法》正式实施，铺设互联网“盲道”有了五十八项具体的指标，切实减少了视障人士、老年人等群体访问互联网的障碍，让他们更好地参与和融入社会生活。出台“互联网盲道”标准，也是保障残障人士信息无障碍权的重要途径。卜佳俊强调，大量国内外的实践证明，实行“国家法规 + 方针政策 + 技术标准”的运作模式，是推动信息无障碍建设的有效举措。

标准的制定在建筑和交通无障碍的建设中同样十分重要。如社区内道路和基础设施的无障碍改造工作，对坡道、所需的盲道、标识系统进行无障碍改造，清除步行道路障碍物，保持小区步行道路平整安全；较多老年人居住的住宅加装电梯、座椅电梯等，要尽快制定完善、系统的标准。普及公共汽车的无障碍设施，尽快布置障碍人群的安全提醒标志，完成城市主要道路的人行道的盲道铺设等，都应有详尽、完备的标准。

五、加强无障碍智能新技术的研究与应用，拓展信息无障碍城市的概念边界

全面建成小康社会需要进一步完善残疾人公共服务体系，帮助残疾人跨越残疾数字鸿沟，不让残疾人“掉队”。随着互联网技术的不断创新和智能手机的应用与普及，各类互联网应用不断形塑着人们的生活形态，从学习娱乐到经济交易，从医疗服务到政务公开，无不搭载着数字化的快车，潜移默化地改变着人们的生活。大众媒介更是如此，全媒体时代，加之 5G、人工智能、大数据、虚拟现实等信息技术的迅猛发展，加速驱动传媒业的全面变革，图、文、声、像、影的融合多元呈现，为用户带来更加便捷的信息接触和优质的视听体验。然而，以残疾人为代表的弱势群体，在信息化的今天仍面临着被边缘化的危险。一方面，要对现有的无障碍规范进行科学研究；另一方面，要满足我国众多残疾人与老年人对无障碍和辅助器具智能产品的迫切需求。国家要加大投入，支持企业创新、研发无障碍产品。加强高科技成果的有效转化，依托现代信息科学技术发展，为残障人士融入社会赋能。

未来，无障碍辅助产品的研发与应用是信息无障碍建设的重中之重，完成互联网空间的无障碍优化，注重移动互联网与移动设备的技术完善和准入门槛，为无障碍建设提供技术支持。增强残疾人的信息社交，重视他们的社会参与和反馈调查，利用大数据、人工智能、传感器等技术，分析残障人士在信息社交中的参与度和积极性，持续、阶段性地收集信息需求及意见反馈，为信息无障碍建设提供纠偏作用，引导和鼓励残障人士进行社会参与，共享信息社会的精神文明成果。

第五章

信息无障碍的公共文化服务模式：基于中国信息无障碍图书馆的数据

第一节　中国信息无障碍图书馆的建设历史与标准体系

中国早期无障碍图书馆主要指的是盲人图书馆（室），之后随着残疾人文化需求的变化，逐渐扩展到服务于除视觉障碍以外的其他残疾人群体和老年人等弱势群体。从中国无障碍图书馆的建设历史，以及国际、国内信息无障碍图书馆场馆设施、网站信息等标准准则的建设规范，可以看出中国信息无障碍图书馆的建设历程，以及中国政府和人民为了信息平等权和残障、弱势群体的生活质量做出的不懈努力。

一、中国信息无障碍图书馆建设历史

中国首家盲人图书馆创办于 1930 年，是上海盲童学校内的专门图书馆，受惠人群非常有限。新中国成立以后，中国信息无障碍图书馆的建设可以划分为三个历史阶段。

第一阶段：序幕期。1953 年 12 月 3 日中国盲文出版社的成立，为中国信息无障碍建设拉开序幕。

新中国成立后，为了能使视力障碍人士获得平等的受教育权利，中央一直多方努力、积极筹措。

1953 年 1 月，李玎（女，盲人）成功研制盲文铅印排版法。7 月，中央教育部盲哑教育处在北京盲校设立盲文编译组。12 月 3 日，盲文编译组并入中国盲人福利会，成立中国盲人出版组，中国的盲文出版事业由此发端，并逐渐发展成为中国的盲文出版社。同年，新中国出版第一本盲文图书《谁是最可爱的人》。

1954 年，由毛泽东亲题刊名的第一份盲文刊物——《盲人月刊》创刊号出版。1957 年盲文书刊出版译印工作改铅字排版为机器制版，提高了生产效率。

中国盲文出版社曾先后隶属于教育部、内务部、民政部、文化部、国家新闻出版总署等单位，现隶属于中国残疾人联合会。在机构名称上，曾先后称作盲文编译组、盲文出版组、北京盲文印刷所、北京盲文出版社、中国盲文书社以及今天的中国盲文出版社。①

2004 年 6 月 30 日，中国盲文出版社与国家新闻出版总署解除隶属关系，转而移交给中国残疾人联合会主管主办。这是一家为全国盲人出版制作盲人文化产品，并提供综合性文化服务的公益性文化出版机构，也是国家公益性出版和人道主义传播的重要基地。目前已形成全方位、多形态的盲人文化产品和服务体系，主要出版盲文读物、有声读物、大字版读物、汉文图书、电子出版物和无障碍影视等盲人文化产品，提供盲用信息化产品和盲人用品用具服务，开展文化产品公益性销售、资源支持、辅助技术研发、盲人文化研究和海内外盲人文化交流等综合性文化服务。目前有求真出版社有限责任公司、金钥匙视障教育研究中心、康艺无障碍影视发展中心、北京恒继技贸公司等成员机构。②

第二阶段：高峰期。以 1994 年 10 月中国盲人图书馆开馆为标志，随后各地无障碍图书馆应运而生，无障碍图书馆建设进入高峰期。

1994 年 10 月，中国盲文出版社在社内建立了中国盲文图书馆，以解决盲人读者经济能力有限，但盲文书刊价格过高的问题，同时在全国（除中国台湾省外）的范围内开展盲文图书免费借阅工作。盲文图书馆的建立，使盲文图书利用率大大提高。盲文图书尺寸一般为 25 厘米 ×30 厘米，体积大、重量大，对纸张要求较高，印刷也需要特殊工艺，一本普通图书制作成盲文图书后，厚度会增加约 10 倍。盲文图书繁杂的制作和校对成本，使充足的办公场所成了盲文图书馆面临的一个重要任务。

最初的盲文图书馆由于场地原因，设立在偏远的京西卢沟桥畔，服务能力有限。为了更好地解决办公场所问题，以便更好地服务无障碍群体，2011 年 6 月 28 日，在党和政府的大力支持下，位于市区陶然亭公园的中国盲人

① 李雪燕 . 中国盲文图书馆的现状与发展［J］. 盲人月刊，2012（3）.

② 中国盲文出版社 – 历史概况 – 中国盲文出版大事记［EB/OL］. http://www.cbph.org.cn/ArticleContent.aspx?ID= 4&CategoryID=362.

图书馆新馆开馆。该馆是集视障文献资源服务、视障文化体验、盲障培训、残疾人信息化建设及盲用辅助产品研发于一体的综合性公益文化资讯服务机构。

此后，我国大力扶持省、市、县各级公共图书馆盲人阅览室和有声读物阅览室的建设，全国四级公共图书馆共办盲文图书馆的体系基本搭建完成。截至 2019 年底，我国省、市、县三级公共图书馆共设立各种无障碍图书馆（室）1174 个。[①]

第三阶段：数字繁荣期。以 2008 年中国盲人数字图书馆和 2011 年上海无障碍数字图书馆的建立为标志，无障碍图书馆建设进入数字时代。

2012 年 1 月 16 日，中国互联网络信息中心发布《第 29 次中国互联网络发展状况统计报告》，报告显示，截至 2011 年 12 月底，中国网民规模达到 5.13 亿，全年新增网民 5580 万，互联网普及率达到 38.3%。中国手机网民规模达到 3.56 亿，同比增长 17.5%，与前几年相比，中国的整体网民规模增长进入平台期。网民规模的持续扩大，为各地无障碍数字图书馆的建设创造了有利的社会条件，中国无障碍图书馆建设进入一个新的时期——数字无障碍图书馆建设高峰期。各地无障碍数字图书馆的兴建，部分解决了无障碍群体实体书籍的借阅困难，使其可以足不出户完成信息读取和接收，切实提高了无障碍群体的信息触达率和使用率，真正提升了他们平等获取和使用信息的能力。

2021 年 2 月 3 日，中国互联网络信息中心发布第 47 次《中国互联网络发展状况统计报告》。报告显示，截至 2020 年 12 月，我国网民规模达 9.89 亿，互联网普及率达 70.4%；同时我国手机网民规模达 9.86 亿，网民使用手机上网的比例达 99.7%。在技术的支撑下，目前我国公共图书馆大都建立了网上数字无障碍图书馆，我国图书馆信息无障碍传播逐步从实体空间拓展到虚拟空间，极大提升了信息无障碍传播的效率。同时，除了基础的图书借阅工作之外，图书馆还担负着组织讲座、培训、志愿者服务、文艺团体表演等其他社会公共功能。目前全国已有注册文化助盲志愿者 3 万余名、志愿服务累计时长达 251 万余小时、累计志愿服务盲人 30 万余人次，涌现出许多乐于奉献、

① 数据来源：中国残疾人联合会《统计公报》（2019 年）。

影响广泛的优秀助残志愿者和志愿服务团队。

截至 2020 年底，全国省、地、县三级公共图书馆共设立盲文及盲文有声读物阅览室 1258 个，共开展残疾人文化周活动 8000 余场（次）；全国省、地两级残联艺术团 249 个。[①] 中国无障碍图书馆多样化、多模态的公共文化服务模式初具雏形。

二、国内外无障碍图书馆建设的标准体系

1. 国际图书馆无障碍标准的制定情况

美国的无障碍图书馆服务一直世界领先。1868 年波士顿公共图书馆成立盲人服务部。1878 年美国国会开始对盲人图书馆提供服务基金。1931 年美国国会图书馆设立“盲人及残疾人国家图书馆服务部”，搭建起全国性的图书馆无障碍服务网络。[②] 在欧洲，1857 年的英国利物浦公共图书馆开始配备盲文图书，1882 年实行盲人图书外借服务。在亚洲，20 世纪初，日本公共图书馆开始为残障读者服务，1945 年，日本政府颁布《身体障碍者福利》，直接促成了盲文图书馆的成立。[③]

国际图书馆无障碍的标准和规范由国际图联、图书馆和标准化组织等颁布，相对比较成型。国际图联 2005 年颁布《残疾群体图书馆访问一览表》，从物理设施、媒体格式、资源与服务获取、残疾人组织与个人合作等方面对无障碍服务进行规范。此外，国际图联还制定了其他标准规范和指南，为各国图书馆开展无障碍服务提供专业建议和指导，比如《信息时代图书馆盲人服务发展指南》《图书馆服务阅读障碍群体指南》《图书馆为聋哑人服务指南》《图书馆服务失智群体指南》等。在此规范下，美国图书馆协会制定了《图书馆辅助技术》《图书馆残疾人服务政策》；澳大利亚 2012 年颁布了《澳大利亚公共图书馆标准与指南》等。各国图书馆都从残疾人服务实践出发，对图书馆无障碍设施、专用标识、辅助设备、无障碍网站设计、借阅规定、馆员培

① 中国残疾人联合会：2020 年残疾人事业发展统计公报［EB/OL］. https://www.cdpf.org.cn/zwgk/zccx/tjgb/d4baf2be2102461e96259fdf13852841.htm.

② 刘玮 . 美国图书馆视障群体服务的法律环境研究［J］. 图书馆论坛 . 2014（9）：98-102.

③ 陈蓓琴，陆宁 . 中国无障碍图书馆发展报告（2019）// 凌亢 . 中国残疾人事业发展报告（2019）无障碍环境建设［M］. 北京：社会科学文献出版社，2019.

训等方面进行规范。①

随着信息技术的发展，图书馆数字网站的建设也逐步迈入正轨，但国际上信息无障碍网站测评工具繁多，如何进行规范和标准化成为关键问题。Web无障碍研究组织 WEBAIM（Web Accessibility In Mind）提供的 WAVE 网站无障碍检测工具，对网站的可访问性基于 Web Content Accessibility Guidelines（WCAC）2.0 标准进行检测②，并且 Wave 提供 Chrome 和 Firefox 浏览器中运行扩展程序来评估 Web 内容是否存在可访问性问题，其他自动检测工具例如 A Checker③ 和 aDesigner④ 等，均遵循 WCAC2.0 标准。

美国对信息无障碍建设关注较早，也较早明确规定了网站的信息无障碍标准。1990 年《美国残疾人法案》正式生效，其中规定了残疾人所应享有的权利，并禁止在社会服务设施、公共场所和就业等方面对残疾人进行歧视，⑤标志着美国残疾人事业进入“无障碍时代”。1998 年美国国会修订《康复法案》，其中第 508 节要求联邦机构采用的电子和信息技术不能让残疾雇员和残疾公众在访问时形成障碍，规定了强制执行的网页无障碍标准。⑥美国麻省理工学院发起成立了国际组织“万维网联盟”。

专门设置“网络无障碍推动小组”。1999 年发布《网页内容无障碍指南》（WCAG 1.0）；2008 年根据技术和无障碍性的发展制定新版本 WCAG 2.0⑦，成为全球最主要的信息无障碍标准。2010 年美国图书馆协会以《美国残疾人法案》《康复法案》为基础，制定《图书馆残障用户服务政策》，规定图书馆为

---

① 陈蓓琴，陆宁．中国无障碍图书馆发展报告（2019）// 凌亢．中国残疾人事业发展报告（2019）无障碍环境建设［M］．北京：社会科学文献出版社，2019.

② 景帅，王颖纯，刘燕权．基于 WAVE 的常春藤盟校图书馆网站的可访问性评价研究［J］．图书与情报，2016.

③ 庄晓喆．基于 WCAG 2.0 的公共图书馆网站可访问性评价研究——以中、美、英国家图书馆为例［J］．图书馆学研究，2014（23）：31-36、41.

④ 蔡婷玉．针对网站进行无障碍改造的研究与实现［D］．广州：华东理工大学，2012.

⑤ Americans with Disabilities Act of 1990, as Amended［EB/OL］. 2019-09-21. https://www.ada.gov/pubs/adastatute08.pdf.

⑥ Section 508 Standards for Electronic and Information Technology［EB/OL］.（2000-12-21）［2019-09-21］. https://www.access-board.gov/guidelinesand-standards/communications-and-it/about -thesection-508-standards/section-508-standards.

⑦ World Wide Web Consortium. Web Content Accessi bility Guidelines（WCAG）2.0［EB/OL］.（200812-11）12019-09-21.htps://www.w3.org/TR/WCAG20/.

残障用户服务的职责，指出美国图书馆协会网站必须符合公认的信息无障碍标准。①

2016 年到 2019 年，美国公共图书馆网站整体质量提升，但是在《康复法案》第 508 节修订并执行 20 年后，还只有 15% 符合信息无障碍标准，这个数据并不乐观。② 走在前列的美国公共图书馆网站情况可以反映出国际公共图书馆网站信息无障碍水平尚待提高，信息无障碍目标达成还有相当长的路要走。

2. 国内图书馆无障碍标准制定的情况

目前我国无障碍服务法律体系建设尚处于起步阶段，主要的法律法规有《残疾人保障法》《无障碍建设条例》《无障碍设计规范》《网站设计无障碍规范》，其他一些相关法律法规及标准规范同样具有较高指导和参考意义。③

在具体的无障碍标准制定上，国家质检总局、工业与信息化部、国务院、文化部等纷纷出台相关政策和法令，以确保相关标准有法可依。2008 年，国家质检总局发布《标志用公共信息图形符号第 9 部分：无障碍设施符号》，对无障碍设施的专用标识进行了标准化规范设置。国家工信部则制定了一系列技术化标注，诸如《信息无障碍身体机能差异人群网站设计无障碍技术要求》（YD/T1761-2008），从无障碍导向的角度建立起了一个无障碍网站技术规范的框架；《信息无障碍语音上网技术要求》《信息无障碍呼叫中心服务系统技术要求》则从信息无障碍的角度，规定了无障碍服务语音上网等技术要求以及专业术语、符号和命令等。

2012 年 8 月 1 日，中华人民共和国国务院颁布《无障碍环境建设条例》，以国家意志、法律法规的形式确保相关无障碍环境建设的正式施行。2012 年，国家标准《无障碍设计规范（GB50763-2012）》发布，对图书馆等文化场馆的建筑物出入口、坡道休息区、室内走道、楼梯、厕所、餐厅及无障碍图书馆（室）明确了无障碍建设要求。同年，另一个国家标准《公共图书馆服务

① American Library Association. Library Services for People with Disabilities Policy [EB/OL]. (2001-0116) [2019-09-21]. http://www.ala.org/asgcla/resources/libraryservices.

② 郭亚军，席俊红，刘燕权. 信息无障碍，距离还有多远？——对 146 家美国城市公共图书馆的调查 [J]. 图书馆论坛，2020（2）：151-158.

③ 陆红如，陈雅. 公共图书馆信息无障碍服务标准评价体系的构建研究——面向生理性信息弱势群体 [J]. 图书情报研究，2018（3）：8-14.

规范》发布，提出无障碍服务设施和专用标识的设立标准。2015 年，文化部发布《中华人民共和国化行业标准：公共图书馆评估指标》，规定我国各级各类型公共图书馆的评估标准。2017 年颁布实行《中华人民共和国公共图书馆法》，强调公共图书馆应当为特殊人群提供无障碍服务。2018 年中国国家标准化管理委员会出台《图书馆视障人士服务规范》，这是我国首部无障碍图书馆建设规范，成为指导无障碍图书馆建设的指导规范。①

在网站无障碍设计方面，2012 年发布的 YDT17612012《网站设计无障碍技术要求》和 YDT18222012《网站设计无障碍评级测试方法》两个邮电行业标准是主要依据。2019 年 9 月，国家正式发布 GBT37668-2019 标准，即《信息技术互联网内容无障碍可访问性技术要求与测试方法》。该标准充分衡量了盲人、低视力人群、听力障碍人群、色盲、机体损伤人群等在网页访问中的实际需求，通过三个等级共 58 项指标，对互联网内容可访问性的技术要求和测试方法做了明确规定，指导网页和移动应用产品的开发和测试，成为我国未来信息无障碍建设的测试和评估的权威性依据和参考。②

国家标准 GB/T376682019 规定，一级网站须满足对应 20 项指标，二级网站须满足一级全部指标与二级 17 项指标，三级网站须满足全部 58 项指标。但 2019 年 10 月我国金融服务网站、残联网站、图书馆网站和政府网站的信息无障碍标准符合性检测，结果不尽如人意。其中图书馆网站一级指标（20 项）符合程度比例仅为 35%，二级指标（17 项）符合程度比例也为 35%，三级指标（21 项）符合程度比例为 38%。由此可见，我国的图书馆网站信息无障碍程度有待提高。

① 陈蓓琴，陆宁．中国无障碍图书馆发展报告（2019）// 凌亢．中国残疾人事业发展报告（2019）无障碍环境建设［M］．北京：社会科学文献出版社，2019.

② 宋文林，徐洋，王欣，杨平．网站信息无障碍标准符合性检测研究［J］．中国标准化·检测检验增刊，2019：172–175.

第二节　中国信息无障碍图书馆的建设现状与服务特色

一、中国信息无障碍图书馆建设现状

信息无障碍图书馆建设的目的是为了满足残疾人文化教育需求，使残疾人能方便地利用图书馆，进行有效的学习和阅读。而这就需要在消除图书馆物理障碍的基础上，去消除信息障碍。所以信息无障碍图书馆的数据统计，一方面要包括对图书馆环境进行各种无障碍设施建设，如盲道、无障碍坡道、阅读辅具、专用阅览室等；另一方面也要确定网站信息标准。

在图书馆分类标准上，根据 1974 年国际标准化组织颁布的 ISO 2784–1974（E）“国际图书馆统计标准”，图书馆可以划分为六大类型，即国家图书馆、高等院校图书馆、其他主要的非专门图书馆、学校图书馆、专门图书馆和公共图书馆。

目前我国无障碍图书馆的建设已经初具规模，涵盖了“国际图书馆统计标准”中的各种类型，在地域上基本形成了国家、省、市、县四级办馆（室）的路径。在部分地区，也出现了区、镇，甚至村级盲文图书室。但是因为需要服务的残障群体的体量较大，而且具有较强的分散性，信息无障碍图书馆的建设并不完善。另外，鉴于弱势群体身体和心理的特征，带来的信息获取的非便利性和不平等性，中国信息无障碍图书馆的建设之路任重道远。

进入数字时代，信息无障碍数字图书馆也趁此东风纷纷兴办，其中既包括数字无障碍网站，也包括手机客户端等多种途径。在具备了良好的网络基础建设的基础之上，偏远地区的农村残障人士也可以共享足不出户信息平等接收的福利，对提升我国信息无障碍公共服务质量起到了重要作用，基本建立起了实体图书馆、网络数字图书馆、手机APP掌上图书馆共存的立体化渠道。

在图书馆的建设过程中，我国基本采用了由上而下的建设途径。在党和政府的指导下，按照行政规划的路径，建立了国家、省、市、县四级办无障碍图书馆的建设模式。同时为了加强建设速度、效率和质量，部分地方图书馆采取了建立上级盲文图书馆分馆的形式，比如在中国盲文图书馆的支持下，有多个省、市盲文图书馆（室）采取了分馆、支馆的形式建设。依托着国家级专业图书馆的专业资源力量，我国无障碍图书馆走出了一条多模式、协调性、综合性、立体化的建馆新路径。

本章研究的信息无障碍图书馆，主要包括四部分：一是专门类的国家图书馆，主要介绍中国盲文图书馆和中国盲人数字图书馆；二是各地方的公共图书馆内的无障碍图书馆（室）；三是高等院校的无障碍阅览室；四是特殊教育学校的无障碍阅览室。

（一）国家级专门馆无障碍建设

1. 中国盲文图书馆

2011年6月28日，中国盲文图书馆新馆开馆，建筑面积为2.8万平方米，共有四个书库。同时新成立中国视障文化资讯服务中心，集合盲文出版社、盲文图书馆、盲人文化研究所和盲人辅助技术研究所的功能，努力打造集图书馆、文化馆、博物馆、社会终生教育于一体的一站式综合性公益文化资讯服务机构，以更好地满足无障碍群体的信息获取和文化服务需求。

中国盲文图书馆新馆着力强化多种形态的资源建设，各类盲人读物、盲人文化作品和相关文献数量实现倍增。其中典藏和借阅是公共图书馆重要的功能职责。为满足视障读者特殊的信息获取需求，中国盲文图书馆形成了特色鲜明的实体馆藏体系。截至2019年，馆藏实体资源总量约50万册（盘、台），包括约5000种19万册盲文书刊（含11种现刊）、800余种4万余册明盲对照图书、约1300种4万余册大字本图书、4000余种20万盘有声读物、2万余台阳光听书机、60台盲文点显器、120台盲用电脑。此外，为了满足陪同人员的阅读需求，还提供了7000种1.6万余册汉文普通图书。读者在阅览区可免费阅读馆藏文献，使用盲用电脑、点显器、低视力助视器等辅具。

为了更好地服务全国读者，中国盲文图书馆馆藏实体资源除可以到馆免费外借外，还可以通过电话预约等形式进行邮寄外借服务。外借资源类型既包括盲文书刊、大字本图书、明盲对照图书、有声读物等各类盲用文献，又包括各代阳光听书郎、盲用电脑、点显器等高价盲用辅具资源，最大限度地为视障读者提供信息服务。

为满足更多视障者就近利用馆藏资源的需求，中国盲文图书馆积极拓展与各级公共图书馆、盲校、特教学院、盲协、残联、按摩医院等公共文化服务机构和视障者聚集机构的合作，签订集体借阅协议为机构用户提供资源支持服务。目前，中国盲文图书馆集体用户近200家，包括了云南省图书馆、辽宁省图书馆等各级公共图书馆以及北京盲人学校、北京联合大学特教学院、宁夏视障文化服务中心等机构，并在进一步拓展中。[①]

根据实体资源类别和读者阅读习惯，中国盲文图书馆阅览区分设盲文社科与文艺阅览区、盲文科技与医学阅览区、有声读物阅听区、儿童阅览区、大字本阅览区和综合阅览室六个阅览区。

盲文资源。中国盲文图书馆新馆建成后，大幅增加了盲文馆藏资源的品种和复本量。现有资源已形成了以盲人读者喜爱的医学、文艺等读物为主体的藏书体系和多元化的文化载体。共有馆藏书籍18269种，其中盲文图书3623种，120407册；盲文刊物809种，5322册；明盲对照读物419种，45277册；儿童普通读物142种，5699册。2015年，中国盲文图书馆预征订盲文图书967种，其中期刊类10种，文学类294种，医学类81种，综合类283种，彩色明盲对照儿童读物12种，乐谱类219种，教材教辅类68种。

盲用有声读物资源。新馆建成后，通过实施“十二五”听书工程，着力整合社会资源，加大盲人有声读物的版权获取和制作力度，快速扩大有声读物的品种数量。截至2014年底，馆藏有声读物（光盘）1852种，34190盘；有声读物（磁带）1148种，110419册。

大字本读物资源。借助大字本进行阅读是视力部分受损的低视力群体最有效的阅读形式之一。新馆全面启动“十二五”规划大字本项目，馆藏并向全国公共图书馆视障阅览室提供专门设计、制作规范的大字本读物。截至

① 礼赞七十年，推进盲人公共文化服务发展——中国盲文图书馆视障文化服务系列报道之一＿资源中心 https://www.sohu.com/a/340301637_650001.

2014 年底馆藏大字本图书 338 种，5260 册，并以年均 200 种的规模递增。

无障碍电子资源。口述影像是帮助盲人聆赏影视艺术的重要文献载体，中国盲文出版社和上海电影音像出版社联合制作了 118 部无障碍影视音像资料，可供全国盲人和盲人服务机构使用。另外还收藏有盲人书画摄影和手工艺术作品 1100 多件。

总体而言，全新的中国盲文图书馆承担着为全国盲人搜集、加工、存储、研究、利用和传播知识信息的任务，能够发挥国家级盲人文化机构的示范性、综合性和权威性服务作用，成为全国盲人的总书库和扫盲教育、终身教育、社会教育的标志性公共文化服务机构，成为全国盲人的文化、教育、科技资源中心，成为我国公益性文化事业对外交流的重要窗口，展示我国的人权形象和文化软实力，推动我国盲人文化事业大发展大繁荣。

2. 中国盲人数字图书馆

数字图书馆是专门针对视力残疾者收集、整理、存储和控制数字信息，并提供数字信息服务的机构。随着现代信息技术的发展，为视觉障碍人士提供更为方便、快捷的信息服务功能建设提上日程。1999 年美国国会图书馆与美国国家盲人与残疾人图书馆服务处最先开始用网页点字系统为盲人进行网络服务，其后法国、加拿大、韩国、奥地利等国也都先后开展了相似的互联网信息服务。[①]

我国数字图书馆工作开展时间相对晚于发达国家，数字图书馆概念最早于 1996 年北京第 62 届国际图联大会（IFLA）被引入了中国，其后国家图书馆申请立项“数字图书馆项目”，开始了馆内图书的数字化过程。[②]2008 年 9 月 9 日，由中国残联信息中心、国家图书馆、中国盲文出版社共同建设的中国盲人数字图书馆网站试运营，2008 年 10 月正式运行。这是中国首个国家级无障碍图书馆网站，也标志着我国图书馆无障碍公共服务模式和功能的进一步健全。网站依托国家图书馆资源，采用科技部与中国残疾人联合会共同研发的“中国残疾人信息无障碍关键技术支撑体系及示范应用”的部分科研成果，提供了丰富的图书和音视频资源，为盲人朋友打造信息获取、生活提升、社会服务的平等平台，成为国家图书馆公共文化服务的重要环节，极大提升了盲

① 江淑洁 . 我国盲人数字图书馆建设概况［J］. 图书情报工作，2009，53（17）：64-67.

② 张正 . 新世纪数字图书馆研究综述［J］. 图书馆理论与实践，2004（1）：28-30.

人朋友的生活质量。

在技术上，中国盲人数字图书馆网站遵循 WCAG2.0 的无障碍网页设计，符合 XHTML1.0 技术规则，适用于盲用读屏软件。网站页面简洁、导航明晰，导盲细节设置充分体现人文服务取向，方便视障人士知识获取。

通过读屏软件，可以免费收听国家数字图书馆的电子图书、音乐欣赏、在线讲座等内容。电子图书推出了 173 部中国古代典籍，涉及经、史、子、集四部分内容，共计 9770 万字；同时还包括 500 首音频和 500 个视频的数字化资源，以及若干本涉及医药卫生、经济历史等内容的现代图书。此后每年增加不少于 200 册图书、30 场视频讲座、500 个音视频文件的内容，力求全面满足视障人士的信息需求。目前平台注册用户已达 5.5 万余人，年服务量 200 万人次以上。数字馆藏包括九大类：有声读物、电子盲文、电子图书、视频课程、报纸杂志、工具书、学术研究、医疗和专题服务。其中有声读物有 13000 种、时长达 50000 小时，涵盖了绝大多数盲人需要的专业领域；电子盲文 4000 余种，下载后可通过点显器摸读或配合阳光读屏软件听读；电子图书，总计 15 万余种；视频课程，包括大学视频公开课以及中小学视频课程 600 余种；报纸杂志，包括人文社科类期刊总计 3300 余种，学术论文 55 万余篇。[①]

中国盲人图书馆和中国盲人数字图书馆以其丰富、多样的公共文化服务形态打造了全面、立体的综合化盲人实体和虚拟图书馆样态，丰富了残疾群体和弱势群体的精神文化生活。同时又以国家馆的专业化态度，引领着地方公共馆的全方位建设，成为信息无障碍图书馆建设的排头兵。

（二）地方公共馆无障碍建设

公共图书馆是由国家或地方政府管理、资助和支持的、免费为社会公众服务的图书馆。与专门图书馆不同，公共图书馆的服务对象是全体民众，老幼皆宜。随着信息无障碍意识的推行，公共图书馆中大多专辟了无障碍阅览室供特殊人群使用。而在条件许可的部分地区，也设置了专门的无障碍图书馆专供特殊人群使用，以保障特殊群体的信息获取平等。

① 李萍．探析我国数字图书馆的无障碍服务建设——以中国盲文图书馆为例［J］．传媒论坛，2020（22）．

1. 场馆设施等硬件条件提升

随着社会经济条件的发展和人民精神需求的增加，全国公共图书馆的数量连年增加。相应地，为了使残疾人群体的精神文化需求能得到平等的提升和满足，全国各省（自治区、直辖市）公共图书馆中设置的盲文及盲文有声读物阅览室数量也在逐年增加。根据中国残疾人联合会每年发布的统计公报，从中提取近十年数据（表 5-2-1、图 5-2-1）。

表 5-2-1　2009—2019 年省、市、县三级盲文及盲文有声读物阅览室和公共图书馆数量一览

年份	省、市、县三级图书馆数量		年份	省、市、县三级图书馆数量	
	盲文及盲文有声读物阅览室	公共图书馆		盲文及盲文有声读物阅览室	公共图书馆
2009	383	2850	2015	1515	3139
2010	441	2884	2016	850	3153
2011	—	2952	2017	959	3166
2012	—	3076	2018	1124	3176
2013	—	3112	2019	1174	3196
2014	1616	3117	2020	1258	

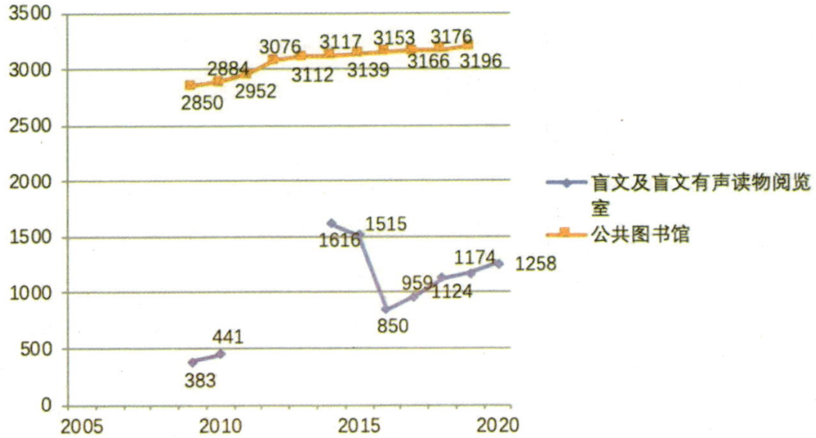

图 5-2-1　盲文及盲文有声读物阅览室数量与公共图书馆数量对比

整体上来说，无障碍图书馆的数量与公共图书馆的数量是呈等比例增长的。但是无障碍图书馆数量在 2014 至 2016 年间出现数据异常（2011 到 2013 年统计公报无数据公布），2015 年较上年数量下降 101 个，2016 年下降数量为 765 个，比例接近一半。推测原因是 2015 年公布的图书馆评估指标中二级指标对其他特殊群体服务中有明确的标准细则，可能导致 2016 年部分图书馆对无障碍图书馆（室）进行合并升级，引起数据的变化。[①]2016 年之后，经过调整的无障碍图书馆（室）数量稳步增长，且增长势头超过公共图书馆数量总额。由此可以看出，无障碍图书馆（室）的建设受到了空前的重视和强化，也表明了信息无障碍图书馆的发展日益成为地方重视的基础文化服务工程。

2. 资源保有量稳步提升

仿照国家专业馆多形态、多网络、多终端的服务模式，地方馆也形成了基础必备、各有特色的公共服务模式。在馆藏量、座席数、使用程度和方法上都得到了稳步提升，资源数量和服务质量上也有了明显改善（见表 5-2-2、表 5-2-3）。

表 5-2-2　2014—2017 年盲文图书出版及全国公共馆盲文图书馆藏情况[②]

	2014 年	2015 年	2016 年	2017 年
盲人图书出版（种）	585.00	797.00	763.00	610.00
公共馆盲文图书总藏量（千册）	671.90	798.90	897.20	982.80
盲人阅览室座席数（百个）	211.36	222.85	238.82	253.91

表 5-2-3　2014—2017 年盲文图书出版与馆藏情况

年份	盲文图书出版[③]（种）	盲文图书总藏量[④]（千册）	盲人阅览室座席（个）	流动图书车数（辆）
2017	610	982.8	25391	2135
2016	763	897.2	23882	1850
2015	797	798.9	22285	
2014	585	671.9	21136	

① 陈蓓琴，陆宁 . 中国无障碍图书馆发展报告（2019）.

② 2019 年数据未出，此表格转引自：陈蓓琴，陆宁 . 中国无障碍图书馆发展报告（2019）.

③盲文图书出版数据源自国家统计局社会科技和文化产业统计司编《中国社会统计年鉴——分地区各类出版物情况》（2015—2018 年）。

④盲文图书总藏量、座席、流动图书车数据源自文化部财务司编《中国文化文物统计年鉴——公共图书馆基本情况》（2015—2018 年）。

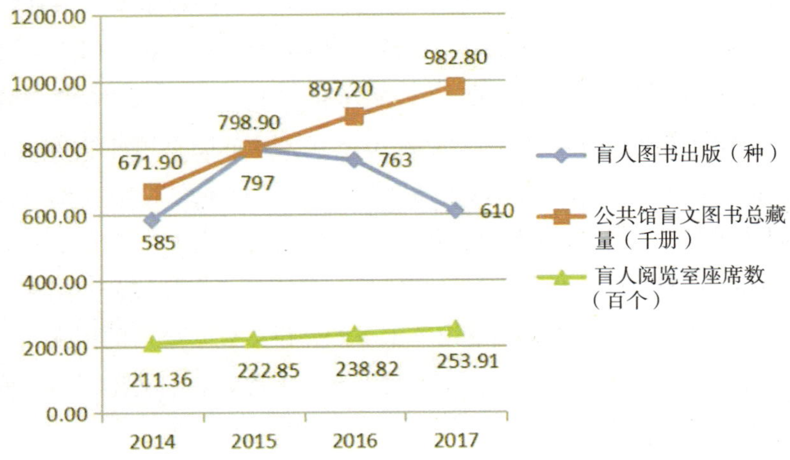

图 5-2-2　2014—2017 年盲文图书出版及全国公共馆盲文图书馆藏情况趋势图

由数据统计可以看出（图 5-2-2），盲文图书年出版总量在 700 种左右，品类名目也逐渐增多，改善了盲人看书品种单一的问题，一定程度上保证了信息更新的速度。而阅览室座席的增多，为盲人创造了更多的读书机会，提升了读书环境和氛围。流动图书数量的提升更是保证了盲人读书的便捷性，在家门口就可以方便地借阅到图书，提升了图书借阅的频次，同时也增大了信息的获取量。同时书籍借阅次数和数量的增多，也可以从心理上逐渐弥合盲人信息获取不对称所带来的心理负担。

表 5-2-4　全国公共馆盲文图书馆藏数量地区分布情况（2018 年）

地区	省市区	公共馆盲文图书馆藏（万册）	地区	省市区	公共馆盲文图书馆藏（万册）
华北	北京	0.37	中南	河南	8.69
	天津	1.12		湖北	3.95
	河北	4.45		湖南	4.83
	山西	3.46		广东	4.04
	内蒙古	1.73		广西	0.86
东北	辽宁	2.76		海南	0.37
	吉林	1.71	西南	重庆	3.96
	黑龙江	1.56		贵州	2.2

续表

地区	省市区	公共馆盲文图书馆藏（万册）	地区	省市区	公共馆盲文图书馆藏（万册）
华东	上海	1.65	西南	云南	1.84
	江苏	5.89		西藏	0.17
	浙江	5.02	西北	陕西	2.63
	安徽	7.63		甘肃	1.97
	福建	1.87		青海	0.61
	江西	3.28		宁夏	0.86
	山东	7.62		新疆	1.43

从数据表（表 5-2-4）中可以看出，无障碍图书馆馆藏量与地区经济发达水平基本一致，东西部发展非常不平衡。所以加大对经济欠发达地区的援助，是下一步无障碍图书馆建设道路上要着重解决的一个问题。

表 5-2-5　全国公共馆盲人阅览座席数量地区分布情况（2018 年）

地区	省市区	盲人阅览室座席数（个）	地区	省市区	盲人阅览室座席数（个）
华北	北京	229	中南	河南	1240
	天津	221		湖北	1101
	河北	824		湖南	906
	山西	1092		广东	1077
	内蒙古	811		广西	502
东北	辽宁	881		海南	84
	吉林	514	西南	重庆	770
	黑龙江	436		四川	1526
华东	上海	236		贵州	894
	江苏	1598		云南	1090
	浙江	1259		西藏	4
	安徽	1451	西北	陕西	751
	福建	671		甘肃	636
	江西	1563		青海	101
	山东	2029		宁夏	368
				新疆	514

从数据表（表 5-2-5）中可以看出盲人阅览室座席数量上，中西部对比相对缓和，仅有西藏阅览室座席数为个数，海南为两位数，青海刚刚过百，其他中西部地区相对差距不大。

（三）高校无障碍图书馆

根据《中国统计年鉴》(2020)，截至 2019 年底，我国共有普通高等学校 2688 所（包括 1423 所高职、专科院校）。但是因为我国普通高等学校大多只招收生理和心理健全的学生，或者不影响正常上学的轻肢体残疾学生，所以我国高校图书馆无障碍基础设施的建设在 1989 年之前几乎为零。1989 年我国编制并实施了第一部残疾人无障碍设施设计《方便残疾人使用的城市道路和建筑物设计规范（试行）》，此后的高校在兴建校舍或改建、扩建的过程中，都逐步关注到了无障碍设施的建设。1999 年 10 月 1 日《图书馆建筑设计规范》开始施行，高校图书馆无障碍设施的建设开始有了施行标准。但是对于绝大多数的高校图书馆来说，其服务对象依然主要是正常高校学生，所以虽然具有了出入口坡道等无障碍设施条件，但是阅读书刊仍然以普通书刊为主，很少有专辟盲人阅览室的情况，无障碍设施建设也不尽如人意。

随着近年来社会人文化服务理念的提升，高校也进行了政策调整，允许部分条件合适的残疾学生进入普通高校进行混合式专业学习，即高等融合教育。根据《2019 年残疾人事业发展统计公报》数据，2019 年全国有 12362 名残疾人被普通高等院校录取，2053 名残疾人进入高等特殊教育学院学习。根据中国残联的统计数据来看，2016 到 2019 年每年申请合理便利的残疾人考生人数逐年增加，每年被高校录取的残疾人考生也在增加，2016 年有 9592 人被录取，2017 年有 10818 人被录取，2018 年被录取人数为 11154 人，2019 年则有 12362 名残疾人被普通高等院校录取，2053 名残疾人进入高等特殊教育学院学习，数字再创新高。

为了更好地服务这些进入正常高校的学生生活，2017 至 2019 年，在教育部大力支持下，中国残联以辅助经费方式，综合考查区域发展、办学层次、办学模式、学生残疾类别等因素，选择六所高校（四川大学、武汉理工大学、南京特殊教育师范学院、北京联合大学、长春大学、郑州工程技术学院）开展为期两年的残疾人高等融合教育试点工作，探索残疾学生接受高等教育从入口到出口的支持保障服务。2019 年，试点工作正式结束，六所高校对高等融合教育进行了许多有益尝试和探索，圆满完成试点任务。2020年，全国首个融合教育学院“华中师范大学融合教育学院”成立，由华中师范大学与湖北省残疾人联合会合作共建并签署战略合作框架协议，以建设“公平而有质量的教育”为发展目标，充分贯彻落实党的十九大“办好特殊教育”指示精神的重要探索和实践。但即使是试点的高校，其无障碍设施和条件也并不完善（见表5-2-6）。

表5-2-6　高等融合教育试点学校图书馆无障碍基础设施建设情况

高校名称	盲道	出入口无障碍坡道	标识标志	无障碍电梯	无障碍卫生间	无障碍阅览室	无障碍辅具*
北京联合大学	有	有	有	有	有	有	有
长春大学	—	有	有	有	—	有	—
南京特殊教育师范学院	有	有	有	有	有	有	有
郑州工程技术学院	—	—	—	—	—	—	—
武汉理工大学	—	—	—	—	—	—	—
四川大学	—	—	—	—	—	—	—

* 无障碍辅具包括智能听书机、点显器、盲文打印机、台式助视器、阳光盲用软件、录音笔、便携式电子助视器等，只要具备以上之中的5种，本调查即认为具备无障碍辅具设备。

1985年，吉林大学图书馆杨春元先生提出“大学图书馆应该向社会开放”，并逐渐被高校和社会接受。2002年2月国家教育部印发了《普通高等学校图书馆规程（修订）》，其中提出“有条件的高等学校图书馆应尽可能向社会读者和社区读者开放”。此后部分高校，尤其是特殊教育学校的高校与社会资源同办无障碍图书馆，并取得了一定的成绩，惠及更多的特殊需要群体。在这其中，南京特殊教育师范学院图书馆无疑最具典型性。

南京特殊教育师范学院由教育部于1982年创办，是全国唯一一所独立设置，以培养特殊教育师资为主，兼以残疾人高等教育和残疾人事业专门人才培养的省属普通本科高校。学校现有全日制在校生7754人（其中残障大学生338人）。其校内图书馆的最大特色是特殊教育文献资源丰富，特别是盲文阅览室，是与南京市残联共同打造的南京市无障碍图书馆，设施先进，设备齐全。截至2020年10月，图书馆馆藏纸质文献77.9万册，数据库资源13个，拥有电子图书317.3万余册，馆藏结构以特殊教育、学前教育、康复医学、残疾人事业类、师范人文类为主，其中盲文书籍馆藏量1万余册，为全国高校第一。同时它也是全国图书馆中唯一的一个集视障读者阅读盲文图书、汉字印刷图书、听声阅读、上网冲浪以及盲文专业师范生技能培养于一体的场所，是除了中国盲文图书馆以外较为先进的阅览室。同时开展盲文书刊阅览、视障读者上网、视障有声阅览、低视辅助阅览、盲人专业技能培训、给社区盲人送书、无障碍视频制作与放映等服务。截至 2016 年，配有无障碍设备，专利盲人阅览座位 8 个，投影仪、白板、高位仪各 1 个，盲文学习机、点显器、助视器、盲人阅读机、刻印机等无障碍阅读设备若干，可支持 50 人的盲人阅读、课程培训、学术会议、小组研讨、无障碍电影放映等活动。[①] 南京市无障碍图书馆网络系统——南京市无障碍影像资料库一期工程于 2014 年底建成并投入试运行。资料库已上传无障碍电影 80 余部，其他残疾人视频资源上千小时。

特色馆藏是南京市无障碍图书馆存在的基础。除盲文纸本图书、盲文期刊馆藏外，南京市无障碍图书馆收集制作的无障碍电影、盲聋特殊群体普通话测试、图书馆专业手语教学视频、盲人义工联欢活动、残疾人辅具手册，盲用电脑教学视频、手语舞蹈等视频资源都是南京市无障碍图书馆独有的资料。[②]

普通高等学校的图书馆目前基本都存在不重视无障碍图书馆建设的情况。为具体了解高校无障碍环境建设的现状，以武汉三所“211”大学（武汉大学、华中科技大学、华中师范大学）和美国堪萨斯大学（KU）的校园无障碍环境建设现状进行对比分析。调研以 2012 年建设部发布的《无障碍设计规范》为依据，对校园中的人行道、图书馆、体育馆、教学楼以及网站的无障碍环境建设等情况进行对比调查，发现我国高校校园无障碍环境建设普遍存在如下问题（见表 5-2-7）。[③]

① 陆宁 . 大学图书馆视障群体关怀的实践——以南京市无障碍图书馆为例［J］. 图书馆界，2015（5）.

② 李寿媛 . 跨界融合求发展——基于南京特殊教育师范学院图书馆创新社会服务实践的思考［J］. 新世纪图书馆，2016（10）：16–19.

③ 苏娜 . 高校无障碍环境建设现状调查——以四所高校为例［J］. 现代特殊教育（高等教育研究），2019（8）：68–78.

表 5-2-7　图书馆无障碍设施考察情况

设计部位	考察情况			
	武汉大学	华中科技大学	华中师范大学	堪萨斯大学（美国）
出入口	有坡道，但坡度较大	有坡道，无盲道	有坡道，无盲道	有坡道，无盲道
门	门间距大于 1.5 米，符合标准；没有无障碍通行门禁	门间距大于 1.5 米，符合标准；没有无障碍通行门禁	门间距大于 1.5 米，符合标准；没有无障碍通行门禁	门口有残疾人自动开门按钮
电梯	无障碍电梯基本符合标准，但电梯口无盲道，无提示音响，没有无障碍标志	无障碍电梯基本符合标准，电梯口无盲道，无提示音响，无障碍标志不显眼	单层有无障碍电梯，双层没有；电梯口无盲道，无提示音响，没有无障碍标志	有无障碍电梯，有无障碍标志，有提示音响
公共厕所	有无障碍标志，但没有无障碍厕所	有无障碍厕所，但被杂物占用，无法正常使用	没有无障碍厕所	有无障碍厕所，且能正常使用
服务	无特殊人群阅览室及设备	无特殊人群阅览室及设备	无特殊人群阅览室及设备	有视障人群阅读室

从对比图表可以看出，代表我国高校较高水平的武汉三所“211”大学的图书馆无障碍设施硬件设施均不过关。而相比来说，同样的美国普通高等学校美国堪萨斯大学（KU）则为残障人士提供了相对完善的图书馆使用条件，体现了高校图书馆的人性化和人文性，而这也应该成为我们以后努力的方向。

（四）特殊教育学校图书馆无障碍馆

根据《中国统计年鉴》（1978—2019），我国特殊教育学校总数连年增长，截至 2019 年底，我国共有特殊教育学校 2192 所（见表 5-2-8）。

表 5-2-8　特殊教育学校总数（所）（2020 版未更新数据）

年份	1978	1990	2000	2010	2015	2016	2017	2018	2019
数量	292	746	1531	1706	2053	2080	2107	2152	2192

2019 年，全国共有特殊教育普通高中班（部）103 个，在校生 8676 人，其中聋生 6083 人、盲生 1629 人、其他 964 人。残疾人中等职业学校（班）145 个，在校生 17319 人，毕业生 4337 人，毕业生中 1705 人获得了职业资格证书。

根据教育部教育统计数据，2019 年特殊教育学校招生 14.4 万人，在校学生为 79.5 万人，毕业学生人数 9.8 万。截至 2019 年底，特殊教育学校图书馆舍为 193007.82 平方米[①]，图书总量为 10613707 册（见图 5-2-3）。[②]

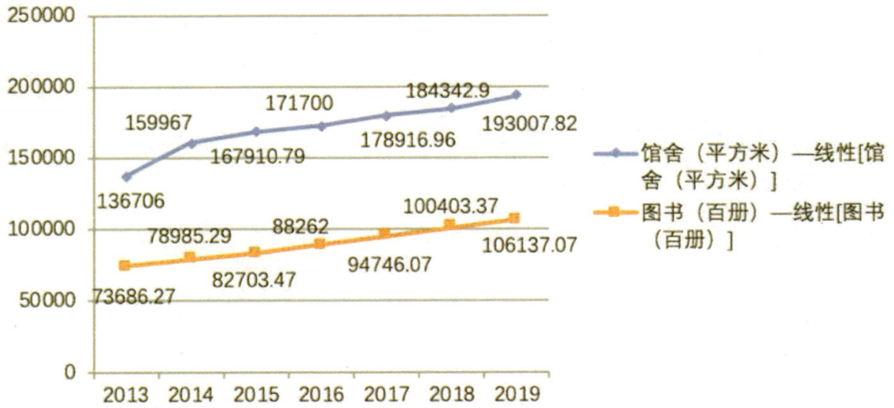

图 5-2-3　特殊教育学校图书馆基本情况（2013—2019 年）

统计数据针对 2013—2019 年六年情况。从线性图可以看出，特殊教育学校图书馆馆舍面积和藏书量六年间均保持上扬姿态，总体发展趋势良好，体现出了国家和社会的重视程度日益提高。

按地区统计分析，2018 年特殊教育学校图书馆馆舍排名前五位和藏书量前五位的省份一致，只是位次稍有差别，分别是山东省、河南省、江苏省、广东省、河北省；最大的前五位依次是山东省 15299.6 平方米，河南省 13369.32 平方米，江苏省 12399.2 平方米，广东省 12325.11 平方米，河北省 11613.07 平方米。2019 年与 2018 年相比，藏书册数排序一致，2018 年前五位依次是山东省 941527 册（2019 年 974800 册），江苏省 765511 册（2019 年 826699 册），广东省 690945 册（2019 年 736970 册），河北省 555556 册（2019 年 564972 册），河南省 541459 册（2019 年 545642 册），排在前列的均为人口大省、经济大省和文化大省，可见无障碍图书馆的建设与当地的经济、文化等条件是相适应的。

在特殊教育学校的无障碍图书馆中，上海市盲童学校无疑是值得关注

① 特殊教育学校办学条件（一）－中华人民共和国教育部政府门户网站 http://www.moe.gov.cn/s78/A03/moe_560/jytjsj_2018/gd/201908/t20190812_394240.html.

② 特殊教育学校办学条件（二）－中华人民共和国教育部政府门户网站 http://www.moe.gov.cn/s78/A03/moe_560/jytjsj_2019/gd/202006/t20200610_464604.html.

的。它是上海市历史最悠久、专为视力障碍儿童和青少年特设的学校，在国内外都有一定影响力。现有学生近 200 人，覆盖从学前教育、九年义务教育到高中教育以及盲、低视力、多重残疾三个板块的视障教育体系。学校无障碍硬件设施和教学设施齐全，还有国内盲校中唯一的印制全国中小学盲文教材的印刷厂。学校在中国视障教育史上创办了许多个“第一”和“唯一”。学校在学前教育、多重残疾教育、视觉康复、信息技术、定向行走、随班就读、医教结合等方面居于全国领先地位。

总之，特殊教育图书馆建设与中国特殊教育的发展处于齐头并进的状态。在关注特殊儿童身体健康、心理健康的过程中，社会给予了越来越多的重视和关爱。与之相伴随的，就是图书馆实体馆建设和数字馆建设的过程更多地添加了人文关怀的因素，特殊儿童的教育和发展也都有了路径和保障。

二、中国信息无障碍图书馆服务特色

信息服务无障碍是近年来公共文化服务建设中的一个焦点问题，在数字时代的背景下充分利用科技手段，保障弱势群体的文化权益，促进知识信息全民共享，成为时代与社会赋予所有文化工作者的重要职责。在这其中，各类型图书馆充分发挥特长，走出了各具特色的公共文化服务道路。

（一）中国盲文图书馆特色：智能化、服务型、综合性盲人文化资讯服务

中国盲文图书馆作为目前世界上单体面积最大、服务功能较全、智能化程度较高的综合性盲人文化资讯服务机构，本着“读者为本、藏以致用”的宗旨，不断强化服务理念，为盲人读者提供多途径信息服务、讲座培训、精神和文化服务以及多种“文化助盲”等社会服务，致力于打造智能化、服务型、综合性盲人文化资讯服务机构。

1. 丰富而智能的馆藏资源

中国盲文图书馆是国内盲文内容存量最丰富的图书馆，包括实体内容、数字内容等多类型。

触觉阅读产品。中国盲文图书馆馆藏盲文书籍约 500 种近 20 万册。其中文学类占总馆藏的 27.7%、医学类占 16.85%、教育类占 14.81%，是中国盲文图书馆馆藏较多的三大类；盲文期刊有至少 12 种可流通借阅，包括《文化世界》《读者》《盲人月刊》《医学芸萃》《家庭医生》《中国盲童文学》《知识

就是力量》等；以儿童绘本为主的明盲对照图书共计 795 种 81484 册。馆藏盲文显示器和盲文计算机近 100 台。

听觉阅读产品。馆藏磁带、光盘等有声读物共计 4000 多种，49000 余盘，包括相声曲艺、诗歌小说、医药卫生等品种。阅听设备阳光听书郎 2 万多台、资源存储卡 2 万多张。

残余视觉阅读产品。馆藏大字本图书共计 1203 种 39800 册，包括部分义务教育阶段和中医推拿专业教材、文学百科、医药卫生、养生保健等种类。还有一些台式盲用助视器和便携盲用助视器。

电子盲文图书。电子盲文是中国盲文图书馆的特有资源，以盲文 ASCII 码的形式，通过盲文编辑软件打开，以盲文的形式显示在屏幕或者盲文显示器上。中国盲文图书馆提供 Doc 与 Bdo 两种格式的电子盲文。其中 Doc 格式在装有阳光软件标准版的电脑上通过 Word 编辑器打开，而 Bdo 格式通过阳光软件专业版打开。读者可以借助盲文显示器直接摸读电子盲文书，也可以用刻印机打印成盲文图书阅读。目前中国盲文图书馆共有电子盲文 4846 种约 5 亿字，且在不断建设更新中。书籍内容则涵盖了政治法律、历史军事、经济管理、文化教育等多个领域。

有声读物。有声读物以 MP3 格式的音频文件为主，包括医学保健、经济管理、小说、评书、广剧文艺赏析等 22 个大类 114 个子类。其中，按摩教材类资源是盲人使用最多的资源板块，也是中国盲文图书馆的特色资源之一。目前馆藏有声读物 1.3 万种，时长达 6 万小时。

特色资源库。为满足用户需求的多样性和专业性，中国盲文图书馆通过精心挑选和整理建立了盲人特色资源库。资源库包含了各种与残疾人尤其是与盲人相关的学术研究文献。特色资源库的建设既满足了盲人读者在学术研究方面的需求，也为相关事业的从业者提供综合全面的专业资源。

无障碍期刊。中国盲文图书馆和博看期刊网合作，在其电子期刊原貌版的基础上，增加了文本版和语音版等多种阅读模式。博看期刊收录了 3000 多种畅销期刊，日更新量达到 80—100 种。这大大弥补了盲文期刊的不足，实现了盲人和健全人的同质同量同时阅读。

无障碍工具书。由于盲文词典信息量少、体积大，且大部分电子词典对盲人用户不适用，为此，中国盲文图书馆集成了商务印书馆出版的部分精品汉语言类工具书，包括字典、词典、成语词典和专科辞典等，对其进行无障碍化建设，方便用户的查询使用。

中国盲文图书馆强化信息服务功能，除了到馆借阅、邮寄之外，还可以在电脑端、移动端等开展多模态的读取服务。同时随着智能语音功能的发展，视障人群在信息读取方面可以享受到越来越智能化的便捷服务。

中国盲文图书馆数字图书馆的所有资源免费向全国盲人读者开放，电脑、手机、平板电脑、无线听书设备和普通电话等多终端，都可以无障碍地获取中国盲文图书馆的数字资源和文化服务。中国盲文图书馆数字图书馆网站依据《信息无障碍身体机能差异人群网站设计无障碍技术要求》等相关标准进行建设，开发了无障碍辅助工具条，通过纯文本模式浏览、文字放大缩小、高对比度显示、辅助线、页面放大和缩小、无障碍强化导航功能、无障碍快捷键等功能帮助盲人读者便捷使用海量的数字资源。

中国盲人移动数字图书馆——掌上盲图。为了满足盲人读者移动阅读的需求，开发了无障碍的移动数字图书馆——掌上盲图。盲人通过掌上盲图和数字图书馆无障碍阅读数字资源，获取视障资讯，享受文化服务。

PC 客户端。为盲人设计的网站 PC 客户端，内嵌语音交互模块，既解决了盲人线性访问浏览器的难点，又增加语音操作，方便盲人使用。

此外，中国盲文图书馆还开通了电话图书馆和微信公众平台等访问模式，方便视力障碍的群体以更智能化的方式来获取各方面的信息服务。

2. 以“文化助盲志愿服务”为代表的多样化服务

2011 年中国盲文图书馆新馆建立之初，就将“文化助盲志愿服务”项目提上日程，认为要充分利用社会爱心力量，动员社会人员一起关爱盲人，使盲人真正获得平等和有效的信息服务和社会尊重。为此，中国盲文图书馆进行了大量的先期调研，最终确立了以盲人阅览室服务、盲人读物邮寄借送服务、盲人读者到馆接送服务、为盲人讲电影等文化服务、盲人有声读物制作服务、盲人大字本读物制作服务、盲文读物搜集整理及翻译服务、盲人公益文化活动和项目服务、文案撰写整理及会务服务、教育培训服务、盲人生活照料服务为代表的共 11 个门类的“文化助盲志愿服务”项目，并延展到近百个子项目。这些服务项目因紧贴盲人读者的文化需求，符合盲人的特性和志愿服务的精神，得到了广大盲人读者和志愿者的一致认可，也成为中国盲文图书馆

“文化助盲志愿服务”品牌蓬勃发展的坚实基础。据统计，“文化助盲志愿服务”活动开展近十年来，通过大量的媒体宣传，以及周国平、毕淑敏、白岩松、康辉、韩红、徐帆等名人的志愿服务活动，使越来越多的人了解盲人及盲人文化，并加入到志愿者队伍中来，使“文化助盲志愿服务”成为社会风尚。

“文化助盲志愿服务”项目启动以来，开展了11个门类的服务项目，近百个服务子项目，馆内实名注册志愿者目前已有3505名，建立起服务队40多支，累计服务6万多小时，服务6万多人次；协同全国各地公共图书馆建立文化助盲服务队100多支，注册志愿者3万多名，累计服务270多万小时，服务视障读者30多万人次。

3. 综合性文化服务

中国盲文图书馆已经实现多形态（盲文书、大字本书、明盲对照图书、阅听设备等）、多网络（互联、移动互联、电话网络等）、多终端（电脑软件终端、手机、电话收音机、听书机等）的服务框架，基本形成“库地 + 内容 + 平台 + 服务 + 终端”的先进盲人阅读服务模式。这种服务模式与分支馆、团体会员等关系的建设，必将形成全国一体的共建共享盲人文化服务体系，将极大地提高服务范围和服务效能，为全国盲人提供无障碍阅读服务模式。①

（1）文化产品公益性销售

面向全国盲人和盲校、公共图书馆视障阅览室、盲人按摩机构等盲人组织和盲人服务组织提供各类文化产品及信息化产品的公益性销售服务。

（2）阅读推广与资源支持

加强与全国各省、市、县（区）图书馆，各级残联、盲协和各地盲校等的合作，联合开展阅读推广活动，直接为全国数万名盲人读者、数百家服务机构提供盲文读物、数字资源、培训服务和盲用产品等资源支持。

（3）盲人文化研究

开展与盲人相关的文化研究，包括汉语通用盲文方案的研究、《盲人百科全书》的编撰、盲文的推广与普及、盲人历史资料的收集和整理等多个方面。

（4）辅助技术研发

跟踪国内外ICT技术、生物技术和自动化技术等技术发展趋势，结合视

① 唐李真．盲人无障碍阅读及服务［J］．新阅读，2019（7）．

障人士认知和处理事务的特性，研发基于视障人士的触觉、听觉和残余视觉等补偿性通道的盲用辅助技术，为视障人士机器服务机构提供辅助技术服务，以提高视障群体的生活品质。

（5）海内外文化交流

信息和技术都需要在国际化的交流中才能得到丰富和完善，为此中国盲文图书馆实行了“请进来、走出去”的政策。一方面与美国、日本等国的国家级盲文图书馆签订战略合作协议，并邀请12个国家的盲人组织专家开展咨询服务；另一方面与美国、英国、德国、日本、挪威等20多个国家和地区建立了亲密合作伙伴关系，共同研究无障碍服务技术和理念，以更好地满足盲人朋友的多样化服务要求。

近几年，我国相关机构、部门、群体逐渐意识到信息无障碍建设的重要性，先后出台了一系列法律法规保障信息无障碍建设的推行。作为公共文化服务体系的中坚和引导力量，图书馆界积极迎接新媒介技术带来的机遇和挑战，创新服务理念、更新服务内容、提升服务质量，积极推进信息服务无障碍建设的现代化、智能化和人性化，取得了一系列的成绩。

（二）地方馆：与地域特色融合

信息无障碍服务旨在为不同群体提供一个信息平等交流的平台，公共图书馆的服务范围也从之前单一的盲文出版物、电子音像产品等的借阅和服务，扩展到数字化信息的提升和志愿者服务、艺术团体活动等多项服务。我国地方公共图书馆的数字无障碍建设是一项重要任务，随着社会各界对无障碍传播的重视和积极推广，各地方图书馆也都加强了自身无障碍建设，并且根据地域特色和自身条件，打造了各具特色的模式，共同服务于无障碍传播的公共文化。

1. 案例一：上海图书馆——国内首例无障碍数字图书馆

作为现代化程度较高的国际性大都市，上海的信息技术一直走在全国前列。2011年12月2日，上海图书馆与上海市残疾人联合会共同推出了全国首家无障碍数字图书馆，在首页采用了“无障碍辅助工具条”等无障碍技术设施，使无障碍群体可以随时随地平等地获取上海图书馆的数字化资源库。同时这也是全国首家提供在线听书服务的图书馆，为部分视觉、听觉有障碍和身体不便的读者提供了数字服务的便利，解决了他们的信息服务难题。

第一，服务资源多元化，硬件、软件全方位服务。

上海图书馆一直以来坚持无障碍服务理念，致力于维护不同群体的信息需求。1996 年上海图书馆新馆兴建之时就注重无障碍硬件环境的配备，并专辟盲文阅览区。2002 年 5 月 16 日，与上海邮电局合作，对视障读者提供盲文图书、读物、音像资料的免费借还邮寄服务，使视障读者足不出户就能借还图书和资料，大大提高了图书借还流通率。

适应信息技术的不断发展，上海图书馆主动提升无障碍服务能力，除了改善无障碍设施硬件建设，还将图书馆网站进行技术标准化无障碍改造，比如提供网页有声播读、提供语音合成技术将文字转换为语音播读等，实现软硬件全面提升。他们首批提供电子图书 300 种，正式运行后电子图书资源提升到 2000 多种，并为上海所有持证残疾人提供有声阅读服务。同时将馆内的讲座资源也进行无障碍化改造，共提供 620 部 1000 多小时的讲座服务内容。

此外，上海无障碍数字图书馆探索信息共享，与国内外多家大型图书馆搭建共享渠道。比如与地方馆的合作实行带动和联动机制，使该馆资源与加入联盟的图书馆实现了紧密型的资源共建共享，同时与各区、县馆实行异地借还的一卡通服务等。在全国文化信息资源共建共享工程中，近年将完成“百万册（件）文献共建”与“四个一优秀作品”（1000 台优秀地方剧目、1000 部音乐、1000 部美术作品、1000 件珍贵文物）为核心的数字资源建设，为残疾读者提供丰富的网络服务资源。同时强化国际合作，于 2003 年初与美国 OCLC 合作，联合上海、西安等 12 家图书馆采集了具有电子版权的西文电子图书 4000 种，并提供给广大读者网络借阅；再加上此前推出由北大方正提供的版权电子中文图书 1 万种，形成了多语言电子图书资源库，为包括无障碍读者在内的广大用户提供了虚拟电子空间内容，整体扩展了信息服务资源。

第二，服务形式人性化，“送书上门”服务重塑人生信念。

上海图书馆不仅在馆内完善无障碍设施，提供数字化的内容服务，更关注有特殊需要读者的实际需求。对于残障读者，走进图书馆读书仍然有许多困难。因此，上海图书馆与上海市邮电局合作为视障读者提供“送书上门”服务。这项服务让视障读者方便借书还书，实现无障碍享受图书馆服务、提升生活质量的目的。比如很多残疾读者出门不方便，蜗居在家导致信息闭塞，难以适应不断发展的网络化社会。通过图书馆的免费邮寄服务，他们可以足不出户感知社会信息变迁，学习一技之长，照顾自己、服务社会的同时重塑人生信念。

第三，服务方式规范化，结对助残、提升职业道德。

上海图书馆开展了结对助残活动，在图书馆员的带领下发展志愿者团队，“知识帮困、文化助残”。比如馆内经常进行专题讲座，培养馆员对残障人士的服务意识；盲文阅览区的图书馆员利用业余时间主动学习盲文、服务盲文和视障群体。2002 年 5 月的全国图书馆服务宣传周期间，联合上海其他 15 家公共图书馆、大学图书馆和专业图书馆共同设立了 10 条“图书馆员职业道德规范”，其中明确提出要求：一视同仁地对待每一位读者；敬老助残，关爱社会。这在全国属于首创。

第四，服务内容特色化，“触摸光影”盲人摄影展感同身受。

由上海宋庆龄基金会、静安区残疾人联合会和上海市盲童学校联合主办，上海市盲人协会协办，上海煋炎公益发展中心承办的“触摸光影”盲人摄影展，于 2016 年 12 月 12 日在上海图书馆开幕。视障者通过声音与触摸的定位方式进行取景拍摄，所拍摄照片经由特殊技术制作，视障者在系统接受触摸认知课程培训后，可以有效掌握触摸图像的触摸技能，感知技术带来的生活美好。“盲人摄影并不在乎他们拍到了什么，拍得好不好。盲人摄影是给盲人与健全人之间搭建了一座可以相互进行情感交流沟通的桥梁。”现场一位观展人了解过盲人摄影展之后说。同时摄影展也吸引了不少盲校学生前来参观。他们虽然看不见照片上的光影色彩，但对通过触摸照片上的点点盲文感知精彩的外部世界表示了极大的兴趣，为他们接通了另一个色彩斑斓的世界。

2. 案例二：广东省立中山图书馆——打造综合型无障碍文化生活服务体系

广东省立中山图书馆一直十分重视做好残障读者服务，早在 1986 年就完成馆内无障碍通道的建设，2003 年开放设置视障读者电脑专用坐席，2012 年成立视障读者服务中心。近年来，该馆组织开展了全国听障演讲比赛、全国聋人读书征文大赛、广东省盲人诗歌散文朗诵暨盲人散文创作大赛、“心聆感影”无障碍电影讲解、“听 · 爱”故事会等文化助残活动，推动残疾人文化事业发展。2019 年 5 月 16 日，在北京召开的第六次全国自强模范暨助残先进表彰大会上，广东省立中山图书馆荣获“全国助残先进集体”荣誉称号。此前，该馆“听·爱”系列视障文化志愿服务被文化部评为2016年基层文化志愿服务活动典型案例，还曾先后获得“广东省助残先进集体”“全国盲人阅读推广优秀单位”等荣誉。

第一，拓展服务范围，开展“帮帮看药”信息无障碍服务项目。

为贯彻落实国务院《关于加快推进残疾人小康进程的意见》中关于“鼓励食品药品添加无障碍识别标识”和“十三五”《加快推进残疾人小康进程规划纲要》中关于“加快推进食品药品信息识别无障碍”的要求，解决视力残疾人在患病服药过程中不能识别药品种类的困难，广州融爱社会服务中心积极制订了“帮帮看药”信息无障碍服务项目方案。该项目成功获得广州市第五届社会组织公益创投活动的资助，其自筹资金部分顺利获得广东省信息无障碍促进会、中国狮子联会、爱心服务队的支持。在广东狮子会的支持下，广州市融爱社会服务中心还充分调动社会力量，扩大宣传和影响，获得多家企业和社会团体的捐助。

2018年7月5日上午，由广州市民政局资助，广州市社会组织联合会指导，广州市融爱社会服务中心实施的“帮帮看药”信息助盲项目于广东省立中山图书馆正式启动。“帮帮看药”信息助盲服务项目是广州市融爱社会服务中心获得第五届广州市社会组织公益创投活动资助的盲人信息化服务项目。

目前，我国有1800多万盲人，他们有着与正常人一样的健康养生需求。普通人在患病就医后可以根据药物包装说明进行服药，但盲人在无人帮助的情况下无法知道手中药物的名称、服药次数和剂量。针对其需求，广州市融爱社会服务中心为广州市户籍的500名视障人士安装药品识别无障碍软件，协助其阅读学习、自主服药、独立生活。从此以后，视障人士只要拥有4.4版本以上安卓系统或8.0版本以上苹果系统的手机，就可以免费安装此软件。视障人士打开该软件，对准药盒，就能通过语音知道该药物的名称、服药次数和剂量。在场体验的视障人士都兴高采烈，其中一位视障人士高兴地说科技又让他们“看”到了世界，另一位则表示科技让盲人生活更便利了。

第二，提供感受视听文化服务，开展“心聆感影”无障碍电影项目。

由于视力障碍，视障人士无法像普通人一样欣赏电影艺术。针对这一需求，省立中山图书馆创新公共文化服务模式，主动走近视障人士，联合广州青年志愿者协会助残服务总队于2012年开始运作“心聆感影”无障碍电影现场讲解文化志愿服务活动项目。项目以广东省立中山图书馆视障读者服务中心为依托，实现了常态化发展，受益群体涵盖各类型残障人士以及普通市民体验者。

“心聆感影”无障碍电影项目是广东省立中山图书馆通过组织志愿者对电影进行现场无障碍解说，帮助残障群体欣赏电影，促进残健共融的志愿服务品牌项目。他们精心选取经典影片和热门影片，通过在影片语音空白处增补配音解说、增配字幕或辅助手语等方式，使视障及听障残疾朋友能够同步欣赏电影内容，享受电影艺术的乐趣。

第三，丰富盲人文化生活，开展盲人散文创作大赛。

2019 年 5 月 17 日，“拥抱新时代　共筑中国梦”——广东省第九届盲人诗歌散文朗诵大赛决赛暨第五届盲人散文创作大赛颁奖典礼在广东省立中山图书馆 1 号报告厅举行。自 2019 年 1 月大赛启动以来，经过选拔，共有 18 个地市的 25 组 33 位朗诵选手入围该年的诗歌散文朗诵决赛，是历届大赛中参赛地市和参赛选手最多的一届。散文创作大赛共收到 19 个地市选送的参赛作品 100 余篇，经大赛组委会组织专家评审，评出了 23 篇获奖作品。其中，来自深圳的王朝阳创作的《祖国明天更美好》和来自揭阳的林思捷创作的《致敬祖国》用细腻的笔触表达了强烈的爱国主义情感，荣获一等奖。

第三节　中国信息无障碍图书馆的建设问题与发展策略

一、中国信息无障碍图书馆建设中存在的问题

（一）馆藏特殊载体资料：陈旧单一、揭示不足与共享缺乏

一般来说，图书馆的馆藏资料指的是经图书馆登记备案的收藏、管理、保护的书籍等资料，包括与之相关的文件、资料、数据、图像、视频等信息资源，也包括实物和数字化信息。在这其中，馆藏特殊载体资源主要指除了

书籍、报纸等文字资源之外，还包含照片、底片、音视频等载体的资源。新中国成立以来，我国无障碍事业取得长足发展，在这一过程中留存下来大量的档案资料成为无障碍事业的真实历史记录，承载了我国无障碍事业发展史。在这些档案资料中，由于特殊载体资料造价较高以及保存条件较为苛刻，并且在资料的发掘与备份、利用与共享上存在明显不足，成为我国无障碍图书馆建设的一大问题。

第一，馆藏特殊载体资料陈旧。出于图书馆经费限制以及购买引入不足等原因，许多盲文图书馆馆藏资料十分有限。近年来，随着公共文化服务质量不断提高，在政府支持下各地公共图书馆纷纷新建馆舍。新馆无论是在实体建筑的设计上还是在阅读氛围的营造上，都越来越贴近读者的阅读需求，诸多新理念新实践凸显了图书馆在空间设计上的不断创新。但与之相对应的是对馆藏资料的更新迟滞现象较为显著。

第二，馆藏特殊载体资料揭示和共享不足。与提供给健全人利用的馆藏资源建设相比，我国很少有图书馆对本馆所藏的特殊载体资料进行揭示利用。2014 年，杭州图书馆、浙江省盲校合作建立了杭州图书馆盲文分馆，该分馆的馆藏资源涵盖图书、视听资料、音像制品等，并统一纳入 OPAC 中进行统一检索。此外，该分馆同时还配备视障人士专用电脑、盲文刻印机、盲文点显器、供视弱人员使用的放大器、低幼儿智能玩具等设备[①]。但从全国来看，这样的典型案例仍属于少数。

第三，残疾人群体对图书馆馆藏资料的利用不足也使得图书馆建设和揭示此类特殊资源的积极性始终不足。一般来看，提升残疾人有效利用图书馆资源的方法主要包括：在顶层设计层面，制定相应政策与标准，推动供残疾人使用的特殊载体资料的揭示、馆际互借、共享等层面达成统一标准；在资源再造层面，图书馆方对读物馆藏进行针对性、自主化、有声化制作；在渠道融通层面，对残疾人使用电子设备以及互联网进行辅导与培训，帮助残疾人群体自主获取互联网资源。

（二）残疾人专门阅览空间：建设规范化欠缺、利用率低下

当前，我国许多图书馆通过无障碍空间改造，已经或正在为残疾群体开

① “杭州图书馆盲文分馆”简介［EB/OL］. http://hz.zjzwfw.gov.cn/art/2014/5/21/art_2717_2432.html.

辟专门的阅览空间，但与之相配套的服务空间建设则存在随意性强并且规范化欠缺等特点。早在 2008 年，中国残疾人联合会便意识到这一问题，试图通过与文化部等部门协商，拟制订盲文及盲人有声读物图书室的达标要求[①]。此外，专用服务空间的建成仅仅是开始，更重要的是，空间建成后面临着利用率低的尴尬局面。

导致专门阅览空间利用率低的因素主要包括以下几个层面：首先，残疾人自身参与进馆阅读的积极性较低；其次，图书馆缺乏相关调研，导致专用服务空间建设与当地残疾群体人口状况和需求存在一定的缺位现象。此外，最深层次的原因则是绝大多数图书馆更重视对硬件和设施的建设，轻视对残疾人服务活动的持续开展以及宣传等工作。很多图书馆被动地提供空间、设施，等待用户上门，但缺乏深层次的主动服务意识。尽管一些图书馆因专门空间利用率低而进行相应的变通，采取了合并空间等措施，但显然变通的目的并不是提升残疾人用户的阅读水平，而是提升图书馆管理的有效性。

总的来看，没有丰富、多样、切合需求的服务活动做支撑，残疾人群体和图书馆之间便会缺少内在联系，也将使得残疾人对图书馆缺乏归属感。图书馆应转变现有的服务意识缺乏以及被动等待行为，积极了解残疾群体的需求，提供高质量和多样化的服务活动。

（三）服务能力缺位：服务活动单一、非持续性与边缘化

从服务能力来看，当前我国图书馆残疾群体服务主要局限于对盲文等特殊资料的借阅、送书上门等初级的文献提供服务。尽管近些年图书馆的互联网培训与辅导、数字资源的揭示与共享发展迅速，但开展这类服务的图书馆仍旧是少数，面向残疾群体的图书馆服务活动仍旧相对单一。

此外，残疾群体服务活动开展中存在的另一个问题是，服务活动的偶发性和非持续性。残疾群体服务作为一类特殊的服务基本被排斥在图书馆的主流服务之外，许多图书馆主要在与残疾群体相关的节日，例如国际盲人节等集中开展活动，缺乏系列的品牌活动。

连续性的系列品牌活动应在残障群体工作中得到一定的重视。定期的、连续性的系列品牌活动有助于让残障群体在其生活中看到希望。偶然性的服

① 关于盲文及盲人有声读物图书室［EB/OL］.http://www.npc.gov.cn/zgrdw/npc/zt/2008-02/27/content_1400285.html.

务活动出现之后，由于其不具备可持续性，当这些服务项目被停止或削减时，其结果将会使残障群体更加失望和不信任。许多社会组织会在特殊的节日搞一些“助残”类活动，但这些扎堆的近似“作秀”的行为，很有可能使得残障群体无所适从，在心理上形成了很大阴影，从而更加无法向社会敞开心扉。

图书馆创新服务活动主要取决于顶层设计以及图书馆服务人员的智慧与责任心。图书馆服务活动的开展最重要的是提升残障群体的参与度，图书馆应着眼于持之以恒地做小事、做实事，解决残障群体的实际问题，在改善他们学习和工作能力、生活和精神状态的同时，促进残障群体更好地融入社会。

在图书馆的服务人员层面，尤其是一线馆员缺乏系统的培训和交流，导致服务意识与技能的欠缺。为残障群体服务应具备超前意识，即图书馆必须预想到残障群体从进馆到离馆过程中的所有需求，这要求培养一批训练有素的队伍来为其服务，从而使得图书馆的互联网资料、书目记录及各服务项目都能有效被残障群体利用。

针对图书馆服务人员的培养，可以从以下几个层面进行拓展：在国家层面，可以制定法规或政策以促进图书馆的特色服务开展；在图书馆学教育层面，可以针对情报学专业的学生在培养计划中相应增加一定的残疾人专用辅助技术等课程；在图书馆员工培训层面，应为所有图书馆工作人员，涵盖正式员工、志愿者等提供培训机会，提升工作人员对残疾群体进馆阅读服务的敏感度，并教授他们为残障用户提供服务以及与残障同事共事的有效技巧。

（四）数字鸿沟：信息技术发展、残障群体信息能力弱化

信息技术是图书馆开展残障群体服务的重要驱动力，盲文的发明、有声图书的出现，特别是互联网技术的出现给残疾群体带来诸多便利。正因如此，许多国家都在积极推进残疾人图书馆的数字化建设。但信息技术也给残障群体在信息获取过程中带来了新的不平等，例如残障群体对图书馆新设备的兴趣缺乏与认识不足，经济困难导致的获取利用电子设备和互联网困难，相应使用培训的缺乏，后续持续支持缺乏，等等。

残障群体在图书馆服务中的受益之处是什么？是信息的获取，娱乐休闲的需要，或是对非正式社会支持的需要，或是通过这一公共机构获得融入主流社会的机会？图书馆对于残障群体到底发挥了什么作用？信息无障碍到底是手段还是目的？图书馆信息无障碍服务的最终目的是什么？这些都是技术应用过程中带给我们的思考。

除了提供技术便利，作为公共机构的公共图书馆还担负着其他责任。例如，促进残障群体之间及与其他群体之间的交互、交流，进而建立理解和信任，通过服务活动开展为残障群体提供家庭等之外的非正式社会的支持等。对于技术应用、信息无障碍与图书馆作用的思考和明确，将帮助我们更理性地看待当前残障群体服务利用匮乏的问题，同时可以让我们站在残疾人用户自身的需求和立场思考、解决问题。

二、中国信息无障碍图书馆的发展策略

总体来看，中国无障碍图书馆的发展归根结底应提升针对残障群体读者的服务创新能力。在服务机制和服务模式上进行创新，从残障群体读者的需求出发开展服务工作，从被动服务转向全面的主动服务。提升服务质量，制订服务计划，优化服务流程，开展服务活动和项目，成立专门的读者无障碍服务中心，安排专人负责深入调研残障群体读者的信息服务需求，告别服务的盲目性，增强服务的有效性。

（一）做好团队服务建设，提升服务保障

优化创新图书馆的人才队伍建设，提升图书馆人才管理水平。这是图书馆服务残障群体读者的基本保障与关键因素。在专业人才的培养与储备层面，图书馆要注重各层次的专业人才培养与储备工作，在高校大学生的图书馆实践、社会志愿者的志愿活动、员工的实习等活动中对其进行专业性的培养与培训。在服务人员素质提升层面，服务残障群体读者的服务态度应更具人性化，服务意识应更为积极主动，为残疾群体送去更多的阅读温暖和阅读关怀。在服务理念确立层面，贯彻无差异服务理念，优先服务、消除歧视，突显图书馆对残障群体读者的尊重与重视。在团队管理创新层面，建立专门的读者无障碍服务中心，全面统筹残障读者群体的服务工作。制定完善的团队管理制度、考核制度和激励机制，配备充足的工作人员，助力服务活动的顺利开展。

重视培养与提升残障群体的信息获取、利用等信息能力。公共图书馆应充分借助自身的公益性优势，加强对残疾群体读者的信息能力的培养。具体来看，通过开展集体培训、一对一辅导等方式着手。培训的内容应涵盖老人

互联网培训、少儿培训班的开展、视障人士智能手机使用能力的培训、残障人士灵活运用电脑培训。此外，应开展针对残障群体的教育服务。通过教育服务提升他们的学历水平与学习能力，传授他们基本的学习方法与技能，帮助他们提升自我，丰富他们的学习生活，增强他们的自信心。

加强对残障群体利用公共图书馆资源的权益普及，提升其利用图书馆资源的意识。当前，不知道自身能够享受公共图书馆服务的残障群体不在少数，究其原因，除了残障群体自身受教育水平不足之外，更大的原因在于公共图书馆的宣传工作力度不足。因此，公共图书馆应加强对残障群体利用公共图书馆资源的权益和意识的宣传工作。除了常规的新闻宣传之外，公共图书馆应策划并实施更具体的宣传，例如开展专门的宣讲活动，鼓励残障群体积极走进图书馆获取信息资源；与其他的活动相结合，例如在开展图书流动站活动、庆典活动以及纪念活动过程中加大宣传力度，从而起到良好的宣传效果。

（二）联合社会力量，提升服务品质

做好残障读者群体服务，单纯依靠公共图书馆的力量是远远不够的。作为社会各组织广泛关心的对象，公共图书馆要做好对残障读者的群体服务，应与其他社会组织联动合作，开拓残障读者群体的服务渠道，不断优化服务效果。

以政府政策为指导开展服务工作。政府部门对残障群体的帮扶主要体现在相关政策的出台与实施、经济帮扶等方面。公共图书馆对残障群体读者的服务主要体现在信息与图书资源利用、丰富残障群体文化生活等方面。因此，公共图书馆应该以政府为依托，以政府政策为导向，获取更为充足的服务残障群体资金，用于优化图书馆的硬件设备、专业人才培养、图书资源扩充等，从而为残障读者群体提供更为优质的服务。

携手社会志愿者组织提升服务效果。作为专门从事公益性事业的活动组织，社会志愿者组织与公共图书馆具有相通的公益性。公共图书馆携手社会志愿者组织共同服务残障读者群体可以有以下形式：志愿者到馆协助服务残障读者群体，助力图书馆馆员开展更多服务工作。在公共图书馆服务残障读者群体较为缺人手的情形之下，志愿者的无偿服务与友情赞助，是公共图书馆提升服务质量的重要支撑。在针对残障读者群体开展大型活动时，公共图书馆携手志愿者组织，共同出谋划策，制订完善活动方案，创造更为理想的活动效果。

与社区合作，拓展残障读者群体的阅读区域。公共图书馆在相关活动项目开展中与社区组织携手，能够有效拓展残障读者群体的阅读空间，丰富服务活动内涵。公共图书馆与社区组织合作可以进行诸多有益活动：例如开展百万图书进社区活动，社区工作人员与公共图书馆工作人员合作，能够聚焦社区内需要重点关注的残障读者群体，明晰社区内残障读者群体的性别、年龄等基本情况，从而助力公共图书馆策划更具有针对性的助残阅读服务。

与慈善机构合作，为残障读者群体开展更为丰富多彩的服务活动。慈善机构是汇集残障群体的主要机构组织，如残疾人联合会、老年协会等。慈善机构的主要工作包括为弱势群体开展丰富多彩的休闲活动、助力弱势群体解决就业问题、帮助弱势群体树立乐观阳光的生活态度等。公共图书馆可以与慈善机构紧密合作，为残障读者群体开展针对性服务工作，例如上门送书服务、书籍资源共享服务、文化知识竞赛等。

与其他公共文化服务部门合作，共同做好残障读者群体的服务工作。公共图书馆可与其他的公共文化服务部门，例如学校、博物馆、美术馆、剧院、少年宫、艺术馆等进行合作，携手发挥传播文化艺术知识的文化功能。例如，邀请盲校专家学者到公共图书馆开展相关知识讲座；邀请专业人士到公共图书馆为残障读者群体进行就业、职业生涯规划等方面的指导；在学校图书馆、其他公共图书馆之间共享资源，为残障读者群体提供更为丰富的书籍资源；与博物馆、美术馆、艺术馆携手，开展有针对性的艺术展览，开阔残障读者群体眼界、提升其艺术品位等。

（三）优化服务类型，丰富服务内涵

注重普遍性与特殊性的结合。公共图书馆服务残障读者群体也应注重事物的普遍性与特殊性。与普通读者相比，残障读者群体的身心条件和信息能力是不同的，而残障个体的弱势情况也各有不同。残障群体以肢体缺陷和行动不便为主要特点；视障群体以视觉障碍和行动不便为主要特点；老年群体以身体机能较差、视力下降为主要特点……因此，要做好不同类型残障读者群体的服务工作，公共图书馆既要把握好共性特点，又要抓住特性特点，开展针对性服务工作，进而确保更好的服务效果。

在共性方面，应不断升级无障碍设施，更新无障碍设备，丰富服务内容，为残障读者群体营造良好的阅读氛围；在个性方面，应根据不同类型的残障读者群体的阅读情况开展个性化、针对性服务。例如针对各残障读者群体的特殊性需求，适配个性化服务。针对肢体残疾读者，公共图书馆应在无障碍通道、无障碍卫生间、无障碍阅读等方面创新服务；对于视障读者，公共图书馆可以安排专业工作人员开展面对面朗读，引入文字转语音、读屏等技术；针对听障读者，公共图书馆应配备专业的手语服务人员，同时配备扩音器、助听器等，此外应开展聋哑人手语培训教授讲座，提高他们的手语知识；针对心智障碍读者，公共图书馆可以推荐和提供适合他们阅读的书籍、开展基础教育讲座与培训，疏导他们的心理问题，逐步提高他们的理解能力。

提升主动服务能力，深入调研残障读者群体的信息服务需求。只有全面了解残障读者群体的信息服务需求，才能根据读者的需求开展针对性服务。公共图书馆开展的服务工作应适配残障读者群体的实际需求。因此，前期的深入调研就显得尤为重要。具体而言，可以对残障读者群体进行分类别调查、服务内容细化调查、服务方式改进调查，从而了解残障读者群体所需，改变公共图书馆在服务过程中的被动地位和局面，提升服务的创新性和针对性。

建立服务反馈机制，做好服务远景规划。公共图书馆在调研残障读者群体的需求以及开展针对性的服务工作之后，还应建立服务的反馈机制，广泛听取读者的意见建议，准确了解读者对服务内容的满意度和评价，以此作为进一步优化服务策略的根据，进而提升服务的整体质量。此外，应做好有条理、有目标、有计划的服务远景规划。清晰的目标是服务改进的方向，创新的想法能避免止步不前。规划的作用在于促进整体服务工作的有条不紊与循序渐进，由此公共图书馆才能向着既定目标齐心协力奋斗。

（四）加强数字化建设，拓展无障碍服务空间

加强无障碍服务创新设计，提升数字化改造水平是减少残障读者群体信息利用阻碍的重要举措。公共图书馆针对残障读者群体进行数字化改造可分为互联网建设和无障碍设计服务创新两大层面：

首先，在互联网建设层面，应推出无障碍版的门户网站、移动客户端、微信小程序等终端，从而方便残障读者群体快速有效地获取信息。推出无障碍版门户网站，残障读者群体可以根据自身情况，调整屏幕字体颜色、字号大小，改变界面色彩显示，使用语音辅助功能等。此外，有条件的公共图书馆还应顺应移动趋势，加紧推出公共图书馆自有服务平台，例如移动客户端建设、微信小程序建设等，从而更加贴近残障读者群体的日常生活，进而提升服务效能。

在互联网平台中明确划分专门的残障读者群体服务板块，方便残障读者群体快速有效地获取所需信息。各互联网终端应划分专门的残障读者群体服务板块，为不同类型残障读者群体分类服务并进行新闻推送，涵盖政策、法律宣传和通知，开设残障读者群体沟通交流论坛，设立针对残障读者群体专门的活动、项目、意见征求专栏等。

其次，在无障碍设计服务创新层面，应对残障读者群体的弱势所在进行精准关注、分析和研究，力求研发出更多与之适配的针对残障读者群体的阅读、行动需求的无障碍设备。扩大基础无障碍设备的配备规模，最大限度满足残障读者群体需求。第一，丰富残障读者群体迫切需要的馆藏资源。加强残障读者群体需求的图书馆藏，安排专门的图书馆采购部工作人员负责残障读者群体所需图书的采购工作，保证有更为丰富的残障读者群体馆藏资源。第二，建立资源共享平台，实现资源共享。公共图书馆可以与其他的残障群体组织平台联动，丰富阅读资源。例如与残疾人联合会、红十字协会、志愿者协会等组织进行合作。第三，加强残障读者群体需求的图书资源开发。例如创办弱势群体读者专刊，引入盲人刊物、大字体书籍等丰富残障读者群体的阅读内容，为残障读者群体的阅读注入新鲜的生命力。

第六章

无障碍影视的类型趋势、发展态势与中国模式

第一节　无障碍影视的类型趋势

无障碍影视，一般是指通过在影视作品原片的基础上增加手语、字幕或解说，对视听语言进行翻译、拆分和转化，以供视障或听障人士欣赏的视听文化产品。其宗旨是为特定人群进行独特性的文化服务，进而促进有障碍者的信息平等、社会参与和文化共享。

从狭义上讲，无障碍影视的服务对象特指有视觉或听觉障碍的残疾人。但从广义上看，所有有障碍人士都是无障碍影视的受众，其中既包括视障听障人士，也包括行动不便、视力衰减的老年人。

根据服务对象的不同，无障碍影视可简单分为两种：给视障者“听”的和给听障者“看”的，并各有其对应的视听元素转化方式。“听觉→视觉”的转化主要通过听障者字幕或手语视窗实现，而“视觉→听觉”的转化则以影像描述为主。电影是一种以视觉为主的视听艺术，视觉感官是人类信息获取的最主要来源，这使得视障人士在欣赏影视作品时，面对的障碍要比听障人士大得多。因此，当前人们所谈论、研究的无障碍影视，绝大多数是指通过影像描述创作完成的、面向视觉障碍者的无障碍电影或电视节目。

一、服务视障人群的影像描述类电影及电视节目

影像描述，是一种将视觉画面转换为声音描述的方法，也被称为口述影像。它的操作方法是在不增减原有影片长度、不干扰原有对白和声音的基础上，对影视作品中出现的视觉成分加以解释和描述。[①] 一般而言，需要解释和描述的视觉成分包括：空间和时空的转换、场景的变化、人物动作和肢体语言、人物角色的关系、会对情节推动产生影响的关键细节和铺垫等。在中

① Cronin B J，King S R．The Development of the Descriptive Video Service［J］．Journal of visual impairment & blindness, 1990, 84（10）: 503-506.

国，服务视障人群的无障碍影视萌生于中国盲文出版社于2003年发起的为盲人讲电影活动，其后，北京、上海、广州、武汉、香港等地的公益组织也纷纷效仿，通过特定助残活动的召集和志愿者的现场式口述观影行为，帮助部分视障人群体验电影与认识电影。据了解，当前口述影像服务在大陆主要是以无障碍电影为主，在其他方面的应用甚少，口述影像服务在大陆的电视、戏剧等方面尚无应用。①

国内外常见的影像描述服务模式分为现场影像描述和预录影像描述两种。

（一）现场影像描述

现场描述模式，是请志愿者在电影放映现场担任讲解员，为视障人士现场讲解电影。中国盲文图书馆、北京“心目影院”等都采用的是此类模式，赢得了视障者的广泛认同。

现场聆听、实时讲述，为“看电影”这项文化活动带来了更多互动感和仪式感。从单向收听冰冷放映机中的声音，到能够与有温度的人进行现场交流，感受讲述旁白与电影原声交织的声韵流动，现场讲解为无障碍影像服务带来了更多温度和人情味。此外，观众与讲解员同处一个物理空间，能够更加直观地感受到讲解员的情绪情感，产生共鸣，搭建起双方心灵沟通的桥梁，建立起视障者之间、视障者与健全人之间的平等对话。

（二）预录影像描述

预录影像描述模式，是请志愿者在录音棚提前完成影像描述的录制和剪辑、混音、合成等后期工作，将无障碍电影成品刻录成U盘或光盘，以便后续的放映和推广。中国传媒大学“光明影院”无障碍电影项目，采用的就是预录影像描述模式。从一次性的口述影像服务到可复制、可传播的视听文化作品，虽然制作过程比现场讲述复杂，但它的产品优势非常明显。一是内容描述得准确到位；二是内涵阐释得深刻；三是音质音色的高保真。

二、服务听障人群的手语类、听障者字幕类电影及电视节目

字幕和手语，是两种最常见的用于弥补听障人士影视作品内容可及性的方法。两者本质都是对声音的翻译、拆分和转化。通过对声音内容进行视觉

① 吴宗艺，谢桢桢．中国视障口述影像服务的发展现状与大陆推广［J］．新闻研究导刊，2015，6（10）：20-21、34.

呈现，帮助听障人士“看”到影片音乐音响所要表达的内容。

（一）手语类

手语作为一种无障碍交流方式，更多地出现在电视新闻节目中。手语的使用方式有两种：一种是以手语播报为主，在画面下方辅以字幕，典型案例是 BBC 专为听障人士设计的电视节目 *See Hear*。该节目以手语播报为主，同时配有英语播报语音和内容字幕，以方便听障人士和健全人同时收看。我们一般所指的手语节目则是另一种，即主播正常播报，“手语视窗”以小屏幕的方式出现在屏幕一角，作为节目语言的翻译，起到和字幕相类似的作用。

我国的手语节目已有 37 年历史。1984 年 10 月 30 日，中国第一档手语节目在广东电视台播出。[①] 1995 年，为了让聋人更好地了解社会资讯，《共同关注》的前身《本周》栏目决定配手语主播，节目以录播形式播出，由北京东城特殊教育学校的老师们担任手语主播。2011 年起，《共同关注》栏目开始增加同步手语播报，方便广大听障人士同步收看新闻节目，这也是央视首次进行新闻类节目的手语直播。2018 年 9 月 14 日，央视《新闻联播》在中国残疾人联合会第七次全国代表大会开幕新闻中，首次在屏幕右下方开设“手语视窗”，作为专为广大残障人士服务配备的报道内容，得到广大观众的理解与认可。据《2020 年残疾人事业发展统计公报》显示，全国共有省级残疾人专题广播节目 25 个、电视手语栏目 34 个；地市级残疾人专题广播节目 209 个、电视手语栏目 262 个。[②] 北京卫视《新闻手语》、东方卫视《午间 30 分》、广东电视台新闻频道《手语栏目》等均配有同步手语播报。

相较于电视新闻，影视作品的画面内容更丰富，声音素材更多样，对手语翻译的专业性要求更高，制作难度更大。当前我国专为听障人士制作的无障碍电影较少，上海“无障碍电影制作”2011 年曾制作一批 15 部既包含解说词，又带有“手语视窗”的无障碍电影，刻录成 3000 盘光盘，提供给上海市残联和上海市图书馆，并分别向上海市各区、街道残联和区、街道图书馆免

① 穆小林．荧屏上一道亮丽的风景线——记广东电视台聋人手语节目［J］．中国残疾人，2000（4）：4-6.

② 中国残疾人联合会．2020 年残疾人事业发展统计公报［EB/OL］．（2021-05-23）．［2021-04-09］．https://www.cdpf.org.cn/zwgk/zccx/tjgb/d4baf2be2102461e96259fdf13852841.htm.

费发送。[①]2012 年成都市首家残疾人电影院从上海引进了 20 多部片源，以循环播放的形式开设残疾人专场电影。影片“能够顺畅进入剧情”，“手语速度适中”，为聋哑人士带去平等的观影感受。[②]

当前，手语不通用，普及率不高，是限制手语在影视作品中使用的重要原因。2011 年，教育部、国家语委和中国残联共同委托国家手语和盲文研究中心开展的全国手语盲文使用状况抽样调查结果显示，手语动作不一致和词汇量不足是当前我国听力残疾人和残疾人工作者手语使用中面临的两大问题，[③]手语的标准化、统一化推广还有待加强。2018 年 7 月 1 日起，《国家通用手语常用词表》和《国家通用盲文方案》正式施行，为我国手语类无障碍影视的创作和推广提供了有益环境。

（二）听障者字幕类

当前在国际上通行的电视字幕方式为两种：隐藏式字幕和开放式字幕。[④]隐藏式字幕可供用户自主选择开启或关闭，而开放式字幕则是指在电视节目制作阶段就已经嵌入到制作内容当中的字幕，属于画面内容的一部分，用户无法自行关闭。

除了电影中的对白文本，隐藏式字幕还可以显示电影的声效、环境声、说话人信息和其他非语音元素，从这个角度讲，它更贴近于听障者字幕的含义。可以让听觉障碍者通过字幕“看”到更多画面信息，也为在嘈杂环境中观看或需静音观看视频的健全人提供方便。一般来说，隐藏式字幕和翻译性字幕一样，显示在画面下方，白色文字黑色衬底，字体大小以听障人士能够看清为主。但出于声音内容传达的需要，也可能直接将字幕纳入画面构图，像漫画对白一样，将字幕显示在说话人旁边或声效发出的位置，便于听障人士更直观地了解声音信息。

---

① 为画面配解说为对白配手语　无障碍电影：看得很过瘾［EB/OL］.（2020-06-08）.［2011-04-21］. http://www.chinadp.net.cn/datasearch_/pastinfo/2011/2011-04/21-7636.html.

② 残疾人电影院：听旁白看手语　感受人文关怀［EB/OL］.（2020-06-08）.［2013-08-21］. http://cd.wenming.cn/syxw/201308/t20130821_789039.shtml.

③ 程凯 . 推广国家通用手语和通用盲文是残疾人事业的一项基础性工作［J］. 残疾人研究，2018（3）：3-7.

④ 李东晓 . 无障碍传播的理论模型及其应用——以电视媒体之于视听障碍者的传播为例［J］. 郑州大学学报（哲学社会科学版），2013，46（3）：168-172.

听障者字幕起源于20世纪80年代，2010年，美国签署实施了《21世纪通信和视频可及性法案》，其中明确要求各电视台需在播出节目中提供隐藏式字幕。欧盟、日本的数字电视标准中也对听障者字幕的制作与使用加设了具体描述和规定。我国的听障者字幕发展起步较晚，当前还没有成型的可供实施的数字电视隐藏字幕使用规范。

在电视字幕的无障碍化改造中，由于电视机及节目信号传送均不能提供隐藏式字幕所需要的技术平台，如果要推行隐藏式字幕的无障碍改造，需另外生产特殊的电视机型和遥控器，或修改我国现行的电视机行业标准及字幕制作配备标准，如此一来所需要的预算开支就会大大增加，因此，这一方案在我国当前的技术环境下并不可行。相对来说，开放式字幕就容易得多。就目前的实际情况看，我国当前电视节目中几乎所有的影视剧、重播类节目在制作过程中都已经配备了字幕，不需要投入更多资源和资金在翻译性字幕的无障碍化改造上。但如何提升当前字幕的配备水平，添加可更改大小、字体、颜色的辅助性字幕，改进字幕出现的方式、位置，延长字幕在屏幕的停留时长，成为听障者字幕应用于我国现有电视节目的可行路径。

第二节　无障碍影视的发展态势

一、无障碍影视的实践趋势

（一）国际实践

国际上，无障碍电影的制作和发展在过去30年中得到长足发展。一方面，随着各国出版法、反歧视法案中对残障人群的关注，英、法、德、美、加拿大、西班牙、澳、新西兰等国逐渐开发出系列、规范的无障碍影视服务。另一方面，由于国际《马拉喀什条约》的签订和推动，对保障视障者的阅听权利的探讨与行动也逐渐影响到各个国家无障碍影视的规则制定与实施。

1. 残障协会倡导推进成为主流，政府法案强制执行渐成趋势

西方发达国家的视障及残障协会在推动无障碍影视的制作与传播中起到主流的倡导与建设性作用，英国皇家盲人协会、美国盲人联合协会、加拿大国家盲人协会、法国盲人与弱视患者社会地位提升联盟等机构积极与政府联动，推进政府在相关出版法与残障保护、反歧视法案中增添无障碍影视的著作权的例外限制和强制制作的时限要求。西班牙国家视听媒体协会也将检查、监督媒体是否达到了官方规定的无障碍供给要求纳入协会职责之一。

政府法案的推动主要体现在两个方面。其一是版权例外限制。如美国版权法第 121 条“专有权的限制”中特别包含“为盲人或其他残疾人的复制”、日本著作权法著作权的限制中第 37 条“为了视觉障碍者等进行的复制”、德国著作权法第 45 条 a“残障人士”等均提及了视觉、音频作品的版权例外限制。目前，全球共有 80 多个国家签署了《马拉喀什条约》，25 个国家批准了该条约，为这些国家视障者提供了法律保障。印度、英国、俄罗斯等国和我国的台湾地区率先行动，或对版权法无障碍条款进行了符合《马拉喀什条约》规定的修订，[①] 或根据《马拉喀什条约》相关规定，扩大了无障碍作品的覆盖范围，将文字作品拓展到影视、录音等视听文化作品中。其二是无障碍影视的时长保证。自 1996 年起，英国就有相关法律对电视节目配备口述影像做出强制性要求，其中，《英国 2003 年通信法案》规定至少 10% 的电视节目需要配备口述影像。美国《21 世纪通信及无障碍视频法案》对口述影像的供给作出了明确的强制性规定，要求 2011 年后四大广播网和五大有线频道必须每周提供 4 小时的无障碍影视服务，并逐步扩大服务范围，几年后覆盖全国。[②] 波兰于 2011 年实施了修订版的广播法，强制电视台于 2012 年起至少为 10% 的节目配备口述影像。

2. 无障碍电视成为主流，无障碍影视更新迅速

在政府法案的强制推动下，西方发达国家的无障碍影视的生产、传播与消费主要集中于公共电视服务中。无障碍电视成为主流，无障碍电影更新迅速。传统广播电视网络是无障碍电视主要的营销与传播平台，如美国九大公

① 李军．无障碍电影版权的障碍及改进——兼论《著作权法（修订草案送审稿）》无障碍服务条款［J］．电影文学，2020（7）：21-25.

② 马波．浅议无障碍电影［J］．当代电视，2016（5）：110-111.

共广播电视网络及全英近百个电视频道；而近年来流行的网络音视频服务商则成为无障碍电影的主要市场，截至2019年6月，苹果iTunes网络商店上线1049部无障碍电影（6月8日统计数据）；美国最大的在线影片租赁提供商Netflix上线975部无障碍影视作品（6月21日统计数据），分别含有原创网剧、纪录片、电视剧和儿童节目等；亚马逊视频服务也推出了529部无障碍影视作品（6月8日统计数据）。无障碍影视的生产、提供与传播成为美国影视产业与互联网服务的一种基础平权配置，力求无过且无功。内容提供层面，大多数无障碍影视作品受限于热卖影视作品的版权限制、内容限制以及描述性音轨的公益制作的困难，也呈现出一种沉寂与老化的形态，与发达的美国好莱坞影视产业的热闹喧天不可同日而语。消费与传播活动层面，残障人群的定位服务、公共认识、消费行为引导与文化衍生并未得到充分展开；无障碍影视仅保障个体观看与家庭消费，群体性影院观看与电影文化活动相对式微。

（二）国内实践

1.无障碍电影发展迅速，公益放映常态化

当前，我国无障碍影视的发展以无障碍电影为主，电视节目的无障碍化主要集中在电视新闻节目的手语播报。

国内的无障碍电影服务，主要集中在北京、上海等地。2005年，国内首个专为盲人讲解电影的“心目影院”在北京市西城区鼓楼西大街建成，每周六上午为盲人讲解一场电影，截至2021年4月24日，累计线下线上放映电影956场，参与服务志愿者10381人，直接受益视障观众35135人次。①2009年，上海市残联、上海市图书馆、上海电影评论学会筹划成立“无障碍电影工作室”，同年4月，中国第一部无障碍影片《高考1977》首映。2010年上海世博会“生命阳光馆”的观众等候区内，无障碍电影的展示成为馆区的亮点和全场的焦点。②2012年，由东方广播中心与上海市残联共同主办的“无障碍电影”公益放映开启，上海国泰电影院挂牌成为上海市第一家“无障碍电影院”。2014年，上海市“社区无障碍电影院”正式启动，计划每月更新推

① 红丹丹文化助盲．“共克时艰不打烊 电影讲述展温情”——“心目影院”网络直播一周年庆祝活动预告［EB/OL］.（2021-05-23）.［2021-05-07］. https://mp.weixin.qq.com/s/L9ulkWFbeu08pZPk7e3GYA.

② 王瑜．“无障碍电影”：推动公益事业　惠及残障人士［J］. 全国新书目，2011（5）：40-41.

送两部无障碍电影，并为各区县的社区无障碍电影放映点配送“无障碍电影放映机”，为残疾人就近观看高品质正版无障碍电影创设条件，丰富残疾人家门口的文化生活。[①]2016年，上海光影之声无障碍影视文化发展中心成立，将创作后的解说词交由广播电视台主持人、朗诵协会志愿者进行录制，随后将经过后期合成的无障碍电影送到上海各社区，服务广大视障人群。2017年底，我国首个以高校师生为志愿者主体的无障碍电影项目“光明影院”创立，该项目由中国传媒大学联合北京歌华有线电视网络股份有限公司和东方嘉影电视院线传媒股份公司共同推出，每年制作104部无障碍电影，并以各省级盲协为纽带，将专业录制完成的无障碍电影赠送给全国31个省（区、市）及澳门特别行政区，惠及视障人士200余万人次。

2. 无障碍文化建设广受关注，无障碍影视版权问题待解决

《中华人民共和国残疾人保护法》第43条明确指出，为丰富残疾人的精神文化生活，政府和社会应开办电视手语节目，开办残疾人专题广播栏目，推进电视栏目、影视作品加配字幕、解说。[②]无障碍电影是我国无障碍文化发展的重要组成部分，也是人类文明进步和社会现代化的重要体现，近年来得到社会各界的广泛关注。2019年“两会”期间，全国人大代表贾樟柯导演提出了《关于发展我国无障碍电影事业的议案》，号召社会各界关心、支持无障碍电影。在刚刚闭幕的全国政协十三届三次会议上，全国政协委员、中国盲协主席李庆忠提交了《关于将〈无障碍环境建设法〉列入2021年全国人大常委会立法计划的提案》《关于开放版权，推动无障碍电影发展的提案》等多项提案，[③]助力残疾人全面小康，丰富视障人士的精神文化生活。

王小梅[④]认为，虽然我国出台的《残疾人保障法》《无障碍环境建设条例》对广播影视无障碍信息环境作出了规定，但仍缺乏专门的法律。制定诸如“音像传播服务法”之类的法律，对保障残疾人信息权利平等有推动意义。

---

① 上海社会建设．上海市社区无障碍电影院线正式启动［EB/OL］.（2020-06-08）.［2014-10-16］. http://gov.eastday.com/shjs/node5/node34/u1a50730.html.

② 中国残疾人联合会．中华人民共和国残疾人保障法［EB/OL］.（2020-06-08）.［2018-12-11］. http://www.cdpf.org.cn/ywzz/wq_188/wqflfg/wqgjflfg/201812/t20181211_643523.shtml.

③ 李庆忠委员：多份提案为盲人发声　关注残疾人精神文化需求［EB/OL］.（2020-06-04）.［2020-05-27］. http://canjiren.china.com.cn/2020-05/27/content_41166035.html?f=pad&a=true.

④ 王小梅．我国广播影视规制对人权的保障及其完善［J］．比较法研究，2018（6）：89-100.

在版权方面，无障碍影视创作需要通过添加听障者字幕、手语视窗、影像描述等，对原有的影视作品进行视听语言的翻译、补充与再编。因此，创作过程中首先面临的是影视产业的版权保护问题。早在2009年，世界盲人联盟、巴西、厄瓜多尔和巴拉圭就曾提出过一项世界知识产权组织条约，以帮助缓解世界范围内的图书饥荒。在当时，发展中国家可获得的无障碍图书不到1%，最发达的国家也只有7%左右。经过4年的努力，2013年6月28日，世界知识产权组织（WIPO）缔结了专门保障视障者阅读权的《马拉喀什条约》，旨在保障视障者能够平等获取无障碍格式作品，与健全人享有同等的阅读权。同时，我国《著作权法》第二十二条“将已经发表的作品改成盲文出版”纳入“合理使用情况”。《信息网络传播权保护条例》第六条规定，通过信息网络提供他人作品时，“不以营利为目的，以盲人能够感知的独特方式向盲人提供已经发表的文字作品”可以不经著作权人许可，不向其支付报酬。

然而，尽管上述立法和国家政策有效保障了视障者的阅读权，但无障碍视听产品并未能纳入保护范围之内。一者，当前的法律保障主要局限于盲人的阅读权，对听障人士的相关保护内容较少；二者，现有对无障碍格式作品的定义仍囿于图书等文字作品，以视听语言为主的影视作品并不在法定无障碍格式作品的认定范围内。这对无障碍影视作品的创作、发行造成了不小的困扰。最直观的问题就在于版权受限、片源不足，无障碍电影创作的可持续性受到影响。我国《著作权法》对电影产品的产权保护是50年。这意味着版权开放的片源数量有限且年代久远，很难实现与院线正在上映的电影保持同步，无法满足残障人士与健全人同等同步观影，参与电影话题交流的需要。

近些年，我国无障碍电影开始走进大众视野，已有多家电影公司愿意将其控权的电影版权资源捐出，为无障碍电影的创作开通绿色通道。2013年，40家电影公司曾捐赠版权以支持制作和推广无障碍电影。2017年，中国传媒大学启动“光明影院”项目，与歌华有线、东方嘉影强强联手，借助电视院线的资源优势，让制作近期上映电影的无障碍版本成为可能。当前，社会各界多方努力、共同推动相关立法的完善，相信在不久的将来，我国无障碍影视能够纳入无障碍格式作品的限定范围，或能够为公益性质的文化产品创立无障碍版权共享体系，免除无障碍影视创作和推广的后顾之忧。

二、无障碍影视的研究趋势

在无障碍影视的创作与传播行动发展的同时，无障碍影视的研究也逐渐萌芽，并逐渐形成以下的研究路径：

其一，基于视听传播的传统研究框架，对无障碍影视的视听叙事、创作模式、制作展开研究与解读。此类型研究多基于现象观察与场景描述，呈现出情境研究与观察笔记体的研究模式。波兰学者阿格涅什卡·沃尔恰克《创意描述：为视障者讲述艺术电影》发表于《视力障碍与失明学刊》，以一种理论随笔的形式描述了无障碍电影创作中的一种创意叙事的情状。[①]刘扬、熊闫寅子、黄天书从电影制作与选择的分析中，探讨了无障碍电影在改编、放映中的文化适应性问题，并认为无障碍电影的筛选与制作与电影的“叙事性”“画面性”应适当综合考虑，以更大程度上满足观影视障人群的期待视野。[②]曾广昌在采访追溯了中国第一代无障碍电影创作人将鸿源的创作历程之后，以一种白描式的笔法呈现了无障碍电影草创初期的理念碰撞与实验探索。[③]吴宗艺和谢桢桢从无障碍电影的发展历程中，尝试提炼出中国本土的无障碍电影宣推模式。

其二，探索无障碍影视的发展与传播研究的学理互动。高晓虹与陈欣钢认为：“满足残疾人基本的信息诉求，是无障碍信息传递工作的主要内容；满足残疾人艺术审美的诉求，（却）是无障碍传播的一项难题。通过讲述画面的方式再现作为视听产品的电影，是为了解决影视作品之于盲人的三大障碍——行动障碍、信息障碍和文化障碍。”无障碍影视作品所“呈现的是与原片完全相同的听觉时间，目的就是保证盲人群体最大程度享有与常人平等的艺术审美权利。视听元素的转换实际上是从画面语言到文字语言再到听觉表达的整个过程，最终呈现给盲人观众的是一个具有画面感的录音作品”[④]。

---

① Walczak, Agnieszka. Creative Description: Audio Describing Artistic Films for Individuals with Visual Impairments [J]. Journal of Visual Impairment & Blindness, 2017 (4): 387-391.

② 刘扬，熊闫寅子，黄天书．浅谈盲人无障碍电影的选择与出路［J］．戏剧之家，2016(5)：133.

③ 曾广昌．无障碍电影在发展［J］．电影评介，2012（9）.

④ 高晓虹，陈欣钢．光明影院：无障碍视听传播的研究与实践［J］．中国编辑，2019（3）：4-7.

巴勃罗·罗梅罗－弗雷斯科与路易丝·弗莱尔从受众研究的视角对无障碍描述性音轨与音频导读的有声读物的关系展开探讨。李东晓的《听见　看见：影视媒体的无障碍传播研究》是一部较为完整的无障碍视听传播研究的综合之作，从影视媒体无障碍理念、对象及实践方式、视听障碍受众影视媒体的需求及使用习惯调查、世界影视媒体无障碍传播实践的演进、我国电视媒体的无障碍供给及推进策略等篇章展开，勾勒出一幅无障碍影视发展当下的景况。[①]

其三，寻求中国特色的无障碍影视的公共服务模式。此研究路径中所彰显的中国公益组织、教学研究机构、公共图书服务机构与新闻及影视出版机构的联动合作成为最主要的内容。王瑜[②]、夏熊飞[③]、曲大鹏、汪静波[④]、陆宁[⑤]等纷纷从公益行动的多方合作模式展开对无障碍电影公共服务模式的探索。偶尔也有学者试图将无障碍电影的公益模式改写，如陈建凯对无障碍电影的市场化、产业化的可行性进行了探讨。[⑥]

但总体而言，无障碍电影本土研究，大多彰显出一种小样本量、本地特征明显、案例化导向的特征。实验性的、公益行动式的经验观察与思考，个体参与和场景再现的记录与分析，有关视听语言的平衡使用和信息的听觉可及的探讨成为此类研究的文本主体构成。

① 李东晓．听见　看见：影视媒体的无障碍传播研究［M］．杭州：浙江大学出版社，2013.

② 王瑜．“无障碍电影”：推动公益事业 惠及残障人士［J］．全国新书目，2011（5）：40-41.

③ 曲大鹏，汪静波．用“好声音”做温暖事——谈无障碍电影解说公益活动［J］．中国广播，2017（1）：36-38.

④ 夏熊飞．应加大无障碍电影推广力度［J］．青年记者，2018（19）：62.

⑤ 陆宁．政校合作开展无障碍视频文化服务的研究——以南京特殊教育职业技术学院图书馆开展无障碍视频文化服务为例［J］．科教文汇（上旬刊），2014（11）：221-222.

⑥ 陈建凯．无障碍电影的“障碍”——上海市“无障碍电影”现状分析及出路探究［J］．新闻研究导刊，2015（7）：33-34.

第三节　无障碍影视的中国模式

无障碍文化的实质，是人道的精神、人权的精神、现代化的精神。①“光明影院”以无障碍电影为媒介，以公益行动为桥梁，在满足残障人士的精神文化需要的同时，从社会接纳层面加强对视障人士的尊重与保护，让“自由、平等、公正、法治”的社会主义核心价值观真正转化为人们的情感认同和行为习惯，推动残健融合，助力信息平权、文化平权和交流平权。从无障碍电影到无障碍文化，再到惠及全人类的无障碍事业，以世界眼光、国际标准、中国特色为指引，探索一条国家无障碍发展路径，是构建人类命运共同体的题中应有之义，也是新时代文化发展的新方向、新使命。

一、草根 NGO+ 公益：散点化、社群性、基层型的公益服务新形态

非政府组织（NGO）是英文 Non-Governmental Organizations 的意译。该词来自国外，由联合国官方在 1945 年首次使用并对其赋予积极的制度性含义和参与国际公共决策的特殊地位。当时的非政府组织主要指在国际事务中发挥中立作用的非官方机构，如国际红十字会、救助儿童会等。后来成为官方用语被广泛使用，泛指独立于政府体系之外，具有一定公共职能的社会组织。②

根据中国社会组织公共服务平台资料显示，截至 2020 年 6 月 9 日，入库的全国社会组织数据为 875753 个，其中民政部登记社会组织共 2294 个。③我国完全由民间发起并保持持续发展的非政府组织数量不多，主要集中在环保、慈善、青少年发展和动物保护领域。近 20 年来，民间公益组织在我国

① 段培君，等．无障碍国家战略［M］．沈阳：辽宁人民出版社，2019：80.

② 肖祎．我国 NGO 参与社会治理的现状与展望［J］．科学咨询（科技·管理），2019（12）：20-22.

③ 数据来源：http://bmfw.www.gov.cn/qgshzzcx/index.html.

迅速涌现，在帮助贫困与弱势群体改善其生存与发展状况中起到了重要的作用。在民间公益模式下催生的无障碍电影制作、播讲、展演，是中国民间力量积极参与助残文化事业的表现。

2013 年 3 月，康艺无障碍影视发展中心成立。2016 年 2 月，上海光影之声无障碍影视文化发展中心建成。无障碍影视文化“草根 NGO+ 公益”的民间制作模式开始出现，成为民间公益性无障碍电影服务的引领性形态。截至目前，全国以无障碍公益服务或无障碍发展建设为主要工作内容的社会组织共 39 个，其中民政部登记 1 个，主要集中在北京、深圳、杭州、上海等地。[①]

草根 NGO 公益组织介入无障碍电影制作与放映，一向困难重重，在上海市残疾人联合会支持下，上海无障碍影视文化发展中心经营多年，从志愿者中培养出自己的管理团队、解说词撰稿审稿团队、无障碍影视配音团队，先后完成了 50 余部质量较高的无障碍影片的制作与放映。上海无障碍影视文化发展中心的这一模式也在北京、杭州、广州等大城市中得到广泛借鉴和应用。依托草根非营利机构、公益团体、公共图书馆、盲人图书馆的倡导与组织，形成了散点化、社群性、基层型的服务形态。

二、图书馆 + 公益：借助盲文音像出版平台，开发无障碍电影出版与推广新模式

中国盲文出版社与上海电影音像出版社致力的“版权 + 公益”的无障碍电影出版模式，是中国无障碍电影制作与出版的主流模式。这两个出版社，是中国无障碍电影出版的先锋部队，长期致力于无障碍电影的版权例外限制的争取、专业制作及公益寄送服务，其无障碍电影服务惠及全国。

近年来，中国盲文出版社加大无障碍电影的制作力度，推动无障碍电影项目进入国家“十二五”“十三五”重大音像出版骨干工程、中华优秀出版物奖重大音像出版工程以及国家新闻出版改革发展项目，将探索性的无障碍影视制作与出版，发展为一项旨在惠及视听残障人士及伤残、老幼等弱势群体文化娱乐生活的民心工程。截至 2010 年年底，无障碍电影一期项目

① 数据来源：http://bmfw.www.gov.cn/qgshzzcx/index.html.

制作完成了包括《樱桃》《大耳朵图图》《非诚勿扰》等在内的许多优秀作品。[①]“十二五”期间，盲文出版社已制作无障碍影视片119部，“十三五”期间更将以每年百部的速度推进无障碍电影的制作。以盲文音像出版平台为建设基础，开发可持续出版模式；依托中国残联、基层志愿者助残联络站、残疾人服务社（站），形成无障碍电影传送服务网络，成为中国无障碍电影的出版发行模式的一种成功范式。目前已形成了年均出版盲文读物1000种5000万页、多媒体盲人读物1000课时、有声读物1250小时、大字版图书200种、无障碍影片近百部的出版规模。[②]

公共图书馆是志愿服务最主要的承载机构之一，也是面向全社会提供均等服务的良好平台。公共图书馆的主体职能地位决定了公共图书馆应当为盲人读者提供特殊服务，以体现公共图书馆服务的均等化，推动社会整体的现代公共文化建设进程。[③]

公共图书馆的公益性质和为残疾人服务的理念与无障碍电影高度契合，国际图联在《公共图书馆宣言》中就提出：每一个人都有平等享受公共图书馆服务的权利，对因故不能享用常规服务和资料的用户，例如少数民族用户、残疾用户、医院病人或监狱囚犯，公共图书馆必须向其提供特殊服务和资料。因此，公共图书馆是无障碍电影天然的盟友，绝大多数省份的无障碍电影放映地点都选择在当地的公共图书馆，我国首部无障碍电影《高考1977》最先也是在上海图书馆推出的。事实上，国内外许多图书馆也开展了无障碍电影服务。美国的加利福尼亚州立图书馆的盲文和有声图书馆提供口述影像的光盘和录像带，曼彻斯特城市图书馆网站还提供口述影像资源检索；中国台湾的台北市立图书馆已经建立了视障电子图书馆并提供服务。据不完全统计，北京、上海、深圳、天津、哈尔滨、重庆、黄石、武汉、长沙、常州、徐州、石家庄、太原等城市公共图书馆都开展了无障碍电影播放和讲解服

① 钟楚．国家“十二五”重大音像出版工程“中国无障碍电影项目”正式启动［J］．中国出版，2011（11）：78.

② 中国盲文出版社：为盲人点亮浩瀚书海之灯［EB/OL］（2021-05-23）．［2018-08-17］．https://baijiahao.baidu.com/s?id=1609042726082175940&wfr=spider&for=pc.

③ 李斌．公共图书馆盲人服务的探讨——以山西省图书馆为例［J］．太原城市职业技术学院学报，2017（10）：169-170.

务。[①] 为了让更多视障人士共享无障碍视听文化服务，中国盲文数字图书馆建立网站，网站包括口述影像专区，提供口述影像在线服务。深圳图书馆与深圳市残疾人联合会合作成立“深圳视障公益影院”，定期给视障人士讲电影，丰富视障人士的文化生活，[②] 同时将口述影像服务进行现场录音，经后期整理后放到网上供视障人士在线收听和下载。通过建立公共图书馆口述影像数据库，实现各公共图书馆的无障碍视听产品资源共享，成为公共图书馆视障服务的新方向。

三、高校 + 公益：探索课程思政新模式，搭建文化公益新平台

随着无障碍电影的发展，大众对口述影像服务的技术质量、艺术效果、传播的深度和广度有了更多期待。如何突破现场讲述的局限性、提升影像描述的艺术感、优化无障碍电影的作品质量，成为无障碍电影创新发展的必答题。为了解决服务专业性和项目可持续性等问题，2017 年底，中国传媒大学联合北京歌华有线电视网络股份有限公司和东方嘉影电视院线传媒股份公司共同推出“光明影院”无障碍电影公益项目。从一次性的口述影像服务到可复制、可传播的视听文化精品，“光明影院”通过实践创新实现了对无障碍电影的价值拓展，从产品内容的生产传播，到公益行动的可持续、可延展，为我国无障碍电影事业的未来发展提供了专业、稳定的公益平台。

不同于一般意义的“口述影像”,“光明影院”要求讲述者事先研读电影、写成“讲述剧本”，然后置身配音室，在电影对白和音响的间隙，插入对于画面及其情感与意义的声音讲述，最终，将讲述声道并入电影原片，在不改变电影时长、不影响既有视听的基础上，生成可复制、可传播的无障碍影片。上述做法解决了传统“口述影像”所面临的种种困境，成为公益传播的创新之举。

第一，讲述式的电影表达与无障碍的审美体验。“口述影像”解决了视障人士对于视觉信息的“可及性”问题，其效果在电影领域尤为明显。台湾学

① 符艺．口述影像在公共图书馆视障服务中的应用与思考［J］．图书馆论坛，2014，34（8）：77-81.

② 王凯丽．公共图书馆视障服务与社会合作模式研究［J］．图书馆研究与工作，2020（6）：65-71.

者研究表明，“口述影像”是解决视障者欣赏电影的最为有效的途径。相比于传统的“口述影像”，“光明影院”更加注重立体化的传播效果，不仅在内容表达上力求精准，而且致力于营造浓厚的艺术氛围，使视障者获得与健全人平等的观影体验。

从解读影像入手，实现视听元素转换。如何将电影中的视觉信息转换成听觉信息？“光明影院”的创作实践从三个层面下功夫。首先，对画面信息进行精准描述，告诉听众画面的内容是什么。其次，介绍画面之间的承接关系。比如，主人公从户外走向室内，讲述者必须及时交代场景的转换。此外，在讲述表层信息的同时，还要将镜头背后的情感和意义告诉盲人朋友，诸如“他站在窗前看向窗外，一言不发，屋子里的气氛十分凝重”——由动作讲到状态再讲到氛围，创造由表及里的观影体验，让视障人士从“聆听电影”变成“欣赏电影”。

从盲人认知出发，打造特殊审美体验。由于视觉缺失，视障者一直在用不同于健全人的感知方式认识世界，“光明影院”试图“换位思考”，构建基于盲人的电影审美体系。比如，视障朋友对声音十分敏感，讲述者要学会巧用声音，声响的大小、声调的高低，都将影响影像的表达。此外，要对画面信息进行具象化描述。有视障学生曾说：我没有见过飞机，也不知道什么是“红彤彤”的太阳。这就要求讲述者细致描述飞机的样子、用途，用“温暖”等感官词语传达“太阳”的视觉美感，将视觉信息转换为视障人士可感、可知的内容。

“光明影院”不仅让视障人士“看到”电影，更将无障碍电影拓展为一种美育活动，旨在通过审美经验的积累和审美线索的提供，激发人们在审美活动中的主体能动性，让视障人士在享受电影的同时，培养审美能力、陶冶性情、完善人格。①

审美能力集中表现为对美的感知、理解与想象，它的形成和培养大多是在不经意间完成的。这种基于成长环境的“不经意”，造成了审美能力的不平衡。对于健全人来说，审美是一种基于千百万次感官经验的选择。但对于视障人士来说，由于感官受限，他们的视觉审美能力只能通过针对性的训练，

①《美学原理》编写组．美学原理（第二版）[M]．北京：高等教育出版社，2019：255–257.

通过对事物的想象、对形式内涵的理解，进行感知和发掘。为此，“光明影院”在影像描述时，特意加入了对故事内涵的阐释和对重要细节的描摹，让电影的表层信息“可知”，深层表意“可感”，让视障者在观影过程中获得与健全人同等的审美经验。

性情的陶冶和人格的完善贯穿无障碍电影服务始终。一方面，“光明影院”格外注重对视障群体精神文明建设的关注，在影像描述时坚持和弘扬社会主义核心价值观，展现中国精神，凝聚中国力量，为视障人士提供正向的价值引导和精神引领，让他们能够从电影中汲取力量，塑造自尊自爱、自立自强的健全人格，主动融入社会，参与社会生活。另一方面，“光明影院”致力于在全社会形成关心关爱关注有障碍群体的公益氛围，积极传递正能量，让他们拥有更加积极的人生观，用乐观阳光的心态面对生活。以无障碍电影为起点，建立起人与人、人与社会和谐美好的关系，促进残健共融，推动社会文明进步。

第二，规模化的作品生产与可复制的推广传播。近几年间，中国电影产业蓬勃发展，到 2017 年，全国院线银幕总量达到 5 万余块，超越北美市场成为全球第一。想让视障人士也能共享影视文化繁荣发展所带来的红利，仅靠数量有限的现场讲述远远不够。让成规模、高品质的“口述影像”走出固定场所、走向视障人群，让无障碍电影可复制、可传播，是“光明影院”的初衷所在。

优化作品质量、提升产制数量。随着“口述影像”的普及，视障人士对于“讲电影”并不陌生，但现场讲述不定时、不定量，而且经常出现信息缺失。在调研中，视障学生将这一现象称为“讲断片儿了”。在“光明影院”“口述影像”从一次性的讲述行为变成了几经推敲、不断打磨的艺术精品，必须经过一系列严谨、规范的产制流程，才能确保录制完成的讲述声道清晰、顺畅、富有艺术美感。熟能生巧，如今，“光明影院”能够做到每年创作 104 部无障碍电影，让中国的视障人群每周欣赏两部电影，达到甚至超过健全人的平均观影频率。

便于影片复制、易于影视传播。“光明影院”制作的无障碍电影打破了现场讲述的场景限制，一经制作完成，即可批量生产、广泛传播。一方面，相比现场讲述每次只能邀请有限观众前来观影，预录好的无障碍电影受众面更广。另一方面，通过拷贝心仪的影片，视障人士可以随时随地欣赏电影，进一步降低了触媒门槛，拓展了视听媒介的“可及性”。此外，“光明影院”所采用的预录模式能够较好地弥补当前口述影像服务志愿者人数不足和视障人士观影需求较大之间的差距，为无障碍电影公益放映的常态化打下基础，让更多视障人士受益。

第三，专业化的影视教育与综合性的人才培养。“口述影像”的讲述者是无障碍传播的关键要素，其素质与能力将直接影响影片的传播效果，优秀的电影讲述人一直都是稀缺资源。新闻院校是传媒人才的培养重镇，如“光明影院”一般立足高校，将创作无障碍电影纳入高校教学实践，在思想教育中发挥专业优势，在专业教育中实现价值引领，这一做法引起了主流媒体和社会各界的关注。

学以致用，探索电影实践的新领域。“光明影院”探索了“口述影像”的全新模式，不仅优化了无障碍传播的路径，也为视听教育提供了新的视角。中国传媒大学先后共有500多名师生志愿者参与“光明影院”。为完成一部作品，师生需要共同研读、讨论电影主题，对几千个电影镜头进行场景分解，再写成几十页、上百页的“讲述剧本”，进而完成配音、合成、输出等多个环节。学生志愿者感叹：“光明影院”让他们从“旁观者”变成了能思考、善创作、懂审美、会表达的“参与者”。对于学生而言，“光明影院”不只是一项活动，它已经延伸成为专业学习的“第二课堂”。

立德树人，培养热心公益的价值观。传媒人才要关注时代发展、关心社会民生。新闻院校的教育不只是“术”的教育，更要对学生进行情怀教育、公益教育。中国传媒大学依托“光明影院”平台，将“立德树人”贯穿无障碍电影创作的全过程，正如习近平总书记在学校思想政治理论课教师座谈会上所指出的，“将思政小课堂与社会大课堂相结合”“实现全员、全程、全方位育人”。

“光明影院”不仅是课程思政与传媒教育结合的一种新方法、新思路与新实践，更搭建了一个具有新时代中国特色的文化公益新平台。它提倡将视障人群带去最好的院线，打造可复制、可传播的无障碍电影作品，以此构筑更为专业的、公共服务导向的“文化盲道”，促进文化共享的平权舞台。

从传统意义的“口述影像”到“光明影院”倾心打造的“无障碍电影”，这一发展不仅代表着电影的创新，也展示了影视传媒行业对于帮扶残疾群体、参与社会公益的高度重视。今天，我国残疾人事业不断壮大，它从一个群体、一个侧面展示了中国社会文明进步的良好形象。在“全面建设小康社会，残疾人一个都不能少”的时代背景下，如何从“电影无障碍”走向“文化传播无障碍”，最终实现“社会参与无障碍”，应该成为学界研究、业界实践的目标所在。

第一，依托无障碍电影，做好文化精准扶贫。党的十八大以来，党中央、国务院提出了“精准扶贫”战略，其中，文化扶贫是重要组成部分。目前，我国有 280 多万贫困残疾人、331 万户贫困重度残疾人家庭急需帮扶。以电影为载体，打通残疾人扶贫攻坚的“最后一公里”，是文化艺术工作的题中之义。

推动实施文化扶贫。从文化传播入手，对视障群体实施精准扶贫，为他们搭建共享文化成果、全面参与社会的广阔舞台，是“光明影院”期待达成的社会效果。今天，不仅电影传播实现了无障碍化，歌华、百度、腾讯、科大讯飞等一批新媒体机构也在纷纷推进科技产品的无障碍进程，为提升视障群体的生活品质、丰富他们的文化认知、增加就业及社会参与机会提供了新的可能。

满足用户心理需求。无障碍电影除了“赏心悦目”、满足残障人士精神文化需求外，其内容对观影者有心理疏导的作用。残障人士由于自身的生理缺陷，更容易产生心理障碍、心理失衡，导致心理疾病的发生，而“对症”的影片对缓解其心理问题有积极的作用。残障人士在观影过程中，会有意无意地将影片中人物的特征、经历、情感等与自己相对照，在相似的经历体验中寻找情感共鸣，从而获得感情等方面的认同与支持，使心灵得到净化，情绪得以调节和慰藉。[①] 就如王波等人在《阅读疗法原理》中提到的：残疾人更爱看描写残疾人成才和残疾人著述的作品，其原因在于人们都有从同类身上寻找共鸣的愿望，以获得可以汲取的精神力量。[②]

第二，完善无障碍传播，促进盲人社会参与。2013 年，世界知识产权组织缔结了《马拉喀什条约》，包括中国在内的 51 个国家或地区共同签署了上述条约。当下，我们已经步入视听传播时代，将该条约的意义延伸至音视频

① 袁丽华．基于无障碍电影的残障人群服务与对策研究［J］．图书馆理论与实践，2019（10）：88-92.

② 王波，傅新．阅读疗法原理［J］．图书馆，2003（3）：1-12.

领域，以电影引领视障人士融入社会迫在眉睫。

建立无障碍电影技术标准。“口述影像”在国外起步较早，甚至成为法律保护下的“规定操作”。在我国，无论政府及相关机构提供的“口述影像”服务，还是“光明影院”对于无障碍电影的探索与传播，都属于公益行为，亟须有关部门完善制度规定，让无障碍措施成为影视“标配”，确保残障人士的可及、可感、可参与。

建设无障碍电影欣赏专区。“光明影院”以视听作品的形式开展无障碍传播，为推动无障碍电影进入院线奠定了基础。未来，在统一无障碍电影的技术标准之外，还应不断完善各大院线的无障碍建设，让视障人士得以走出家庭、走向影院，不仅做到与家人、朋友共同欣赏电影，还可以通过置身院线的观影行为，提升他们的文化参与度和社会融入度，使其拥有与健全人同样的社会生活。

第三，发展无障碍事业，推动助残全面发展。迈入新时代，关怀残疾人生活、发展无障碍事业成为社会各界的共同使命。在出行无障碍、信息无障碍的基础上，有必要建设全方位、多领域、系统化、精准化的无障碍社会体系，提升残障人士的幸福感、价值感和愉悦感。如今，通过艺术与技术的结合，无障碍电影不仅扫清了视障人士欣赏电影的重重障碍，也使他们通过“听电影”与文化成果对话，借助观影行为，与社会大众对话。未来，依托3D打印、精准导航、智能识别、语音播报等科技成果，将进一步提升视障人士感知世界、与他人交往的自信心和主动性，在视障者与健全人之间，实现沟通无障碍、交往无障碍。

2020年是全面建成小康社会和“十三五”规划的收官之年。习近平总书记强调，全面建成小康社会，残疾人一个也不能少。如今，无障碍在中国已然从一个领域的战略升级为国家战略。尊重和保障人权，争取人的解放和全面发展，是中国现代化的根本价值追求①，也是我国无障碍国家战略的价值前提。

无障碍文化传播的过程，也是全社会关心关注有障碍群体的过程。作为一种专为有障碍人士提供的“口述影像”服务，无障碍影视在与残疾人分享

① 段培君，等．无障碍国家战略［M］．沈阳：辽宁人民出版社，2019：40.

文化成果的同时，也为健全人提供了人权教育和同理心培养的资料。让“自由、平等、公正、法治”的社会主义核心价值观真正转化为人们的情感认同和行为习惯；让无障碍服务的对象从少数残疾群体拓展到所有人；让无障碍理念从狭义的扶残助残向广义的惠及所有人的同时特别关注残障群体的通用无障碍理念转变，是人类文明进步和社会现代化的体现，也是新时代下无障碍事业发展的新任务和新方向。

第七章

对抗残疾数字鸿沟
完善无障碍全媒体服务

第一节　数字鸿沟与残疾数字鸿沟

随着互联网的产生和发展，学界延续了知识沟理论，发展出了数字时代的鸿沟研究，即“数字鸿沟”，主要考察不同群体之间在互联网信息接入和使用上的差距。由于互联网技术发展速度快，“数字鸿沟”相关定义和内涵也在不断扩充和演变，学界的研究侧重点也各有差异。

总体而言，数字鸿沟是指受不同基础条件影响下的信息个体，在信息时代的发展过程中，在信息接入、使用和信息资源获取方面的差距。而残疾数字鸿沟作为数字鸿沟中的一种，指的是残障人群和健全人群在获取互联网信息技术服务上的差异。弥合残疾数字鸿沟，帮助更多的残障人士融入社会生活，是研究残疾数字鸿沟的最终现实指向。

一、什么是数字鸿沟

关于“数字鸿沟”的研究，最早可以回溯到1989年发表在英国《时代教育专刊》的一篇文章《数字鸿沟》，该文提到，教育机构在选择多媒体信息技术时会面临来自数字化技术的“信息政策鸿沟”所带来的困惑。[①]1999年，美国国家远程通信和信息管理局在名为《在网络中落伍：定义数字鸿沟》的报告中首次将其定义为一个在那些拥有信息时代的工具的人以及那些未曾拥有者之间存在的鸿沟。[②]此后，数字鸿沟成为热点问题，受到发达国家的关注。

按发展的阶段划分，数字鸿沟的定义和内涵可以划分为三代。第一代数字鸿沟主要体现在技术层面，指的是拥有者和缺乏者在接入信息通信技术方面的鸿沟，也被称为“接入沟”；第二代数字鸿沟主要体现在使用层面，研究

① Heppell S. Digital divide [N]. The Times Educational Supplement, 1989.11.24 (57).

② 郭庆光. 传播学教程 [M]. 第二版. 北京：中国人民大学出版社，2011：218.

重点转为进行ICT（信息与通信技术）素养和培训方面的鸿沟、ICT利用水平方面的鸿沟，也被称为“使用沟”；进入全球数字化时代以来，互联网用户之间的接入和使用差距越来越小，因此第三代数字鸿沟研究更专注于信息资源和知识方面的鸿沟。

在此基础上，国外学者又从社会分化、社会排斥、社会不平等的角度充实了数字鸿沟的内涵。如比利时的简·斯图亚特引入社会分层理论，认为数字鸿沟就是信息技术所反映的社会分层现象。加州大学教育学和信息学教授马克·瓦司扎尔认为数字鸿沟就是社会排斥和社会包容的表现。信息政治经济学家赫伯特·席勒认为信息不平等就是获取信息的不平等和公益信息内容的枯竭现象在不断加深，从而在社会中产生的一种信息危机。

其次，研究者对数字鸿沟的研究也关注到了特殊人群。从分类上来说，关注重点不仅在于国际贫富，还在于城市农村、不同社群间的差异；从影响上来说，人群创新力的差别造成了信息落差、知识分割、贫富分化；[①] 从阶层上来说，数字鸿沟指的是社会各阶层之间在使用互联网上的差别。总的来说，数字鸿沟的概念一直强调信息富有者和信息贫困者这两个角色之间的差异。

数字鸿沟与互联网的迅速发展相伴相生，按数字鸿沟的表现维度进行划分，可以分为六个维度：接入和获取鸿沟，素养鸿沟，心理鸿沟，ICT（信息与通信技术）的使用鸿沟，国家、社会、政治、经济等不同层面的鸿沟，不同人口特征的数字鸿沟。[②] 其中，最受学者关注的是接入和获取鸿沟。值得一提的是，接入鸿沟被区分为四种接入类型：（1）因对技术持负面态度而导致的数字技术差异，可称为“动机接入”；（2）电子设备和网络连接被称为“物质接入”；（3）有效使用互联网所必要的操作能力和信息素养，称为“技能接入”；（4）上网频率、时长和上网活动的类型，则称为“使用接入”。而随着物理上的网络接入得到实现，不同社会群体间上网活动类型的差异已经成为数字鸿沟研究的焦点，线上的使用差异会逐渐反映出线下世界的既存社会、经济和文化关系，其中就包括社会不平等。另外，国家、社会、政治、

① 胡延平．跨越数字鸿沟——面对第二次现代化的危机和挑战［M］．北京：社科文献出版社，2002：1.

② 闫慧，孙立立．1989年以来国内外数字鸿沟研究回顾：内涵、表现维度及影响因素综述［J］．中国图书馆学报，2012，38（5）：82-94.

经济等不同层面的鸿沟也成为学者深入研究的重要议题。其中，社会鸿沟指的是信息富有者和信息贫困者之间的社会差异。从社会影响来看，对ICT（信息与通信技术）的接入和使用程度差别易对二者的未来就业选择、教育选择和购买行为造成影响。从信息服务力度和深度上看，在消弭社会鸿沟的进展中，特殊社会群体的利益仍未受到同等重视。如残障人士、老人、妇女、低收入人群、农村社区、种族社群等群体的信息服务未得到足够的社会关注和支持。[①]

诸多学者除了对“数字鸿沟”的概念进行辨析外，还通过或定量或定性的研究方式，研究数字鸿沟对社会所造成的方方面面的影响。比如刘骏的研究发现城乡收入差距与城乡数字鸿沟呈正向变动趋势，城乡数字鸿沟扩大1%，城乡收入差距也扩大0.013%，[②]证实了城乡间数字鸿沟的存在加速了城乡收入差距的日益扩大。方伟认为，在经济层面，数字鸿沟不利于惠普技术带来的经济机会，未接入互联网人群在大数据的决策分析之外，无法享受平等的经济机会；在社会层面，数字鸿沟的存在，使得社会偏见易被大数据所强化，进而导致社会进一步撕裂；在政治层面，未接入或接入程度低的弱势群体，他们的诉求难以通过自身的力量传达至决策机构，从而造成政治权利的进一步缺失。[③]

二、什么是残疾数字鸿沟

在以往众多数字鸿沟相关研究中，国内很少有涉及残障人群的专项研究。学者戈金·纽厄尔（2002年）研究了横亘在健全人群和残障人群之间的数字鸿沟，提出了“残疾数字鸿沟”的概念。残疾数字鸿沟，指的是残障人群和健全人群之间在获取互联网信息技术服务上的差异。相较于健全人群，残障人群接入互联网的门槛变得更高。一方面，他们的收入水平更低；另一方面，他们还需要为无障碍辅助工具付费。因此他们使用互联网的频率也就

① 闫慧，孙立立．1989年以来国内外数字鸿沟研究回顾：内涵、表现维度及影响因素综述［J］．中国图书馆学报，2012，38（5）：82-94.

② 韩晔．互联网数字鸿沟对中国与“一带一路”国家（地区）贸易的影响研究［D］．北京：北京邮电大学，2018.

③ 方伟．大数据时代数字鸿沟的社会影响及对策［J］．青年记者，2019（6）：35、36.

更低。

但是在残障人群互联网的接入动机上，不同的学者得出了不同看法。克里·多布兰斯基和伊斯特·哈吉坦的研究指出，健全者和残障者之间的差异体现在健全者进行的网络活动范围更大，包括即时通信、获取新闻、在线处理银行业务等，而残障者更乐意上网查找健康资讯、搜索政府服务信息和玩游戏。相反观点则认为，残障者除了更经常地使用网络获取有关特定疾病或药物的信息外，他们与健全者的上网活动并无显著差异。

随着互联网的发展，国内学者针对残障人群中更为特殊的视障群体进行了媒介使用与知沟的深入研究。在以 PC 互联为主的互联网 1.0 时代，李东晓发现大众媒介对于视障人群的无障碍服务还不够完善，电视受到欢迎但主要扮演伴随角色，网络媒体无障碍建设跟不上信息技术的飞速发展，手机媒体对视障者来说更多的是人际沟通工具，作为移动互联网终端的无障碍建设才刚刚起步；① 在万物互联的互联网 3.0 时代，刘嘉诚发现该群体的接触媒介已发生转向，从传统媒体转移至新媒体，智能设备上的读屏软件正逐步取代传统媒介广播或者盲文书籍，在网络使用动机上，休闲娱乐和网购需求强度与健全人使用网络的需求相比存在较大差异，但在个人提升和信息获取方面与健全人需求强度差异不大。②

三、弥合残疾数字鸿沟

如今，残疾数字鸿沟研究的提出，正迎合了新时代无障碍群体对信息服务的迫切平等追求，反映了社会对于残障人群的信息服务现状，因此对残疾数字鸿沟进行深入研究具有重要意义。如何缩小残疾数字鸿沟，帮助更多的残障人士融入多彩的互联社会生活，是研究这一命题的最终指向。为弥合数字鸿沟，许多学者做出了不同方向的研究，并提出了具体的解决策略。

（一）公共文化服务建设现存问题

在知识的获取层面，早期的很多学者将关注点放在公共图书馆的建设上。对于公共图书馆的建设，高恩泽指出该模式虽以无障碍的呈现和服务方

① 李东晓．我国视障者的媒介使用及大众媒介的无障碍供给研究——基于对浙江省视障者的调查［J］．浙江传媒学院学报，2014，21（4）：30-36+144.

② 刘嘉诚．视障者的媒介使用与知沟研究［J］．东南传播，2018（8）：96-99.

式取得良好服务成效与社会示范影响，但其也暴露了一些新的问题。首先，无障碍环境的缺失阻碍了残疾数字鸿沟的弥合；其次，地方数字图书馆的矩阵化服务能力不强，服务群体仍显单薄、不接地气，未能真正触达全国各地不同地区的残障者；最后，资源建设的不规范和建设标准、技术指南的不统一，使得不同地市、机构面向盲人等残疾人士建设的数字图书馆问题重重，不利于资源共建共享及服务深化。在解决方向上需要增强与多方的合作，实现优势互补，共谋发展，包括与政府机构、基层图书馆的合作，以及与企业和社会团体的合作。①

（二）通过政府门户网站无障碍建设加强政治参与

一方面，政府门户网站的信息无障碍服务整体滞后，未能给残障者参与政治生活创造良好条件；另一方面，残障者因为参与条件不足等其他原因主动参与政治生活的意愿并不强烈。因此，特殊人群参与政治生活的数字鸿沟越来越大，政府门户网站信息无障碍建设面临诸多困境。但在政治权益方面，残障者在政治参与上的权益应被重视起来，所以，弥合数字鸿沟需要加快改变政府信息无障碍建设的理念、升级技术和设备、完善法律法规。②

（三）通过无障碍文化服务满足精神文化需求

在生活娱乐层面，高晓虹等人则从满足视障人群的艺术审美需求出发，弥合数字鸿沟。他们提出通过无障碍电影讲述的方式，弥合视障人群和影视作品之间的距离，解决他们“看”电影的行动障碍、信息障碍和文化障碍，保证视障群体最大程度地享有与健全人平等的艺术审美权利。③面对视障群体日益增长的文化需求，他们主张将电影画面解码，并进行画面讲述，最终呈现给观众一个具有“画面感”的录音作品，解决以往视障群体“看”电影仅凭听对话猜情节和人物表情动作的问题。

---

① 高恩泽，毛雅君，李健．携手共建信息无障碍平台　共同推进图书馆文化助残——中国盲人数字图书馆服务情况及展望［J］．新世纪图书馆，2016（6）：57-60.

② 黄燕霞．我国政府门户网站信息无障碍建设的困境及出路［J］．智能城市，2017，3（2）：29-30.

③ 高晓虹，陈欣钢．光明影院：无障碍视听传播的研究与实践［J］．中国编辑，2019（3）：4-7+25.

（四）通过技术赋能完善无障碍传播

在科技赋能层面，随着人工智能技术的全域应用，郭亚军等人关注到了人工智能对信息无障碍的赋能。他们针对视听障碍人群、行动障碍人群和认知障碍人群描绘了人工智能在信息无障碍领域中的应用模式，认为人工智能是实现信息无障碍的重要支撑，但在基础理论、保障政策、情境结合等方面有待完善。

总的来说，媒介变迁和互联网技术发展为弥合残疾数字鸿沟带来了曙光，为完善信息无障碍服务提供了新的思路。近年来，国内对于残疾数字鸿沟和信息无障碍的关注逐渐增多，涉及政治参与、文化服务和科技赋能等各个方面，也有了一些具体的实践。除前文谈到的“光明影院”无障碍电影讲述外，目前，一些互联网头部企业已结成联盟，正在开发便于残障人群使用的软件功能，尽力实现任何人（无论是健全人还是残疾人，无论是年轻人还是老年人）在任何情况下都能平等地、方便地、无障碍地获取信息、利用信息。

第二节　公共文化服务与信息无障碍全媒体服务

信息的无障碍服务作为残障人士等弱势群体获取文化产品、参与文化事业的主要途径，是公共文化服务中的重要内容，也是弥合残疾数字鸿沟的重要举措。随着人民生活水平的提高、信息技术的不断发展，包含了信息无障碍传播的公共文化服务也需要不断提升，让弱势群体享受到公共文化服务发展成果，帮助消解残障人群和健全人群之间在获取互联网信息技术服务上的差异，实现信息无障碍的全媒体服务，帮助残障人群共享文化权益。

一、公共文化服务的概念

公共文化服务是指由政府主导、社会力量参与，以公共财政为支撑，以公益性文化单位为骨干，以全体人民为服务对象，以满足公民基本文化需求和保障人民群众的基本文化需求为目的，由以政府部门为主的公共部门向社会提供的公共文化产品与服务。① 公共文化服务是中国特色社会主义文化建设的重要组成部分，体现了人民群众对美好生活的期待和需求。公共文化服务以人民为中心，以社会主义核心价值观为指导，既为公共文化营造广阔发展的公共空间，又体现出政府积极履行提供公共服务的责任，也是针对人民的文化需求进行的积极回应。

党的十九大报告指出："要完善公共文化服务体系，深入实施文化惠民工程，丰富群众性文化活动，满足人民过上美好生活的期待。"公共文化服务的顺利开展，离不开一个系统全面的体系框架的支持。公共文化服务体系建设是公共文化服务领域的重要问题，涵盖了一整套关于公共文化服务的范围标准、资源配置、管理运行、供给方式以及绩效评价等的系统性、整体性的公共文化产品、服务和制度体系。②

构建公共文化服务体系，实现我国公共文化服务的全面发展，其出发点和最终目标都是为了保障公民的文化权利。公民的文化权利包括文化参与权、文化享有权、文化分享权和文化传承与发展权等，核心是公民对于精神文化消费需求和文化创造的权利，包括文艺创作自由、表达自由、文化娱乐自由等。公共文化服务最终要实现的均等化目标直接与公民文化权利的保障、民生需求的满足息息相关。

二、我国公共文化服务政策的演进

公共文化服务政策是政府为协调并保障人民群众公平地享有基础性公共文化服务而制定的相关计划措施，③ 能够为公共文化服务和公共文化服务体系建设提供制度支持。公共文化服务政策包括部门规章、发展规划、规范性文件以及政策法规解读等形式，政策的制定涉及中共中央、全国人大、国务

---

① 张桂琳．论我国公共文化服务均等化的基本原则［J］．中国政法大学学报，2009（5）．

② 李媛媛．国家文化治理视阈下的现代公共文化服务体系发展趋势研究［J］．中国社会科学院研究生院学报，2017（4）：118-125．

③ 胡税根，李倩．我国公共文化服务政策发展研究［J］．华中师范大学学报（人文社会科学版），2015，54（2）：43-53．

院、地方政府以及下设的相关政府部门机构。公共文化服务政策的执行者从公共图书馆、文化馆、博物馆等公共文化机构延伸到基层文化服务中心、企业高校等地，体现出全社会力量的参与。政策惠及包括残障人士等弱势群体在内的人民群众、社会公众。政府通过制定公共文化服务政策推动资金、人才、设施等政策资源的合理分配，实现公共文化服务的均等化，提升公共文化机构服务水平、地区文化事业发展水平，帮扶公共文化教育发展，继承发展中华优秀传统文化，为公共文化服务体系建设提供宏观层面的引导和微观层面的规范。我国最早的公共文化服务政策可以追溯到 1982 年的《关于省（自治区、市）图书馆工作条例》。

通过对 2000 年至今的公共文化服务政策进行系统的梳理，能够发现我国公共文化服务政策经历了初步探索、发展完善、精准攻坚三个时期的发展，公共文化政策在近 5 年的时间中呈现出了爆发式的增长趋势，体现出公共文化事业的发展和政府对公共文化事业的重视。

（一）初步探索期

进入 21 世纪，我国在社会主义市场经济体制确立的基础上，同步进行文化事业建设，文化事业建设成为实现全面建设小康社会战略目标的重要举措。在此期间，文化部出台的《关于“十五”期间文化建设的若干意见和关于深化文化事业单位改革的若干意见》，针对“西部文化事业发展”“基层文化活跃”“未成年人”“农民工”等关键问题展开具体的回应，将公共文化服务建设重点聚焦于公益性文化事业、公共文化资源共享以及文化建设与管理等内容。

2006 年，中共中央办公厅、国务院办公厅发布的《国家“十一五”时期文化发展规划纲要》将加强“公共文化服务”作为下一步文化建设的重要组成部分，这也是国家首次正式提出“公共文化服务”的概念。

2007 年，党的十七大指出将“覆盖全社会的公共文化服务体系基本建立”作为全面建设小康社会的目标要求。《中共中央办公厅、国务院办公厅关于加强公共文化服务体系建设的若干意见》颁布，宣布开始全面部署公共文化服务体系建设工作。公共文化服务开始吸引更多社会力量参与，并开始重视传统文化传承、文化机构管理以及文化体制改革等问题。

这段时期对公共文化服务的初步探索初具雏形，也逐渐勾勒出了公共文化服务制度的基本轮廓，但是此时的公共文化服务仍旧处于发展萌芽阶段，公共文化服务政策的主要内容从“文化产业”“文化事业”“文化市场”发展为“公共文化服务体系建设”，仍旧处于宏观层面，不够系统、全面、具体，影响公共文化事业的深入发展。另外，由于公共文化服务在初步探索期主要承担着维护社会稳定，引领社会价值导向的重要作用，因此这个阶段的公共文化服务政策表现为以实现人民的政治认同为主要目的，较少地回应了人民真正的文化需求。

（二）发展完善期

2012 年，党的十七届六中全会中明确指出要按照公益性、基本性、均等性、便利性的要求建设基本公共文化服务。同年，党的十八大将现代公共文化服务体系建设作为全面建成小康社会的重要内容，明确提出到 2020 年“公共文化服务体系基本建成”的战略目标。

2015 年，《关于加快构建现代公共文化服务体系的意见》颁布，制定了国家基本公共文化服务的统一指导标准，指出促进城乡基本公共文化服务均等化是主要目标之一，并将其纳入国民经济和社会发展总体规划及城乡规划。

2016 年，第十二届全国人民代表大会第四次会议通过的《中华人民共和国国民经济和社会发展第十三个五年（2016—2020 年）规划纲要》中明确提出了“构建现代公共文化服务体系，推进基本公共文化服务标准化、均等化”的具体任务。①

2017 年 3 月，我国第一部有关公共文化服务的国家法律《公共文化服务保障法》正式实施，推动了我国公共文化服务体系建设的规范性，为公共文化服务提供了法制保障。

这一时期的公共文化服务政策覆盖面广，层次分明，初步构建起了完整的公共文化服务体系，我国现代公共文化服务体系建构的战略规划逐渐完备，制度框架基本形成。随着“服务型”政府的转变，公共文化服务也开始以追求社会效益发展作为核心思想，努力吸引社会力量的不断参与，要求公共文化服务体系建设不断向时代性、创新性、开放性发展，在标准化、均等化、社会化、数字化、效能化和体制机制创新等方面实现新的突破。

① 中华人民共和国国民经济和社会发展第十三个五年规划纲要［EB/OL］. 2016-03-17. http://www.xinhuanet.com//politics/2016lh/2016-03/17/c_1118366322.htm.

（三）精准攻坚期

2020年是我国决胜脱贫攻坚的关键一年，也是全面建成小康社会的收官之年。加速推进精准扶贫工作、全面建设小康社会是当下我国经济发展的重大战略举措，其中文化扶贫又是精准扶贫政策的重要组成部分，也是目前精准扶贫中非常棘手的问题。很多人由于因病致残、因病致贫的原因，不能有效使用信息工具和信息网络参与社会生活，使“文化贫瘠”成为影响脱贫致富的重要原因之一。文化精准扶贫通过文化设施建设、文化产品供给、公共文化服务、文化产业扶持、精神文明建设等方面，开展因需而异、因地制宜的精准扶贫活动，从而帮助实现文化事业的进一步发展，加快精神文明建设，帮扶贫困地区的文化事业，提高贫困地区人民的精神文化水平，推动贫困地区利用文化产品实现脱贫，这一做法与公共文化服务要求的均等化、标准化、数字化、体制化相契合，使文化扶贫政策与公共文化服务政策息息相关。

2017年5月，文化部发布《“十三五”时期文化扶贫工作实施方案》，指出不仅要全面提升贫困地区文化建设水平，更要发挥文化在脱贫攻坚工作中“扶志”“扶智”作用，为接下来公共文化服务政策发展的精准攻坚期埋下伏笔。

2018年6月5日印发的《中共中央国务院关于打赢脱贫攻坚战三年行动的指导意见》要求深入推进文化扶贫工作，提升贫困群众的公共文化服务获得感。这个阶段的公共文化服务政策与文化扶贫政策互相呼应，致力于帮助贫困地区实现文化平等，利用文化产业及文化产品脱贫致富，其内容更为细分、系统，注重于实现公共文化服务的均等化目标。

公共文化服务政策的历史演变能够凸显出不同时期公共文化服务发展特点以及人民群众对于公共文化服务的需求变化。近几年公共文化服务相关政策数量的爆炸式增加，反映出了国家对于公共文化服务的重视。

然而，由于我国公共文化服务体系建设起步较晚，供给水平相对落后，我国公共文化服务政策上仍旧存在很多问题。目前公共文化服务政策缺乏有效的监督和检查机制，法律制度的缺失、监督主体的不明确都不利于公共文化服务政策的有效执行，容易忽略公民对政策落实的满意度调查，以及针对全国范围公共文化服务的绩效考核，影响对我国公共文化服务现状的把握和下一步的发展布局。

同时，目前针对公共文化服务执行过程中的社会参与仍旧不足，政府是公共文化服务中的主导力量，是公共文化服务政策的主要执行者，但不能忽略其他社会参与主体的责任，应积极调动全社会力量参与公共文化服务体系的建设。

最后，尽管公共文化服务的奋斗目标是实现公共文化服务的均等化，但事实上目前公共文化服务的非均等化问题仍旧非常复杂，尤其是针对弱势群体的公共文化服务的发展仍旧较为落后。

三、针对弱势群体包括残障人士的公共文化服务现状

据统计，我国残疾人人口数量为 8502 万人，以残障人士、留守老人、城市农民工、留守妇女儿童群体为代表的弱势群体在我国人口总数中占据着重要的一部分，但他们往往无法享受到免费的公共文化服务或者无法便捷使用公共文化服务设施。保障弱势群体享有公共文化服务的基本权益，是对平等原则的合理延伸，是实现公共文化服务均等化的重要途径，也是建设社会主义文化强国的必经之路。

近几年，随着公共文化服务的发展完善，我国开始逐步重视弱势群体的公共文化权利，制定了一系列政策法规，在面向弱势群体的公共文化服务中取得了一定的进展和成就。但由于我国公共文化服务起步较晚，相关政策还不够系统全面，部分设施建设仍较为落后，影响面向弱势群体的公共文化服务水平，不利于公共文化服务实现均等化、标准化、数字化的建设目标。

截至 2018 年，我国残疾人事业发展指数由 2007 年的 42.8 上升至 2017 年的 70.7，残疾人生存保障指数、发展提升指数、服务支撑指数分别由 2007 年的 38.2、51.7、38.1，上升到 2017 年的 75.5、64.0、71.2。我国残疾人事业发展的不平衡性有所改善，但不平衡问题仍较为突出。针对弱势群体，尤其是残障人士的公共文化服务现状可以从政策支持、基础设施建设、教育、活动推广四个方面进行深入的分析。①

（一）政策支持

面向弱势群体的公共文化服务政策是弱势群体行使公共文化权利的重要保障，表现出政府对弱势群体的重视，以及实现公共文化服务均等化目标的

① 凌亢，孙友然，白先春．中国残疾人事业发展报告（2019）[R]．北京：社会科学文献出版社，2019.

信心。

2006年《国家“十一五”时期文化发展规划纲要》提出保障和实现城市低收入居民、残疾人、老年人和农民工等群体的基本文化生活需求，中央和省级电视台开办添加手语的节目或栏目。

2012年《国家“十二五”时期文化改革发展规划纲要》提出完善面向妇女、未成年人、老年人、残疾人的公共文化服务设施；扩大盲人读物出版规模，联动公共图书馆建立盲人电子阅览室等。

2015年《关于加快构建现代公共文化服务体系的意见》规定公共文化服务机构要为残疾人提供无障碍设施，开发视听读物，建设有声图书馆等。

2016年发布的《“十三五”加快残疾人小康进程规划纲要》提出“将残疾人作为公共文化体育服务的重点人群之一”“开展残疾人阅读推广等群众性文化活动”“扶持盲文读物、有声读物、残疾人题材图书和音像制品出版”。

同年，中国残疾人联合会等13个部门联合印发的《无障碍环境建设“十三五”实施方案》提出全面提升城乡无障碍环境建设水平；完善无障碍环境建设相关政策标准，促进基本公共服务均等化。

2017年《“十三五”时期公共数字文化建设规划》提出要推进残障人士数字图书馆、音频馆建设，建立残障人士阅读和视听服务体系。

自2000年以来，我国面向弱势群体的公共文化服务政策不断发展完善，但目前弱势群体的公共文化服务政策仍处在边缘位置，重视程度不足，公共文化服务的非均等化现象严峻。

（二）基础设施建设

公共图书馆、文化馆是政府进行公共文化服务的主要实施部门。截至2018年，全国共有公共图书馆3176个，比1949年增长56.7倍；文化馆（群众艺术馆）3328个、乡镇（街道）文化站41193个、村（社区）综合性文化服务中心340560个，每万人拥有公共图书馆面积和群众文化设施面积分别为114.4平方米和306.9平方米；博物馆5354家，约每26万人拥有1座博物馆，其中4743家博物馆免费开放。[①]《公共图书馆法》第三十四条规定了对弱势群

① 凌亢，孙友然，白先春．中国残疾人事业发展报告（2019）[R]．北京：社会科学文献出版社，2019.

体的特别关照义务，需要结合空巢老人、残障人士、留守妇女儿童、外来务工人员等弱势群体的特点，提供相应的服务，满足阅读需求。

随着信息技术的发展，现代公共图书馆、文化馆也将数字化发展作为自身发展目标，具体表现为积极拓宽线上线下服务项目，充分利用云技术、大数据等计算机应用技术，为弱势群体建立服务数据库，借助数据库对弱势群体的信息进行收集整理，并提高对弱势群体阅读需求的精准分析能力。截至2018年，公共图书馆电子图书达8.08亿册，计算机22.35万台，其中供读者使用的电子阅览终端达14.63万台；公共数字文化工程累计建设公共数字文化资源总量约1200 TB。[①] 文化公共机构的数字化转型正稳步进行。

（三）教育

教育对于一个人的成长起着至关重要的作用，不仅推动文化的传承、提高个人知识文化水平，更是一个人融入社会的重要途径。弱势群体因为自身的生理、心理缺陷以及旁人的偏见，很难自然地融入社会生活，因此面向弱势群体开展的公共教育尤为重要，积极保障了弱势群体的受教育权利。自2016年秋季起，政府为家庭经济困难的残疾学生提供从小学到高中阶段的12年免费教育。截至2016年，视力、听力、智力三类残疾儿童义务教育入学率超过90%，其他类别残疾儿童受教育机会也明显增加。鼓励特殊教育学校增设学前班或附属幼儿园，将残疾儿童接受学前教育纳入幼儿资助范围。2017年，全国共有特殊教育普通高中班（部）112个，在校生8466人；残疾人中等职业学校（班）132个，在校生12968人；1845名残疾人进入高等特殊教育学院学习。2017年，义务教育阶段普通学校在校残疾学生超过30万人，占义务教育阶段残疾学生总数50%以上，10818名残疾人被普通高等院校录取。[②]

（四）活动推广

目前，社会各界经常举办面向弱势群体的公共文化服务活动，其中包含了无障碍电影放映、公共图书馆的阅读推广活动等，致力于吸引社会力量参与，全方位为弱势群体提供丰富的公共文化活动。

---

① 凌亢，孙友然，白先春．中国残疾人事业发展报告（2019）[R]．北京：社会科学文献出版社，2019.

② 凌亢，孙友然，白先春．中国残疾人事业发展报告（2019）[R]．北京：社会科学文献出版社，2019.

以残障人士为代表的弱势群体由于生理特征、经济条件等方面的特殊性，需要更为精准的公共文化服务，但目前我国公共文化服务的发展水平还未达到能够满足不同群体需求的能力。同时，认为弱势群体并不需要公共文化服务的错误认知不仅存在于非弱势群体之中，也是影响弱势群体自觉主动地接受公共文化服务的重要原因之一，从而削弱了面向弱势群体的公共文化服务的实施效果。随着信息技术、互联网技术、移动通信技术的发展，接受、使用和传播信息的渠道多种多样，不断迭代更新，给残障人士等弱势群体无障碍地使用信息带来了更大的挑战。

四、什么是信息无障碍全媒体服务

正如20世纪加拿大著名媒介理论家麦克卢汉提到的那样，媒介是社会发展的基本动力，每一种新的媒介的产生，都开创了人类感知和认识世界的方式，传播中的变革改变了人类的感觉，也改变了人与人之间的关系，并创造出新的社会行为类型。[①]

随着数字技术、网络技术、移动通信技术的发展，以报刊、广播、电视为代表的传统媒体受到电脑、手机、数字电视机等新媒体的冲击，互联网带来的开放、互惠、共享，使过去的信息接受者也能够方便地利用媒介传播信息，传受双方的界限逐渐模糊。新媒体凭借自身信息传播海量化、碎片化等特点潜移默化地影响受众更为青睐即时性和趣味性强的“短”内容，微博、短视频应运而生，并逐渐发展壮大，成为当前信息传播的重要渠道之一。

习近平总书记指出：“全媒体不断发展，出现了全程媒体、全息媒体、全员媒体、全效媒体，信息无处不在、无所不及、无人不用，导致舆论生态、媒体格局、传播方式发生深刻变化，新闻舆论工作面临新的挑战。”为了应对新媒体的冲击和挑战，传统媒体也不断“求变”，通过建立全媒体平台的传播矩阵，推动媒体融合发展，优化媒体组织人员结构和资源分配，开启自身发展的新篇章。

以残障人士为代表的弱势群体，由于自身文化水平不高，对于新技术、新产品的接受能力比年轻群体要低，导致他们很难顺利地适应当前的全媒体

① 郭庆光．传播学教程［M］．北京：中国人民大学出版社，2011：119.

环境。因此，面向这类群体的信息无障碍服务建设尤为重要。信息无障碍指无论是健全人还是残疾人、无论是年轻人还是老年人都能从信息技术中获益，任何人在任何情况下都能平等地、方便地获取信息、使用信息、发布信息。信息无障碍传播包含了信息领域自身技术、硬件设备（设施）、软件服务的无障碍化和信息领域与建筑、交通等其他领域无障碍环境建设的融合。

在当前的全媒体环境当中，公共文化服务执行者如何充分利用现有的全媒体平台为弱势群体提供信息，如何帮助弱势群体学会使用全媒体获取信息、使用信息、发布信息，以及如何把握住当前现代信息技术发展的关键时间节点，充分构建依托大数据、人工智能等现代信息技术的新型平台，通过互联网和移动互联网在内的全媒体信息环境向所有人提供机会均等的无障碍信息技术、产品和服务，实现现代信息技术与信息无障碍服务的融合，是当前全媒体时代背景下，信息无障碍的全媒体服务应当回答的问题。

党的十八大以来，为保障残疾人平等权益、促进残疾人融合发展，党中央、国务院高度重视无障碍环境建设工作。习近平总书记曾提出要“坚持以人民为中心，重视无障碍环境建设”。李克强总理在 2018 年和 2019 年的《政府工作报告》中连续两年提出要加快无障碍设施建设。全国人大代表、中国残联副主席吕世明在 2019 年全国“两会”上提出，无障碍环境建设是为一切需要它的社会成员平等参与社会、实现融合发展的重要措施，是社会文明进步的重要标志，是新型城镇化、乡村振兴战略的重要内容，是国家保障民生、完善社会基本公共服务的重要体现，是全面建成小康社会、实现“两个一百年”目标的题中之义。

五、针对细分人群的全媒体信息服务

由于残障人士又可以分为视听障碍人群、行动障碍人群、认知障碍人群等不同类型，针对不同类型的残障人士的特点，应当提供有针对性的信息无障碍的全媒体服务。

视听障碍人群主要是视力和听力能力较弱的人群，视力障碍人群因为弱视或者失明的原因需要通过听觉或触觉获取信息，而听觉障碍人群则因为听力的弱化更依赖于视觉感觉获取信息。在视力障碍人群的信息无障碍全媒体服务中，研发语音播报系统，设计强化听觉和触觉的媒体设备。例如现在的智能手机大部分都带有无障碍模式，通过语音播报的形式为视障人士提示收集内容。在面向听觉障碍人群的信息无障碍全媒体服务中，也要完善语音识别技术，将捕捉的声音转化为文字，方便听觉障碍人士接收信息。

行动障碍人群因为身体的残障在获取信息的时候更容易出现问题。面向行动障碍人群的信息无障碍要做到提高行动障碍人群获取信息的便利性，例如运用苹果手机内置的Siri、小米的小爱同学等语音助手搜索信息，或者在公共机构里放置方便行动障碍人群使用的数字设备。

认知障碍人群是指那些认知水平低于常人的人群，主要是因为年龄或者其他原因所导致的认知水平与常人有较大差异，从而形成认知上的障碍。面向认知障碍群体的信息无障碍要实现将信息转化为他们能够接受的方式，例如语音或图画等。例如谷歌推出的“猜画小歌”人工智能识图小程序，只需要依据用户的简笔画就能够识别出画面内容。在传递信息方面，阿尔法大蛋等人工智能产品，能够利用语音识别系统、机器学习、指示图谱等技术，将相关信息要素聚合，识别认知障碍人群想要表达的意思。

近年来，我国致力于消除“数字鸿沟”，为信息障碍人群提供信息无障碍服务，并取得了一定的进展和成就。但由于我国信息无障碍服务开始较晚，政策和技术发展和基础设施建设有待完善，对于信息无障碍理念的普及还需要进一步提高，面对弱势群体，尤其是残障人士的信息无障碍服务的发展仍旧需要进一步的探讨和实践。

第三节　建立针对残障人群的信息无障碍全媒体服务体系

建立针对残障人群的全媒体服务体系，不仅仅是指使用多种媒介、多种渠道、多个平台为残障人群进行信息生产和信息传播，而应从信息传播的全程化、全息化、全员化和全效化进行综合考量。在尝试回答应如何建立针对残障人群的全媒体服务体系这一问题之前，我们不妨先对残障人群目前能够享受到的信息无障碍服务和这一领域目前呈现出来的不足之处进行梳理分析，以期能够在“对症下药”的同时，结合全媒体特点和残障人群的媒介使用习惯提出一些具有前瞻性的构建策略。

一、针对残障人群的信息无障碍服务发展现状

目前，信息无障碍服务的提供主体主要包括政府主管部门、行业组织、企业和高校，由不同主体推出的信息无障碍服务共同赋能信息无障碍事业的推广和发展。

（一）由政府主导的信息无障碍服务

2016 年，国务院印发的《“十三五”加快残疾人小康进程规划纲要》要求将无障碍信息交流建设纳入信息化建设规划，地市级以上政府新闻发布会逐步增加手语服务，推进影像制品、电视栏目加配字幕，鼓励有条件的电视台电视节目加配手语解说，各部委、各省、设区市政府网站和主要社会公共服务机构网站无障碍服务能力达到基本水平，加快推进食品药品信息识别无障碍。推广在公共服务机构和公共场所为残疾人提供语音和文字提示、手语、盲文等信息交流服务。加强信息无障碍通用产品、技术的研发、推广、应用。推进聋人手机短信服务平台建设。图书和音像资源数字化建设实现信息无障碍。推进社区选举无障碍。全面实施方便聋人短信报警服务。

2018 年发布的《改革开放 40 年中国人权事业的发展进步》报告指出，截至 2017 年，全国省、地市级电视台共开设电视手语栏目 285 个，广播电台共开设残疾人专题广播节目 223 个，省、市、县三级公共图书馆共设立盲文及盲文有声读物阅览室 959 个，座席数达 2.5 万个。截至 2018 年 1 月，500 多家政府单位完成了信息无障碍公共服务平台建设，3 万多个政务和公共服务网站基本实现了无障碍。

近期，政府仍在大力推进政务和公共服务网站的信息无障碍建设。2020 年 5 月 21 日，中国互联网协会向社会发布《以人民为中心，党的十八大以来我国信息无障碍事业发展》报告。该报告介绍称，自 2019 年 1 月起，中国互联网协会在国家有关主管部委的指导下，联合中国盲人协会、国家信息无障碍公共服务平台等 8 家联合调查单位，对国家各部门，各省、市、县（区）

人民政府及所属党政机关、公共事业单位约13万个网站，各民主党派、社会团体，各级各类公共企事业单位、新闻媒体、金融服务、电子商务等10万个重要公共服务网站无障碍建设情况及其服务效能进行了检测。目前，2019年各季度和2020年一季度的调查报告已向社会发布。相关调查报告从可感知性、可操作性、可理解性、兼容性四个考量维度对各受检单位的相关网站进行了综合评分，并对各省、市目前取得的建设成果和仍然存在的问题进行了总结分析，为各单位完善信息无障碍服务，加快网站信息无障碍建设提供指导和支持，以期能够力争在2020年底，完成公共服务网站无障碍建设目标，全面提升网站无障碍服务能力，让残疾人等群体能够在无障碍建设中受益。

可以说，政府长期以来在促进文化平权、推动信息无障碍建设方面做出了不懈努力，相关成果颇为丰硕，已经基本建立了通过多种媒体、多种渠道为残障人群提供公共文化信息服务的无障碍传播格局。

（二）由行业组织发起的信息无障碍服务

目前，包括各级残协、盲协、聋协，中国互联网信息无障碍公共服务平台和信息无障碍研究会在内的服务于各类残障人群的行业机构和有关协会数量众多，这些行业组织在信息无障碍领域提供服务的途径主要有两种：

1. 直接面向残障用户提供服务

例如，2020年2月，中国盲人协会与中国盲文出版社、中国视障文化资讯服务中心将已经出版的《新冠肺炎公众防护指南》有声书内容嵌入到呼叫中心的语音服务中。无法上网、不会用智能手机的盲人朋友只要拨通中国视障文化资讯服务中心的热线电话，根据语音提示就可选择收听包括疫情要闻、防护知识、抗疫宣传、盲协抗疫等内容，此举受到盲人朋友的好评。有声书还在有关网站和全国各地近400个盲人微信群广泛转发。另一个例子则是为使盲人、聋人第一时间了解新冠肺炎的传播途径，正确掌握日常防护知识，各级残联指导各地盲人协会、聋人协会通过信息无障碍及时开展疫情预防知识宣传，做好残疾人群体的引导和服务。中国聋协手语研究委员会制作《预防新型冠状病毒感染的肺炎从个人防护做起》短视频，向手语使用者解释戴口罩、勤洗手、尽量居家等信息。各地聋协还对权威信息进行了二次整理，用通用手语拍摄疫情防控短视频，加配字幕，在微信公众号、微信群等社交媒体广泛发布。

2. 间接向残障用户提供服务

除了直接面向用户提供服务之外，与残障群体和信息无障碍有关的行业机构还会为政府机关、事业单位和企业等提供信息无障碍建设指导和建设服务，充当信息无障碍服务的幕后智囊团。例如，中国互联网信息无障碍公共服务平台为包括中国人民政治协商会议全国委员会、中华人民共和国外交部等 36 个政府部门网站提供了信息无障碍建设服务。而国内最早专注信息无障碍领域的非政府机构“深圳市信息无障碍研究会”则为包括快手、抖音、淘宝等 16 家知名互联网企业提供了信息无障碍优化方案。

（三）由企业推出的信息无障碍服务

企业作为一种社会力量，在为残障人群构建全媒体服务的发展过程中做出了积极贡献。据不完全统计，截至 2019 年底，已有超过 40 家互联网公司专门设立负责企业产品信息无障碍的部门。目前，相关企业推出的信息无障碍服务主要集中在互联网和移动互联网平台，并且实现了与人工智能、大数据、云计算等技术的有机结合，相关媒体产品和媒体服务已经能够覆盖不同类型的残障人群。

例如，为帮助视障人士更好地自由获取新闻资讯，今日头条 APP 在 2018 年 10 月发布了信息无障碍版本，视障用户只要开启系统读屏功能，就能借助语音操作提示像健全人一样顺畅地使用今日头条。继今日头条之后，字节跳动又在 2019 年 5 月 16 日正式上线抖音和火山小视频的无障碍版本 APP，在短视频领域首次实现读屏无障碍服务。视障用户不仅能够通过读屏提示在这两款 APP 上浏览短视频内容，完成“转评赞”的操作，还能参与短视频创作并上传发布自己的作品，和健全人一样参与到“全员媒体”中来。目前，在抖音平台已经入驻有一批视障用户，其中不乏像盲人钢琴师陈燕这样具有一定影响力的意见领袖。

在为听障群体提供信息无障碍方面，也已经有不少企业采取了积极行动。2019 年 5 月，百度联合壹基金、58 集团共同发起“听障儿童无障碍阅读计划”，由百度专门成立的产品研发团队来着手开发全球首款听障儿童 AI 手语翻译小程序，借助 OCR、NLP、AR 等 AI 技术，将绘本文字翻译为手语，帮助听障儿童实现无障碍阅读。[①] 此外，谷歌也于 2019 年推出了可在手机屏幕上将语音转录成文本信息的语音识别应用程序 Live Transcribe。该应用程序目前支持超过 70 种语言，能够辅助失聪和听障人士与他人沟通。

在满足语言障碍用户信息无障碍需求方面，谷歌也有所行动。在推出语音识别应用程序的同时，谷歌还启动了 Euphonia 项目。该项目通过招募志愿者来建立语言障碍人士语言数据库，为搭建语音识别模型，以及基于计算机视觉、能够识别其他沟通方式（如手势、眨眼等）的智能 AI 模型夯实基础，致力于让机器去理解和翻译语言障碍人士想要表达的内容。

主要通过手语与外界进行交流的聋哑残障人士在信息获取和信息交互方面比单一感官缺陷的人面临更大的困难。为了实现这一群体信息无障碍传播，一家名叫诺百爱的科技公司，通过百度飞桨（PaddlePaddle）构建机器学习框架，对不同肌电信号进行对应信息训练，从而得到肌电与肌肉的对应关系、肌电与手势的对应关系，打造出 SHOWING 手势翻译臂环，帮助聋哑残障用户与外界进行交流。

企业依靠自身科研能力、资金实力等优势不断推出的信息无障碍产品和信息无障碍功能，既是信息无障碍公共文化服务的有益补充，也是信息无障碍全媒体服务的重要组成部分。

（四）由高校牵头的信息无障碍服务

在国家大力推进无障碍环境建设的背景下，部分高校陆续成立了信息无障碍研究团队，凭借科研优势和政策扶持持续输出信息无障碍服务成果。

2017 年，中国传媒大学、北京歌华有线电视网络股份有限公司、东方嘉影电视院线传媒股份公司联合发起以制作和推广无障碍电影为宗旨的公益项目“光明影院”。“光明影院”制作的无障碍电影在保留电影原创台词、音效、配乐的同时，由讲述人在台词间隙，用视障人士能够理解的方式来描述电影画面，并对画面意义、情节走向和人物情感等进行解说，致力于带领视障人士进入一个能够“用声音传递色彩、用聆听感知艺术”的电影世界，构筑一条能够彰显人文关怀、传播文化成果的“文化盲道”。

此外，在信息无障碍技术突破和信息无障碍服务平台搭建方面，清华大

① 百度官方微信号：2019 年 4 月—6 月《百度社会责任季度报告》。

学和兰州大学走在了前列。

2018 年，清华大学无障碍研究院副院长、清华大学未来实验室主任徐迎庆教授自主成功研发能够帮助盲人感知图像的大幅面触觉图形显示终端产品。这套显示终端的表面由可以凸起和收回的点阵组成，通过计算机控制点阵的变化，把传统图片变成可以触摸的图形。盲人用户通过触摸这些凸起点阵所组成的盲文或触觉图形来阅读文字和认知图片。同时，清华大学无障碍研究院还在同年成功研发了方便视障用户使用智能手机的“耳势交互系统”。

2019 年 3 月 22 日，由兰州大学信息无障碍研究中心负责研发的中国盲文数字平台正式启动。据兰州大学信息无障碍研究中心主任苏伟介绍：“这是首例面向中国 1700 万视障人群，集生活、学习、工作于一体的综合性公共服务平台，利用了新一代人工智能技术和大数据技术。”该平台可以实现盲文翻译功能、提供盲文数字资源服务，有助于解决盲文资源短缺、盲人读书难的问题。此外，兰州大学信息无障碍研究中心还参与实施了国家重大工程“盲人数字阅读推广工程”，研发了音乐乐谱盲文翻译软件和数理化公式盲文转换软件。

二、针对残障人群信息无障碍服务的不足之处

尽管在社会各界的共同努力下，我国目前的信息无障碍建设已经取得了一定成绩，但仍然存在许多不容忽视、亟须补齐的短板，具体表现为以下几个方面：

（一）强制性的法律规定和规范要求缺失

目前，我国已经出台了不少涉及信息无障碍建设的法律法规和政策：2012 年国务院颁布《无障碍环境建设条例》；2013 年 2 月，住建部、工信部、民政部、全国老龄办联合发布了《关于开展创建无障碍环境市县工作的通知》；2016 年，中央网信办、中残联联合印发了《关于加强网站无障碍服务能力建设的指导意见》；2018 年，工业与信息化部、国资委联合下发《关于深入推进网络提速降费加快培育经济发展新动能 2018 专项行动的实施意见》；2018 年 10 月，我国颁布实施《中华人民共和国残疾人保障法》。

这些文件虽然都对互联网无障碍建设提出了明确要求，但相关内容都属于原则性的意见指导，并未对涉及主体提出强制要求，不具备实际意义上的

约束力。因此，除政府、主流媒体和图书馆等必须提供公共服务的机构外，商业网站、自媒体平台、商业公司等主体的信息无障碍建设仅仅是承担社会责任的“可选项”，而非“必选”。

（二）信息无障碍产品顶层设计先天不足

尽管市面上不同的电脑操作系统和智能手机操作系统都已经内置有针对残障群体的读屏功能，但大部分网站和应用程序在设计之初并没有考虑信息无障碍，同时很多应用还没有把无障碍纳入产品研发流程之中。这直接导致残障群体无法通过读屏软件正常浏览网页或顺畅地使用相关手机 APP 的部分功能。

由腾讯 QQ 和深圳市信息无障碍研究会在 2019 年 10 月联合发布的《视障人士在线社交报告》显示，最高仅有 42% 的视障人士对当前互联网不同场景的信息无障碍程度感到满意或较为满意，视障人士在使用互联网时遇到的五大难题分别是读屏软件难以读出全部内容、软件间难以完全兼容、图片信息难以被获取、验证码验证难以操作、软件升级后无障碍功能难以使用。

（三）信息无障碍专业人才匮乏

目前，我国信息无障碍事业的专业人才非常匮乏。近年来，全国只有清华大学、中国传媒大学和兰州大学等极少数高校开始关注信息无障碍工作，其余高校鲜少开设专门课程或搭建相关研究团队。没有经过系统培养，普通的程序员、产品经理、内容生产者等相关从业人员很难将信息无障碍思维内化于心，在实际工作中无法很好地把握不同类型残障人群的心理特征和媒体使用习惯等。

三、如何建立针对残障人群的全媒体服务体系

建立针对残障人群的全媒体服务体系，既是对抗残疾数字鸿沟的重要举措，也是进一步提升残障弱势群体公共文化服务水平的必然要求。在全媒体这一框架下，全程媒体、全息媒体、全员媒体、全效媒体是一个相互影响、有机融合的整体。在国内针对残障人群的信息无障碍服务发展现状和不足的基础上，结合信息无障碍发展的一些新趋势，从以下四个维度阐述未来如何建立针对残障人群的全媒体服务体系。

（一）信息无障碍全程传播

信息无障碍全程传播是指残障用户能够通过全媒体服务获得“即时性”

和“全时性”的信息服务。全程媒体对“即时性”和“全时性”的追求，首先意味着在建立针对残障人群的全媒体服务过程中，必须把侧重点之一放在移动互联网平台的建设上。这既符合移动互联网迅猛发展的潮流，也符合越来越多的残障用户开始使用智能手机、享受移动新媒体服务的大趋势。

其次，建立更加完善的法律体系，推动信息无障碍全媒体覆盖。建立更加完善的法律体系，对政府部门、事业单位、公共服务平台和各类型媒体等不同主体提出强制性的信息无障碍建设要求。通过强制性的法律规定，逐步实现多主体、多平台、多渠道的信息无障碍全媒体覆盖，保证不同类型的残障人士都能自由、便捷地通过多个可供选择的平台和渠道来获取自己感兴趣的内容，改变目前残障人群只能通过特定的专门节目获得信息，或在网络上不能很顺畅地进行信息无障碍消费的局面。

（二）信息无障碍全息传播

信息无障碍全息传播是指残障人群能够获得内容表现形式多元的全媒体产品。

目前，将高新技术应用于信息无障碍领域是新的工作方向。语音识别、图像识别、语音合成、外骨骼、智能导航等新技术的应用能够很好地补偿残障人士在生理条件方面的差异，为残障人士平等消费信息产品创造新的条件。如果全媒体相关从业人员能够充分利用这些高新技术创新产品内容和表现形式，将更好地为残障人群提供形态全、体验深的信息产品，实现智媒化的信息无障碍全息传播。

在4G时代，多个信息无障碍传播主体已经结合人工智能、大数据、AR、VR、语音转录和物联网等新技术进行了探索和尝试。在未来，应该积极寻求相关技术在信息无障碍领域更深层次的应用，以融合的思维谋求信息无障碍全息传播新的突破。同时，在5G逐渐普及的今天，具有颠覆性的全新技术随时可能出现，为媒体和其他平台创新信息无障碍带来新思路和新气象。

信息无障碍的全息传播需要大量具有信息无障碍素养的高精尖专业人才提供智力支持。政府和媒体可联合具备足够科研能力的高校、企业和行业组织联合开展相关项目，共同为残障人士提供信息无障碍全息传播服务。

（三）信息无障碍全员传播

信息无障碍全员传播，意味着每一位残障人士都能参与到信息的生产和发布中来，自由地进行多对多的信息交互和无障碍的信息消费。为了打破生理条件给残障人士带来的“信息壁垒”，必须在构建针对残障人群的全媒体服务过程中充分考虑不同类型的残障人士在信息接收方面的差异，推出不同类型的信息无障碍传播方案；同时，还应着手通过交互界面的无障碍优化，为残障人士扫除信息互动的潜在障碍，提高他们在媒体平台上进行“转评赞”等操作、与他人进行互动的意愿，帮助他们更好地融入当下的传播生态圈。

（四）信息无障碍全效传播

信息无障碍全效传播旨在大大提高媒体信息无障碍传播效能。要想实现这一目标，就必须高度重视媒体在信息无障碍方面的顶层设计，强调受众细分和新闻定制，在平台和产品开发过程中充分考虑残障人士在障碍类型、个人兴趣和媒介使用习惯等方面的差异。

同时，要想达到更好的信息无障碍传播效果，媒体还应为残障用户提供顺畅的反馈渠道，根据用户反馈意见及时对信息生产进行调整，提高传播效果、提升传播效率。例如，有研究显示，视障者和听障者使用网络的主要动机是获取资讯、社会交往和娱乐，但仅有24.7%的视障受访者表示网络是其获取资讯的重要渠道，远低于78.1%的电视渠道和62.2%的广播渠道。[①]这意味着，尽管不少残障人士通过网络平台获取资讯的意愿较高，但却并未得到很好的满足。根据这组反馈数据给出的提示，未来在构建残障群体全媒体服务体系的过程中，就应当在继续巩固电视和广播等传播媒体在信息无障碍方面的重要地位的同时，加强网络新媒体渠道的信息无障碍建设，结合大数据和算法推荐等技术，为残障用户提供更精准的无障碍内容推荐，提高用户的媒介使用满意度。

① 李东晓．听见　看见——影视媒体的无障碍传播研究［M］．杭州：浙江大学出版社，2013.

第八章

无障碍文化信息传播的制度保障与素养提升

第一节　无障碍文化信息传播的制度保障

一、信息公平和信息可及：国际信息无障碍制度发展现状

无障碍的物质、社会、经济和文化环境、医疗卫生和教育以及信息和交流，对残疾人能够充分享有一切人权和基本自由至关重要。保障并推动无障碍立法和建设是一项重要的国家义务。[①] 西方发达国家在 20 世纪 90 年代就开始了信息无障碍相关法律法规、技术标准的制定和探索。在信息无障碍建设方面，欧美发达国家的政府和大型网站信息无障碍率达到 100%，亚洲的日本与韩国也达到了 90% 以上。[②]2004 年信息无障碍理念在中国逐步引入并开展实践探索，在党和国家、各级政府、社会组织、企业和个体的合力下，形成了独具特色的中国实践与中国经验。

2000 年 7 月，G8 峰会（八国首脑会议）发表的《全球信息社会冲绳宪章》（又称《IT 宪章》或《东京宣言》）首次提出“逾越数字鸿沟”的概念（即信息无障碍），明确信息时代，信息无障碍建设与城市设施无障碍同等重要甚至更为重要。[③] 此后，联合国主办的信息社会世界高峰会议（WSIS）相继发布《日内瓦原则宣言》（2003 年）、《日内瓦行动计划》（2003 年）、《突尼斯承诺》（2005 年）、《信息社会突尼斯议程》（2005 年）等文件，强调要利用信息与通信技术帮助包括老年人、残疾人在内的所有人享受信息社会的福祉。如，2005 年国际电信联盟（ITU）在信息社会世界高峰会议的《行动计划》中提出

① 蔡聪．我国实现残障人信息无障碍的挑战与新方向：以《残疾人权利公约》为视角［J］．人权，2018（2）：70-83.

② 中国信息无障碍发展报告［EB/OL］．2013-05-22. http://wza.people.com.cn/wza2013/article.php?tid=6&aid=544.

③ 信息无障碍［EB/OL］．2013-05-20. http://wza.people.com.cn/wza2013/info.php.

要鼓励设计和推出信息通信技术设备和服务，使包括老年人、残疾人、儿童和其他处境不利群体和弱势群体在内的所有人，都能以可以承受的价格方便地使用这些设备和服务。①

联合国先后发布了《世界人权宣言》《残疾人机会均等标准规则》和《残疾人权利公约》(以下简称《公约》)，分别提到了平等享受信息的权利。《公约》于2006年12月在联合国大会通过，共50项条款，核心在于保障残障群体享有与健全人同等的权利，涵盖了无障碍、生命权、平等、司法保护、自由和人身安全、隐私、教育、健康、就业等各方面权利的说明和保障。目前，有146个签字国和90个缔约国批准了该公约。②2015年，联合国可持续发展首脑会议提出建设包容发展的城市，让所有人都有安全、包容、无障碍的绿色公共空间，城市信息无障碍服务成为全球行动。③

信息无障碍的立法工作，自20世纪90年代由世界发达国家开始尝试和探索，通过国际倡导和各国实践，信息无障碍逐渐由国际共识发展为全球行动。目前，全球范围内，中国、美国、日本、英国等132个国家和地区制定了有关残障群体的法律。④通过分析各国信息无障碍相关的主要立法文件，各国的立法实践主要呈现以下特征：

(一)时代性

不同时代，立法的主要内容和权利主张都有鲜明的时代特征，经历了从基本的反歧视、生存、就业与生活，到公共服务、交通、通信设备，再到网络技术和信息服务的发展过程，保持了与时代政治、经济和社会发展状况相一致的步调。如1964年美国通过《民权法案》、1970年日本设立《残障人士基本法》、1995年英国制定《残疾人反歧视法》，都从就业、生活等基本权利对残疾群体实施保障。这其中，影响力最为广泛的是1974年美国通过的《康

① 中国通信研究院，深圳市信息无障碍研究会．中国无障碍发展白皮书(2019年)[R/OL]．2019-07. http://www.siaa.org.cn/knowledge.

② 代红，徐洋，张群，赵菁华．国内外信息无障碍法律法规及标准研究[J]．建设科技，2019(13)：37-39+53.

③ 经渊，郑建明．协同理念下的城镇信息无障碍服务模式研究[J]．图书馆杂志，2017，36(5)：16-23+40.

④ 代红，徐洋，张群，赵菁华．国内外信息无障碍法律法规及标准研究[J]．建设科技，2019(13)：37-39+53.

复法案》，其第508节（即著名的“508法案”）因规定联邦政府和地方办公室必须使用无障碍电子信息技术与产品而在全球获得广泛关注和影响。此后，一些国家在政府信息公开、政府服务方面制定信息无障碍的相关政策法规，如澳大利亚政府信息管理办公室出台《Web出版导引——无障碍化》，致力于无障碍政府服务；英国颁布《商品、设备、服务无障碍的权利：实施纲要》对网站无障碍建设做出规定；日本政府也要求政府网站招标时要明确信息无障碍的要求。

（二）动态性

动态性与时代性紧密相关，随着各国社会发展，立法内容逐渐通过新增立法或修订原有法律法规来主张障碍群体的新的权利，同时，依据各国立法动向，发现各国信息无障碍的相关立法基本契合国际信息与通信传播技术的发展方向和基本趋势。如，1996年美国颁布电信法案Section 255，要求提升电话无障碍服务能力，网站的信息无障碍建设应采用W3C规范。另外，2006年和2017年美国又分别对“508法案”再次修订，进一步明确联邦机构所采用的信息和通信技术都不能对残障人士形成障碍并且是可利用的[①]。再如，2001年日本发布的《Re-Japan 2002》信息社会建设规划中，规定为障碍群体建设信息无障碍环境。同时也有相关政策发布，要求政府机构网站、官方报纸网站可以被视障人群访问；为封闭字幕、叙述性描述、手语等研究提供财政补贴等。2004年日本标准化协会制定《日本工业标准JIS X 8341-3》，引入万维网联盟《Web内容可访问性指南（WCAG）》内容，针对网站内容的无障碍建设，确保障碍群体可以使用信息通信设备、相关应用与服务，并于2010年根据WCAG2.0版本的变动，做了相应调整。以上都充分反映了国际信息无障碍相关立法实践的动态性。

（三）协同性与本土化

协同性体现为各国基本遵照信息无障碍立法，基本遵照联合国倡议和国际基本原则的总体框架，对信息无障碍全球达成的共识基本认可并采纳，同时各国又结合本国的基本国情、社会发展、民生重点等情况，做了本土化的立法创新。如，澳大利亚在网络信息服务方面的无障碍立法实践在国际上较具代表性，也是行动较早的国家之一，1992年颁布《禁止歧视残疾人法》，要

① 中国通信研究院，深圳市信息无障碍研究会．中国无障碍发展白皮书（2019年）[R/OL]．2019-07.http://www.siaa.org.cn/knowledge.

求网络的全部信息和服务无障碍化。2002年澳大利亚人权和平等机会委员会发布《万维网无障碍：DDA咨询笔记》，其中包含信息无障碍设计的法律依据和技术背景等内容。此外，澳大利亚最具本土特色的是对障碍群体教育权利的主张，在全球立法实践中极具代表性。2005年澳大利亚联邦政府制定《残障者教育标准》，保障残障人群接受教育的平等权利。澳大利亚国家数字学习资源网络针对信息无障碍发布《内容开发无障碍规范》，提出对障碍群体（教师和学生）提供易于访问的、可用性强的数字内容。此外，澳大利亚大学联盟在大学教育的无障碍工作推进方面具有代表性，其将"无障碍"原则放在澳大利亚大学教育八项基本原则的首位。[①] 再如，韩国结合自身科技发展优势和老龄化国情，在《信息法》中提出要保障残疾人、老年人平等访问利用信息的权利。2002年《韩国数字设备法》要求保障残障人士和老年人都能利用信息与通信技术的服务；2015年修订了无障碍收听广播条例。欧盟2015年提出《欧盟无障碍法案》，对计算机、银行自助服务终端、通信用户终端、视听服务终端等技术产品和服务提出协调一致的无障碍要求，督促成员国在各方面保障残障群体和老年人的信息获取权利。

在国际信息无障碍技术标准或相关规范方面，1997年2月国际万维网联盟为了提升网络的无障碍性，成立了网络无障碍推动小组，并制定或研发了一系列的关于网络无障碍的标准、规范、检测表、无障碍的技术等，这些技术标准并不具有强制性，但对世界各国信息无障碍立法、标准制定、网络建设等都产生了广泛影响。[②] 万维网联盟是Web技术领域最具权威的国际技术标准机构，如创造被广泛采用的超文本标记语言HTML、可扩展标记语言XML。同时，其也是较早开始进行信息无障碍标准研究与制定的组织之一，目前该组织发布的在全球具有影响力的设计网页无障碍访问的技术标准有《Web内容可访问性指南（WCAG）》（1997年WCAG1.0版本、2008年WCAG2.0版本）、《开发工具可访问性指南（ATAG）》和《用户代理可访问性指南（UAAG）》。

除万维网联盟之外，在国际上较具代表性和影响力的标准制定机构还有：国际标准化组织（ISO），其下属国际标准化组织和国际电工委员会第一联合技术委员会（ISO/IEC JTC 1）发布了《信息技术——针对老年人和残疾人的

① 胡穆．推动信息无障碍美日英澳四国各施所长［N］．人民邮电，2019-05-17：21.

② 信息无障碍［EB/OL］．（2013-05-20）．［2020-06-09］．http://wza.people.com.cn/wza2013/info.php.

办公设备无障碍指南》(ISO / IEC 10779:2008)、《信息技术用户界面可访问性》(ISO/IEC 29138)、《信息技术用户界面组件可访问性》(ISO/IEC TS 20071)、《信息技术与辅助技术(AT)的互操作性》(ISO/IEC 13066)。其下属人类工效学技术委员会(ISO/TC 159)发布了《人机交互的人机工程学——第 20 部分:信息/通信技术(ICT)设备和服务的无障碍指南》(ISO 9241—20:2008)、《人机交互的人机工程学——第 171 部分:软件可访问性指南》(ISO 9241—171:2008)。此外还有国际电信联盟(ITU),ITU—T 负责通信技术的无障碍研究规范的制定,涵盖电信管理与服务、电信发展政策与策略、多媒体系统及应用等,2007 年 ITU—T 发布了《ITU—T F.790 老年人和残障人士的电信接入能力指南》等标准。

二、文化公平和文化可及:从信息无障碍到无障碍文化

(一)信息无障碍的文化缺口

在数字信息时代,90% 的信息获取来自互联网(包括 PC 端互联网和移动互联网),互联网已经成为社会个体获取信息的主要来源。[①] 通过互联网、智能媒体获取信息已经成为满足大众人际沟通、知识获得、生活与生存需要的基本手段之一,信息平权已经成为社会公平的重要组成部分,其包括任何人都能平等地获取、存储、使用、传播同等意义上的信息。因此,推进信息无障碍建设是实现信息平权的重要环节。信息获取障碍将导致信息鸿沟、文化鸿沟和贫富差距,通过信息无障碍建设、无障碍文化信息传播将有效帮助障碍群体融入主流政治、经济、社会和文化体系,是值得全社会普遍关注的重要问题。中国残疾人联合会副主席、中国盲人协会名誉主席李志军认为:科技发展日新月异,障碍群体的互联网需求呈爆发式增长。中国盲人协会常务副主席李庆忠也认为:以互联网为基础的现代信息技术深刻地改变了人类的生产和生活方式,做好信息无障碍建设工作,避免障碍群体被信息社会边缘化,显著提升他们的社会参与水平和生活质量,这对于实现全面小康目标有重大意义。[②]

信息无障碍的建设可以帮助障碍群体丰富生存手段、提供融入社会的端

① 中国互联网协会 . 互联网公益日:构建包容性信息社会,人人共享信息文明[EB/OL].(2020-05-24).[2020-06-08]. https://www.isc.org.cn/zxzx/ywsd/listinfo-37563.html.

② 中国残联副主席李志军出席科技无障碍大会,呼吁用科技降低残障造成的不便[EB/OL]. 2018-04-02. http://www.xinhuanet.com//gongyi/2018-04/02/c_129842377.htm.

口，提升生活技能，改善生活质量。但随着基础生存和生活的改善，精神与文化需求也应当得到进一步的满足，产品应该更加丰富与多元。这也是从信息无障碍到无障碍文化传播的总体趋势。由此，本书此前所讨论的信息无障碍，其实包括三个方面：第一个是信息技术、设备、装置、传输网络、产品和服务的无障碍化建设；第二个是信息技术在建筑、公共空间、交通等环境中的信息引导和辅助作用，这两个方面是技术视角；而第三个方面则从人文角度理解，高速发展的数字化信息与通信技术如何助推无障碍文化的信息传播，更应该是解决当今障碍群体精神文化需求及相关问题的重点和难点。这也是在今天智能传播时代，对信息无障碍建设的一个新的理解、延伸和期待。社会发展对信息无障碍、无障碍文化信息传播从不了解、不知道逐渐发展为关注和聚焦，信息无障碍建设和无障碍文化信息传播开始获得国家、社会、企业、大众的广泛认识并付诸现实行动。

联合国《残疾人权利公约》在无障碍方面的表述，其实已经涉及信息无障碍和无障碍文化信息传播的相关内容：1. 无障碍：缔约国应当采取适当措施，确保残疾人在与其他人平等的基础上，利用信息和通信，包括信息和通信技术和系统，以及电子服务和应急服务；2. 获得信息的机会：以无障碍模式和适合不同类别残疾的技术，及时向残疾人提供公共信息；鼓励包括因特网信息提供商在内的大众媒体向残疾人提供无障碍服务；3. 文化生活：获得以无障碍模式提供的文化材料；获得以无障碍模式提供的电视节目、电影、戏剧和其他文化活动。

腾讯与信息无障碍研究会联合发布的《2018 视障网民移动资讯行为洞察报告》显示，76% 的视障网民使用移动资讯 APP 的主要诉求是增长知识，了解社会热点。在内容方面，主要关注能提升自身能力和知识的网络内容。视障用户获取移动资讯的主要渠道分别为新闻类客户端、微信（公众号、好友分享）、朋友圈和微博等。新闻类客户端主要集中于腾讯新闻、今日头条、网易新闻、新浪新闻。但在被调查的视障用户中，对新闻客户端产品表示满意的占比仅为 49%，满意度较差，其中有 83% 的用户认为影响体验和满意度最主要的因素是操作不方便。除功能和使用体验外，优质、深度、知识型内容仍然是视障用户阅读资讯的核心诉求。[①]

① 腾讯网产品研发中心，酷鹅用户研究院，信息无障碍研究会 . 2018 视障网民移动资讯行为洞察报告［EB/OL］. 2018-04-02. http://www.199it.com/archives/705825.html.

（二）无障碍文化信息传播：提升和丰富障碍群体文化权利

目前，针对残疾人的文化服务已经纳入到我国国家公共文化服务体系。据统计，全国各级广播电视台共计开设电视手语栏目 295 个、专题广播 223 个，省、市、县级公共图书馆设计盲文和盲文有声读物阅览室 1124 个，[①] 全国各类残疾人艺术团体达到 281 个，残疾人文化艺术从业人员近 30 万名，[②] 文化扶贫、文化助残等相关政策、法律法规、国家与社会倡议行动为我国残障人群提供了丰富的精神文化生活。但这与我国规模庞大的障碍群体相比，所提供的精神文化产品与服务还远远不够。提供文化教育信息是城市服务的基础内容，有学者发现，在此过程中已出现强者愈强、弱者愈弱的两极分化现象，信息消费能力强的居民不断接触到越来越丰富和高质量的文化信息，而这种信息消费又通过提升其信息能力对其信息消费形成了正向刺激，但弱势群体可能连数字阅读都未曾接触。[③] 数字化信息与通信技术的升级换代是指数级的，信息无障碍、无障碍文化信息传播还处于探索、尝试阶段，供不应求是相关障碍群体信息服务、文化服务的总体特征。

全国政协委员、中华全国青年联合会副主席、中国残疾人艺术团团长邰丽华认为，残疾人无障碍，应当不仅仅是硬件设施上的无障碍，这只是基础、是帮助残障人群迈向社会的第一步，同时应当重视残疾人参与社会活动的渴求心理，要让无障碍建设扎根于思想，为残障群体提供文化滋养和服务。[④]2019 年全国两会期间，全国人大代表、中国残疾人联合会副主席吕世明呼吁："除了将硬件上看得见的'障碍'消除，无障碍环境建设还需从观念培育、意识自觉、文化传播等'软处'落脚，让无障碍走向'无障爱'。"[⑤]

例如在电影的无障碍文化传播方面，我国电影产业近年来飞速发展，全

---

① 李东晓，熊梦琪．新中国信息无障碍 70 年：理念、实践与变迁［J］．浙江学刊，2019（5）：14-23.

② 改革开放 40 年中国人权事业的发展进步［R/OL］．2018-12-12. http://www.xinhuanet.com/politics/2018-12/12/c_1123841017.htm.

③ 经渊，郑建明．协同理念下的城镇信息无障碍服务模式研究［J］．图书馆杂志，2017，36（5）：16-23+40.

④ 邰丽华：残障人士需要无障碍文化［EB/OL］．2016-03-10. http://www.chinawriter.com.cn/news/2016/2016-03-10/267252.html.

⑤ 全国人大代表吕世明：让无障碍环境不再"障碍重重"［EB/OL］．2019-03-14. https://www.sohu.com/a/301267979_123753?_f=index_pagerecom_15.

国电影院线银幕总数跃居全球第一，[①]但障碍群体的影视内容消费，甚至是精神与文化生活却未能与社会文化发展同步。赵希婧的一项实证研究显示，61.8% 的视障青少年半年或一年才能接触一次电影，同时 49.5% 的视障青少年表示仅凭电影原声，无法真正理解电影内容。而接触过无障碍电影的受访者更容易体会到电影所带来的精神文化满足。视障青少年群体认为故事明了、线索简单、贴近生活的影片更容易听懂和引起共鸣。[②]

因此，通过无障碍文化建设，以及相关无障碍方式、方法、标准的尝试与探索，对满足障碍群体精神文化需求、营造无障碍文化信息传播环境、实现社会公平具有重要意义。这一方面需要从更广义的视角理解信息无障碍理念，从基础性的无障碍设施到互联网产品与技术无障碍，再到无障碍文化信息传播，这是对信息无障碍的认知与社会共识的强化与加深，以及对无障碍建设与服务供给的现实矛盾和需求的准确把握。高晓虹等认为，无障碍文化信息传播，一方面需要结合新兴技术，面向视障人群研发以智能系统为核心的网络化公共服务平台，将智能语音技术充分与智能终端结合，使视障群体无须打字也不用选取，就可以使用无障碍视听产品；另一方面，从无障碍视听产品切入，探索生产与传播规律，推动无障碍文化信息传播相关技术标准的制定并走向成熟。[③]

另一方面，需要政府部门、社会组织、文化企事业单位的从业者具备更高的信息无障碍、无障碍文化信息传播素养，在文化作品创作、影视内容策划、生产与传播过程中，以更广泛的用户和消费群体的视角，将无障碍理念贯穿于文化产品之中，不断丰富障碍群体的精神文化生活。无障碍影视是一种特殊的服务性文化载体，是公共文化服务的重要组成部分，是有利于推动障碍群体信息平等和文化平权的社会行动。同时，在相关项目的国际经验中发现，无障碍影视发展基本遵循“协会倡导、政法立法”的模式，即各国相关视障或盲人协会提出倡议与社会行动，推进政府在版权、障碍群体权利保

---

① 中国电影院线银幕总数跃居世界第一［EB/OL］. 2019-07-25. https://baijiahao.baidu.com/s?id=1640075673143362668&wfr=spider&for=pc.

② 赵希婧 . 用聆听感知艺术：无障碍电影的使用与满足——基于 187 名视障青少年的实证研究［J］. 中国新闻传播研究，2019（2）：183-193.

③ 高晓虹，陈欣钢 . 光明影院：无障碍视听传播的研究与实践［J］. 中国编辑，2019（3）：4-7+25.

护方面添加例外限制和强制的时限要求，而在法律强制性方面，我国还存在待深度推进的空间，如按照公益性、基本性、均等性和便利性要求，在版权、时限、使用等方面的强制性立法，以保证障碍人群享受合理的公共文化资源配置和公共文化服务的权利。相关研究指出，无障碍电影的发展成为中国文化助残的新起点，是未来中国无障碍文化信息传播的新方向，这也推动了无障碍文化传播实现从无到有，从小规模到影院、电影节等公共文化空间的迁移，从不为人知到社会广泛宣传、大众积极参与的重要转变。其社会倡导与推广行动扎根于中国本土的社会、技术与文化背景，展现出具有中国智慧的文化平权运动和社会实践。①

第二节　无障碍文化信息传播的素养提升

一、无障碍文化信息传播素养现状与困境

（一）无障碍文化信息传播与数字鸿沟

数字鸿沟是对知沟理论的发展，在近二三十年的时间里被较多地提及和探讨。主要关注由于经济、社会地位不同而在信息获取、知识获取等方面存在差距的问题，即信息技术富有者与贫困者之间存在的不平等问题和信息资源占有与知识水平的两极分化现象。②数字鸿沟由三个依次递进的层面构成：第一层是由技术设备占有和网络接入的差异形成的“接入沟”；第二层是由信息技术的使用、技能、服务和可获得的社会支持的差异形成的“使用沟”；第三层是由知识获取、学习表现、个人能力提升等方面的信息落差和知识区

① 吴炜华，等．无障碍影视的新时代图谱：类型趋势、研究路径与中国模式［J］．中国新闻传播研究．2020（1）：11-18.

② 李晓静．数字鸿沟的新变：多元使用、内在动机与数字技能——基于豫沪学龄儿童的田野调查［J］．现代传播（中国传媒大学学报），2019，41（8）：12-19.

隔所形成的"知识沟"。随着智能设备、移动通信网络的广泛覆盖和普及，障碍群体在设备占有率、网络服务覆盖率方面与正常群体的差距已逐渐缩小，目前数字鸿沟主要存在于智能设备使用、网络技能、网络产品与服务使用的多样性等方面，以及由此导致的"知识沟"差距是潜在的风险和巨大的障碍因素，因为这将深度影响障碍群体在信息获得、技能提升、求职就业、交通旅行、文化接触等方面权利的保障问题。三个层级的数字鸿沟，越在后面的"数字鸿沟"所形成的差异越大，这种现象应当引起国家和社会组织的警惕和重视，有必要通过信息无障碍、无障碍文化信息传播等有效手段弥补或缩小日益拉大的"使用沟"和"知识沟"。

智能设备、读屏技术、图片文字识别技术等开发和普及之后，仅解决了一部分的"接入沟"问题，而在实际使用中，如果企业端的网页、客户端产品缺乏信息无障碍设计，这些信息无障碍工具是无法有效工作并实现帮助障碍群体解决信息接触和文化接收等问题的，比如在产品和程序开发阶段，并没有考虑到信息无障碍、无障碍文化信息传播的设计，读屏软件会面临对页面或客户端的图片、按钮、标签无法识别和朗读的难题，音视频缺乏有效的无障碍字幕、手语提示等，"使用沟"和"知识沟"问题依然存在。虽然我们看到在这方面，国内诸多组织和企业在不懈地努力，至2019年底我国国内已经有超过40家互联网公司设立了专门负责产品信息无障碍的部门，[①] 但在消解"使用沟""知识沟"方面所带来的差异依然任务艰巨。

另外一个需要特别关注的问题是信息时代障碍群体的"心理健康"和"网络暴力"问题。联合国《残疾人权利公约》明确提出应当采取一切适当的立法、行政、社会、教育和其他措施，保护残疾人在家庭内外免遭一切形式的剥削、暴力和凌虐，并确保向残疾人及其家属和照护人提供考虑到性别和年龄的适当协助和支助，包括提供信息和教育，说明如何避免、识别和报告剥削、暴力和凌虐事件。从技术角度看，无论是"接入沟""使用沟"还是"知识沟"，只要加大技术、资金、人力投入，数字鸿沟问题都可以找到有效的解决方案，但在数字鸿沟中所形成的潜在的、不显露的障碍群体心理问题需要特别关注。由于技术、服务使用差异，知识、技能、就业、学习深造等方面产生的障碍群

① 推动信息无障碍"互联网盲道"建设有了国标[EB/OL].2020-02-28. https://baijiahao.baidu.com/s?id=1659742844526244872&wfr=spider&for=pc.

体自我认同问题、社会融入问题、心理障碍、人际关系问题，尤其是网络空间潜在或已存在的对障碍群体的网络暴力、网络霸凌等问题，需要在信息无障碍、无障碍文化信息传播建设的同期进行及时关注和有效干预。

（二）无障碍文化信息传播素养的基本现状与困境

在党和国家的高度重视、国家有关主管部门推动下，我国信息无障碍、无障碍文化建设取得积极进展，相关法规、政策、标准出台并实施，全社会一起推进无障碍信息和文化建设，让数字化红利惠及每个人。大部分国家级、省级政府网站和提供重要生活服务的互联网企业网站、客户端等进行了无障碍建设，为障碍群体获取网络信息、互联网产品和服务提供了便利，也使障碍群体更加顺畅地融入信息社会。2008 年以来，我国已建成全国统一的残疾人人口基础数据库，中国盲人数字图书馆累计访问量达到 300 万人次，中国残疾人服务平台等公共服务门户，已为 3000 多万持证残疾人提供精准化、个性化服务。① 目前，我国有 500 多个县、区以上人民政府完成了对政务信息无障碍服务的优化、改造和升级。有数据显示，我国国内无障碍政务网站数量达到 3 万多个。② 深圳市信息无障碍研究会通过与多家互联网企业、设备制造商、物流企业、金融企业等合作，建立信息无障碍产品联盟，对百余种信息产品进行无障碍优化，推动了超过 79 万特殊人群可以线上购物，300 万特殊人士在线社交，400 万特殊人士使用移动支付，数百万视障者通过百度检索所需资料。此外，手机 QQ 的无障碍 AI 技术使用量超过 1.6 亿次，手机淘宝“读光 OCR”在“双十二”期间日均调用 1 亿次。③

人类获取信息总量中，83% 来自视觉，10% 以上来自听觉。④ 有学者指出，数字化信息与通信技术的快速发展，为障碍群体的信息接入、媒介使用、文化融入提供了前所未有的便利，在 5G、人工智能等大范围普及和应用的信息

① 江南．互联网信息无障碍领域首个国标实施，视障人群打开新“视”界［N］．人民日报．2020-03-02：12.

② 2020 年全球无障碍日，中国信息无障碍重大进展发布［EB/OL］．2020-05-21. http://www.cnwza.cn/zxd/a/zuixinzixun/2020/0521/137.html.

③ 人民日报开春要闻版：信息无障碍工作建设取得显著成效［EB/OL］．2020-01-08. http://finance.ifeng.com/c/7t3tmIW2I6S.

④ 江南．互联网信息无障碍领域首个国标实施，视障人群打开新“视”界［N］．人民日报．2020-03-02：12.

传播环境中，智能手机在提升障碍群体生活质量方面将拥有广阔空间，这也将颠覆障碍群体在以往社会中通过传统媒体、人际互动所形成的自我认知、身份认同、社会文化参与和社会融入。但同时，在一种技术中心的推进路径下，利用或改进技术，弥合数字化设备使用、信息获取以及日常生活之中的不同使用障碍，极易遮蔽其中关系、心理、文化等社会性因素，技术可及并不意味着传播通畅。对于视障人群，在一项调查中显示，90% 的视障群体认为日常生活已经不可避免地要融入互联网，对于互联网相关应用与服务的需求正逐年攀升。但在实际使用中，存在两种使用与满足状况，第一种是信息无障碍建设情况较好的网络应用，视障人群的使用需求被较好地满足，比如 QQ、微信这一类普及较广的社交软件，在视障群体中的使用需求达到 99%，且障碍群体的诸多诉求能够被较好地实现；第二种则是信息无障碍建设情况较差，不能满足视障群体的使用需求，如视障群体对在线学习、旅行和求职等网络应用的需求率达到 70%，但实际使用率仅为 24%，说明这一类应用缺乏较好的信息无障碍设计，不能使视障群体较为顺畅地使用相关功能并实现诉求。[①] 尤其对于数字化信息环境中的无障碍文化传播也存在这样的困境，秦瑜明等在研究中发现融媒体环境下无障碍内容的社会供给较传统媒体时代并无显著增长，障碍群体的精神文化生活依旧较为单一。[②]

受到技术、时间、人力、成本投入的影响，许多中小型互联网企业的产品和服务很少会考虑到障碍群体的用户体验。深圳市信息无障碍研究会视障工程师王孟琦认为：技术问题是一方面，而另一方面是人的意识问题，在缺乏利益驱动点时，许多企业不会考虑无障碍的设计和开发，所以，“障碍和无障碍差的不是一行代码、一个字符，而是一个理念”。[③] 否则，随着数字化、智能化信息与通信技术的加速发展，“数字鸿沟”只能越来越大。所以，企业主管、产品设计师、开发工程师等人员亟须提升无障碍传播素养。从中国盲文出版社信息无障碍中心主任何川的经验来看，大多数互联网企业非常友

① 左雨晴．“互联网盲道”：任重而道远的信息无障碍建设［J］．新产经，2020（4）：81.

② 秦瑜明，宋君仪．颠覆与重塑：融媒体环境下视障群体的媒介接触［J］．中国新闻传播研究．2020（1）．

③ 信息无障碍之路还有多远［EB/OL］. 2019-12-03. http://it.people.com.cn/n1/2019/1203/c1009-31486466.html.

好，也愿意帮助障碍群体对产品进行无障碍优化。但这样每一家企业逐一去沟通，是一种反推逻辑，效率远达不到全面信息无障碍建设的目标。从根本上，需要从产品设计的顶层、开发端口就做好信息无障碍的规划，这就需要企业相关人员具备无障碍传播素养，才能使问题从底层得到解决。

这个问题面临四个实际困难：第一是意识与觉悟问题，许多企业和研发人员认为信息无障碍是产品的加分项，而不是必选项，是一个可做可不做的慈善项目。第二是无障碍素养教育问题，国家信息无障碍公共服务平台副主任黄畅提到：一些人还存在认识误区，认为信息无障碍只为视障者服务，这种概念认知是狭隘的，信息无障碍的服务对象是所有人。此外，高等教育中无障碍课程的缺失，也使设计、研发、工程等相关从业者缺乏信息无障碍的基本素养。第三是专门人才紧缺，高校人才培养环节缺乏信息无障碍课程的设置，相关人才培养缺乏系统性培养方案，使企事业从业人员无法掌握障碍群体的思维方式、使用习惯等规律性常识，因而在相关产品设计、推广和运营中，是缺乏信息无障碍基础和经验支撑的。第四，国际化风险，若我国相关企业的设备或信息服务产品缺乏信息无障碍的配置，在进入信息无障碍法律和建设较为发达的国家时，将面临可能的法律和贸易纠纷的风险。

二、无障碍文化信息传播素养提升

（一）无障碍文化信息传播素养提升的积极效果

通过党和国家对信息无障碍建设的高度重视，相关立法、技术标准的发布与实施，以及社会行动的倡议和实践行动，我国信息无障碍、无障碍文化信息传播素养得到了一定程度的提升，并在具体产品研发、影视内容制作、文化产品发布与传播方面取得了一些积极的社会效果。越来越多的政府单位、社会机构、企业加入到信息无障碍的建设当中，同时伴随人工智能、大数据、物联网、云计算等数字化信息与通信技术的发展及创新应用，教育、金融、医疗、交通、公共服务的信息无障碍建设和服务水平得到质的提升与改善，大幅提升了特殊群体的生活质量与幸福感。如信息无障碍研究会与腾讯联合成立“AI 手语识别”项目并在深圳市人民医院落地推出 AI 手语翻译机；与阿里云推出无障碍物联网智慧养老系统，辅助解决独居老人的生活照料问题；与钉钉发起“智能办公硬件无障碍联盟”“全国盲校智能无障碍公益行动”，利用前沿数字科技和产品研发创新，为障碍群体的数字信息与精神文化消费提供更多的路径和解决方案。①

作为国内首批支持信息无障碍的移动应用，手机 QQ 在 2013 年 6 月已开始启动无障碍优化，QQ 表情读取、安全支付、声纹加好友、OCR 图片文字识别获得障碍群体的认可和好评，如今，手机 QQ 已经实现 2425 个无障碍特性。QQ 技术负责人黄俊洪表示，手机 QQ 团队没有专门设置无障碍功能研发团队，信息无障碍的理念是贯穿在整个产品研发、测试和验收等各阶段的，这不是慈善事业，是社会公平的体现。② 滴滴出行 2015 年起对滴滴 APP 进行信息无障碍的升级和优化，以使客户端产品能够与读屏软件兼容使用，满足障碍群体自由出行的需求。除了对产品、技术本身的升级改造外，滴滴还通过升级服务、设置专项服务项目来改善障碍群体的出行难题，如推出“无障碍专车”、专车无障碍改造、导盲犬上车等服务，提升障碍群体的出行体验。③ 中国盲文出版社利用科大讯飞语音技术，研发“阳光听书郎”阅读终端，突破以往卡顿式、逐字阅读，这款移动应用可以将电子书用流畅的真人语音效果朗读，大幅提升了视障群体的听书体验。此外，2015 年，科大讯飞还推出了针对特殊教育群体的智能会议系统——讯飞听见智慧语音课堂，该系统可以将老师的授课内容转换成文字，呈现在屏幕上，提升了障碍群体的学习效率和课题互动效率。④

2020 年 5 月 21 日全球无障碍宣传日，字节跳动、《光明日报》、信息无障碍产品联盟发起“你身边的无障碍”话题，向社会推广和普及无障碍理念与意识，呼吁社会广泛关注无障碍环境的建设。早在 2018 年，今日头条就发布了信息无障碍版本。视障群体可以通过读屏功能，根据语音提示使用 APP。2019 年 5 月，抖音无障碍版本上线，视障用户也可以正常使用抖音 APP。

① 人民日报开春要闻版：信息无障碍工作建设取得显著成效 [EB/OL]. 2020-01-08. http://finance.ifeng.com/c/7t3tmlW2I6S.

② 信息无障碍之路还有多远 [EB/OL]. 2019-12-03. http://it.people.com.cn/n1/2019/1203/c1009-31486466.html.

③ 郑功成. 残疾人事业蓝皮书：中国残疾人事业研究报告（2019）[M]. 北京：社会科学文献出版社，2020：201.

④ 郑功成. 残疾人事业蓝皮书：中国残疾人事业研究报告（2019）[M]. 北京：社会科学文献出版社，2020：202.

字节跳动还组织员工与视障工程师深度交流，体验无障碍操作，以此实现对产品设计与开发人员信息无障碍素养的培养，以帮助其未来产品和服务无障碍功能的设计、优化和提升。字节跳动也希望通过自身的信息无障碍建设工作，缩小信息时代的数字鸿沟，让科技的温暖和便利惠及每一个人。[①]

上述这些积极实践，反映了企业和社会无障碍文化信息传播素养的提升，通过网络和智能设备的接入和这些网络信息与文化服务产品的推陈出新，为障碍群体打开了新的认知世界，增强了障碍群体在信息阅听、人际交互、文化交流等方面的获得感和满足感。

（二）无障碍文化信息传播素养的提升路径

2013年起，中国互联网协会启动“美丽中国——中国（政务）信息无障碍公益行动”，7年来，已完成500个政务信息无障碍服务平台建设，为3.2万个政府网站和公共服务网站提供了无障碍服务，“中国政务信息无障碍服务体系”已成为世界互联网信息无障碍服务的重大成果，我国拥有政府网站8.5万个、事业单位网站46.4万个，[②] 国内的信息无障碍和无障碍文化信息传播的任务依然艰巨。上文也提到了信息无障碍和无障碍文化信息传播存在的四点现实困境。针对这些问题，可以尝试从以下几个方面探索提升政府相关部门、社会组织、企业和社会个体的无障碍素养：

1. 加强政策的顶层设计和约束力度

从信息无障碍到无障碍文化信息传播，相关的政策法律相继推出，但总体偏向引导、建议和指导，约束力和强制性还需要进一步加强。李东晓、熊梦琪在研究中发现，我国信息无障碍相关政策法规按照强制性效力由高到低呈现金字塔形特征，在600份相关文件中，强制性法律占比5%、行政性法规占比14%、非立法性的行政文件占比79%。[③]

2. 高校需要加大相关专门人才的培养力度

高校需要重视人才无障碍素养的培养，调整相关专业的课程设置和人才

---

① 全球无障碍宣传日，今日头条发起话题呼吁关注身边无障碍［EB/OL］. 2020-05-21. http://www.xinhuanet.com/tech/2020-05/21/c_1126014107.htm.

② 中国互联网协会 . 信息无障碍建设概览［EB/OL］. 2020-05-21. https://www.isc.org.cn/zxzx/xhdt/listinfo-37538.html.

③ 李东晓，熊梦琪 . 新中国信息无障碍70年：理念、实践与变迁［J］. 浙江学刊，2019（5）：14-23.

培养方式，这方面在近几年出现了一个经典案例——由中国传媒大学师生组织和参与的“光明影院”项目，这是新闻传播教育、无障碍文化信息传播素养培育、媒介社会学观察、新时代思政课程教育相交叉的经典教学案例和无障碍文化信息传播的社会实践。

3. 强化社会宣传与科普

政府和宣传单位、媒体单位、社会公益组织等加大信息无障碍、无障碍文化在全社会的宣传力度和常识科普，培养全民无障碍素养。如 2018 年，中国盲人协会、中国聋人协会、中国互联网协会、中国信息通信研究院指导，信息无障碍研究会策划出品了我国首部信息无障碍理念宣传视频《拒绝失联》。再如，2020 年 5 月 17 日第 30 个全国助残日，中国传媒大学联合多家单位发起了大型直播活动“光明影院——把电影说给视障朋友听”，活动前期，相关活动信息、海报等通过朝阳区重要交通路段的大幅户外广告、户外大屏进行展示，歌华有线也通过有线电视、地铁、公交电视和户外大屏对活动进行了全方位宣传，[①] 全国 26 个省、市、自治区的残联、盲协、盲校等社会组织和机构对活动进行了协助推广，人民网、新华网、光明网、央视网、央视频、学习强国、北京云、长江云、新浪微博、澎湃新闻等网络媒体也对活动进行了同步直播。此外项目团队还在抖音平台发起了“光明我知道”话题，共有 75 位志愿者上传了近百个短视频，[②] 社会组织、媒体机构、社会个体的高效协同和参与为信息无障碍，尤其是无障碍文化、无障碍影视带来了一次广泛的社会科普。另外，公益主题日也是对无障碍理念和素养在全社会的一次有益的宣传。如，中国“互联网公益日”自 2005 年发起，不断通过业界研讨、高端论坛、企业合作等多种方式和行业活动，推进信息无障碍理念的普及和宣传，不断提升互联网企业的社会服务与责任意识，强化产品研发、设计、推广与运营过程中对信息无障碍及素养的认知与实践。2020 年 5 月 25 日中国互联网公益日的主题为“构建包容性信息社会，人人共享信息文明”，在数字化信息与通信技术高速发展的今天，这彰显出非凡的社会意义和人文关怀。身处数字化、

① 中传新闻传播学部 .“光明影院”标识首次外挂朝阳剧场，户外广告点亮公益爱心［EB/OL］. 2020-05-17. https://mp.weixin.qq.com/s/ZLvnV5cXWnpxIB9L1PUaRg.

② 中传新闻传播学部 . 直播圆满！“光明影院”——把电影说给视障朋友听［EB/OL］. 2020-05-17. https://mp.weixin.qq.com/s/cT07monDDFr_PoOX-5pITQ.

智能化信息环境，更应结合技术优势、网络优势和平台优势，以及政策的倡导与扶持，加大力度推动互联网信息无障碍的建设，提升障碍群体接入互联网、使用互联网产品与服务、获得知识与文化的便利性、易得性、可理解性和兼容性，以保证人人共享信息文明，保证信息时代社会和个体发展的公正与公平。

4. 建立完善、有效、通畅的监管机制

对相关社会设施、服务、产品、技术、影视和文化内容等加强监督、监管和动态监控，落实国家发布的信息无障碍技术标准，加快制定无障碍文化相关传播标准，强化政府、企业等社会组织和机构的信息无障碍、无障碍文化信息传播社会服务意识。[①] 如 2019 年 1 月起中国互联网协会对国家各部门，各省、市、县（区）人民政府及所属党政机关、公共事业单位约 13 万个网站，各民主党派、社会团体，各级各类公共企事业单位、新闻媒体、金融服务、电子商务等 10 万个重要公共服务网站无障碍建设情况及其服务效能进行检测。目前各季度检测报告已向社会发布，为指导各单位完善信息无障碍服务，加快网站信息无障碍建设提供指导和支持。[②]

5. 障碍群体数字素养的提升

障碍群体的数字素养提升，在信息化社会中也将起到关键作用。提升的途径可以选择软件界面语音引导、模拟操作、广播电视节目专题、网络专栏、短视频、线上 / 线下培训等方式进行。如 2019 年 6 月，北京市盲人服务中心在北京市朝阳区残联康复中心举办了“互联网 +”盲人手机应用线下培训班，涵盖了智能手机、社交软件、新闻客户端、网约车、在线订餐等产品或服务的使用与技巧。据悉，类似的线下现场培训，北京市残联已经在北京各地连续开展了 3 年。[③]

（三）智能化：无障碍文化信息传播的未来

在中国，信息无障碍从慈善、民间行动，到国家法律法规、政府工作报告中的“弱有所扶”“健全残疾人帮扶制度”的民生工程，成为缩小数字鸿沟、推动信息社会平权的重要事业。当前，我国信息无障碍建设呈现出三个

① 喻思南 . 我用耳朵“看”世界［N］. 人民日报，2020-01-02：7.

② 2020 年全球无障碍日，中国信息无障碍重大进展发布［EB/OL］. 2020-05-21. http://www.cnwza.cn/zxd/a/zuixinzixun/2020/0521/137.html.

③ 左雨晴 .“互联网盲道”：任重而道远的信息无障碍建设［J］. 新产经，2020（4）：81-83.

趋势：一是无障碍“信息”趋势，无论是软件配置、终端硬件，还是信息产品和服务，均呈现出无障碍的信息获得、交互和应用，障碍群体的参与信息流动的频率都有显著提升；二是无障碍“界面”建设趋势，这种“界面”并非狭隘的电脑、手机等终端的界面，而是障碍群体与环境设施的接触界面，许多公共设施、交通工具都大幅提升了这种界面的服务效能，如在传统无障碍规范的基础上，增加了传感器、智能语音、智能导航、GPS 位置服务、二维码等新媒体技术元件，拓展了传统无障碍界面的服务能力和效率；三是智能化无障碍，随着数字化信息与通信技术日新月异的发展，人工智能、大数据、物联网、云计算等尖端科技已经逐步融入信息无障碍的建设实践中，呈现出一种无障碍建设的智能化趋势（图 8-2-1）。各类人工智能产品将为不同的障碍群体提供信息获取、文化获得的有效工具和技术配备。在未来，有学者认为人工智能将赋能信息无障碍建设，并提出这将是针对所有人的信息无障碍、随时随地可获取和实用信息、一切人工智能即服务的三大趋势。①

图 8-2-1　信息无障碍与无障碍文化信息传播相关的智能技术词云

可以看出，新型ICT的有效应用，贴合了特殊群体的日常媒体接触习惯，拓展了传统信息和文化无障碍的传播手段和通道，使信息获得更高效的传播路径的同时，也提升了信息传递和影响力的效能，一定程度上消弭了“数字鸿沟”带来的信息接触和知识差异，推动信息无障碍的创新发展。

① 郭亚军，卢星宇，张瀚文 . 人工智能赋能信息无障碍：模式、问题与展望［J/OL］. 情报理论与实践 . http://kns.cnki.net/kcms/detail/11.1762.G3.20200331.1650.003.html.

第九章

中国信息无障碍创新发展案例精选及趋势分析

第一节　中国政务信息无障碍服务体系确立中国立场彰显世界视野

2020年是具有里程碑意义的一年，我国将全面建成小康社会，实现第一个百年奋斗目标，同时也是脱贫攻坚决战决胜之年。深入开展政务信息无障碍建设工作，是中国互联网助力科技扶贫、落实信息助残，促进弱势群体融入信息社会、保障所有人平等分享信息的重要举措。2013年中国互联网协会启动“美丽中国——中国政务信息无障碍公益行动”，通过网站互联、移动化接入、人机语音互动等智能化无障碍服务，帮助包括8500万残疾人、2.4亿老年人在内的近6亿信息获取有障碍的社会群体参与社会发展进程、共享社会发展成果。截至2019年，该行动共完成500个政务信息无障碍服务平台建设，为3万个政府网站提供无障碍服务。作为世界互联网普遍服务的重大成果，2017年，国际电信联盟授予“中国政务信息无障碍服务体系”信息社会世界峰会项目大奖。目前，该公益行动正在深入推进中，势必影响中国互联网信息无障碍环境良性发展，推动“互联网+”背景下国家治理体系和治理能力现代化建设。

一、信息无障碍概念：从残障人士到所有人

信息无障碍是从联合国决议中引申出的概念。2005年，国际电信联盟在信息社会世界高峰会议上提出了一个《行动计划》，提出要“鼓励设计和推出信息通信技术设备和服务，使包括老年人、残疾人、儿童和其他处境不利的群体和弱势群体在内的所有人，都能方便地并以可承受的价格使用这些设备和服务”。我国电信部门发布的文件对信息无障碍概念进行了明确定义：“信息无障碍是指无论健全人还是残疾人、无论年轻人还是老年人都能从信息技术中获益，任何人在任何情况下都能平等地、方便地获取信息、使用信

息。”随着信息技术的进步和跨领域无障碍建设工作的推进，从技术的角度看，信息无障碍还包含两方面的含义：一是信息领域自身技术、硬件设备/设施、软件服务的无障碍化；二是信息领域与建筑、交通等其他领域无障碍环境建设的融合。可见，信息无障碍这一概念，经过多年的发展被赋予了更广泛的定义：涉及人群，从残障人士、老年人等群体扩展至所有信息获取有障碍人群；所涉领域，从信息技术的无障碍化拓展到更多领域的无障碍环境建设。

随着互联网正在成为社会发展的核心动力，“互联网+”“5G”“新基建”等新名词、新领域不断刷新人们对未来的想象，引领社会发展的新浪潮。然而，老年人、残障人士、文化程度低下人群等弱势人群仍存在信息接收障碍问题，使其不能有效获取公共服务信息，共享社会发展福祉。

为构建与完善政务信息无障碍交流环境、补足民生短板，在联合国教科文组织、国际电信联盟的支持下，在中央网信办、工业与信息化部、中国残疾人联合会、中国关心下一代工作委员会等国家相关主管部委的指导下，中国互联网协会于2013年启动建设“中国政务信息无障碍服务体系”。

近6亿信息获取障碍人群被“看到”，被信息技术照亮互联网之路。多渠道、多终端的一站式无障碍信息服务体系，不断与时俱进、开拓创新，紧跟互联网发展脉搏。从网页端到移动端，从简单获取信息到创造互联网价值，信息获取障碍人群有潜力成为我国互联网发展新的增长极。

二、政府主导搭建政务信息无障碍平台

在“互联网+政务服务”推动下，政府门户网站的重要性日益凸显。作为辖区内公众获取政务信息和公共服务的首要平台，开展网站的信息无障碍建设具有重要意义。因此，在我国政务信息无障碍服务体系的建设中，以中央人民政府为核心，各级人民政府为支撑，实现了各网站互联与信息互通共享，满足了各类障碍人群的一站式政务信息的无障碍需求。

截至2019年，中国政务信息无障碍服务体系共完成500个政务信息无障碍服务平台建设，为3万个政府网站提供无障碍服务。[①]

① 加快推动信息无障碍建设　共建文明交流环境——全国无障碍环境建设成果展示应用推广暨第十四届中国信息无障碍论坛在上海举行［J］. 互联网天地，2019（8）：20-22.

根据 2019 年第一季度《全国各省（市、区）政务信息无障碍建设情况综合报告》显示：“北京市人民政府网站（简称‘首都之窗’）凭借规范化建设、用户体验以及服务效能优势，在省级政府门户网站无障碍服务能力指数中拔得头筹，新疆维吾尔自治区、青海、海南、上海市、贵州等省级人民政府网站紧随其后。”在涉及各省县、区以上政府门户网站的无障碍建设方面，“上海市、县（区）各级人民政府门户网站无障碍建设比例达到了 100%，成为全国各省政府门户网站无障碍建设的领头羊”[①]。

以北京市人民政府网站为例，打开其网站，“无障碍”醒目地位列导航条。点击进入之后，浏览方式转换为无障碍模式，“声音开关”“语速”“阅读方式”“配色”“放大缩小”“大字幕”“读屏专用”等功能从左往右依次排列于屏幕的最上方。若将鼠标放置文字之上，便会自动开启读屏模式，语速可进行调节，还可选择连读模式。配色方面，网站提供了蓝色、白色、黑色三种配色模式。大字幕一栏，除了可以将文字内容调至网页下方成为字幕以外，还配置了拼音、简体、繁体等功能（图 9–1–1）。

图 9–1–1 北京市人民政府网站无障碍模式

网页内容较高的可感知性、可理解性、可操作性、健全性和通用性，使得北京市人民政府能为辖区内的视障人士、阅读能力低下人士、老年群体等

① 参见 http://wza.people.com.cn/wza2013/a/zhuanti/quanguogonggongfuwuwangzhanwuzhangaijian/.

社会群体提供质量较高的政务信息服务。

随着移动互联网时代的到来，政务信息的无障碍服务扩展到手机、平板电脑等移动端，在手机网站上提供网页缩放、背景色调节、语音播报等功能，另外也为各网站提供专门的无障碍 APP。

三、政府引领建设信息无障碍环境

“中国政务信息无障碍服务体系”是由政府主导参与构建，发挥了政府在信息无障碍中的倡导和带头作用，进一步推广信息无障碍概念，有助于全社会信息无障碍环境的建设。

（一）制定信息无障碍标准与政策

2008 年 3 月，工业与信息化部发布首个针对互联网公众服务制定的信息无障碍标准《信息无障碍—身体机能差异人群—网站设计无障碍技术要求》（YD/T 1761-2008），标准发布后，中国残疾人联合会建立了国内第一个标准化的信息无障碍示范网站。此后，在北京 2008 年奥运会、残奥会，2010 年上海世博会的官方网站建设中，皆启动了网站无障碍建设行动，普及了信息无障碍的概念，在国内外产生了广泛的社会影响。

2012 年，国务院在发布的《无障碍环境建设条例》中，明确提出开展互联网信息无障碍建设的要求。同年，工业与信息化部更新无障碍标准，为国家政策的推行提供技术依据。2013 年中国残疾人联合会要求各省级残联按工业与信息化部标准，全面开展网站信息无障碍建设。同年，一些地方政府和公共服务网站也开启了信息无障碍之路。在 2016 年颁布的《关于加强网站无障碍服务能力建设的指导意见》中，一方面要求各级人民开展门户网站的无障碍服务建设，另一方面积极引导各类公共企事业单位、新闻媒体、金融服务、电子商务等网站为信息障碍人群提供公务服务便利。

由于标准化建设普及度不高，一些网站建成后不能满足信息障碍人群的实际需求，造成了资源的浪费。而随着移动互联网时代的到来，信息无障碍的标准也做出了相应的调整。工业与信息化部于 2018 年 10 月，发布了《移动通信终端无障碍技术要求》标准，中国泰尔实验室对市场上各类产品进行检测，华为公司成为第一家获得无障碍移动通信终端产品检测合格证书的企业。①

（二）多方共建信息无障碍通道

各级人民政府、相关部门主导构建的信息无障碍环境，各方力量的鼎力支持，协作共建无障碍信息通道。

根据2019年腾讯QQ与信息无障碍研究会联合发布的《视障人士在线社交报告》显示，90%的视障人士认为互联网是生活中不可或缺的一部分，对各类软件的使用需求越来越大。目前，读屏软件已成为视障人群网上冲浪的最佳帮手，QQ、微信、微博等社交媒体也通过读屏软件融入了视障人群的日常生活。针对大多数读屏软件无法实现真正意义上的互动，京东公司从视障人群的读屏体验出发，优化升级京东APP，使得读屏软件可以更加准确地识别信息，帮助用户轻松完成线上购物。而在2019年“双十一”期间，阿里巴巴公司通过对淘宝APP的升级改造，让视障人群在购物的同时还能参与互动游戏、抢红包。截至2019年底，中国已有40余家互联网企业设立产品信息无障碍部门。②

科大讯飞公司积极推进语音和人工智能技术在信息无障碍中的应用研究，推出了“讯飞听见”“讯飞翻译机”等多款应用软件，解决在日常生活、办公会议、教育学习、文娱活动等场景中产生的信息障碍问题。

此外，OPPO公司通过用户调研、优化移动终端的无障碍应用，也加入到信息无障碍建设的公益活动中。

四、政务信息无障碍服务体系的不足与提升

（一）起步时间晚，需进一步推广普及。在西方发达国家，“信息无障碍”观念自20世纪90年代起便流行开来。在2003年至2005年举办的信息社会世界高峰会议上，“信息无障碍”被放在了国家通信战略、信息通信技术设备和服务中的重要地位。发达国家的多项信息无障碍措施突破简单的信息供应，为残障人士、老年人等提供继续工作、创造社会价值的便利。对比中国的发展状况，以政府为主导的政务信息无障碍服务体系，构建起了一个覆盖面较广、较为成熟的公共信息服务网络。但是由于起步时间晚，信息无障碍

① 中国信通院．中国信息无障碍发展白皮书（2019）[EB/OL]．http://www.caict.ac.cn/kxyj/qwfb/bps/201907/P020190726348126360272.pdf.

② 左雨晴．“互联网盲道”：任重而道远的信息无障碍建设[J]．新产经，2020（4）：81-83.

的观念社会普及度不高，还需进一步丰富政务信息无障碍服务的内容，提升信息障碍群体互动交流、使用信息的能力。

（二）与时俱进，顺应互联网发展新趋势。移动互联网、智能传播的迅速发展，对政务信息无障碍服务体系提出了更高的建设要求。目前，该系统是基于政府门户网站搭建起来的，主要依靠登录网页进行使用，无法满足信息障碍群体较为便捷获取服务的需求。因此，构建政务信息无障碍服务多平台服务体系，结合新时代互联网发展的新科技、新技术，提升系统建设质量，真正实现多渠道、一站式的政务信息服务体系非常有必要。

（三）提高信息障碍群体的媒介素养。信息障碍群体只有拥有较高的媒介素养，才能有效获取无障碍服务提供的信息。当然，媒介素养的培养并非一朝一夕可以达成。目前来看，一方面主管部门、社会公益团体可以组织相关培训，包括介绍该系统的基本功能与使用技巧；另一方面，利用新闻媒体机构大力宣传，也能起到普及信息无障碍观念与引导信息障碍群体关注公共信息服务的作用。

第二节　信息无障碍生活服务类应用全面开花，移动化文化信息服务造福残障人群

人类业已步入信息社会，信息无障碍较之设施无障碍具有同等重要的意义。[①] 随着移动互联网技术的发展，媒介化、移动化、智能化、社交化已成为互联网生活的主要特点。2019 年腾讯 QQ 与信息无障碍研究会联合发布的《视障人士在线社交报告》显示，90% 的视障人士认为他们的生活中需要互联网，而最高仅有 42% 的视障人士对当前互联网不同场景的信息无障碍程度感到满

① 李东晓，熊梦琪．“可及”之后：新媒体的无障碍传播研究与反思［J］．浙江学刊，2017（6）：199-206.

意或较为满意。[①] 可见，互联网既为残障群体创造了新的便利与可能，同时也带来了新的“数字残疾沟”[②] 的隐忧。近年来，覆盖多领域、多维度的无障碍手机应用全面开花，为弥合数字鸿沟，提高信息无障碍服务质量，丰富残障人士等弱势群体的信息生活创造了新的可能。

一、无障碍应用的领域与实践

腾讯网产品研发中心和酷鹅用户研究院联合出品的《2018 视障网民移动资讯行为洞察报告》显示，从聊天社交与生活服务，到视频浏览与游戏娱乐，障碍群体使用移动互联网的目的呈现出高度多样化的特点（如图 9-2-1 所示）。当前，已有多家机构、企业、组织陆续推出各类无障碍应用，在多领域、多场景推动信息无障碍发展进程。

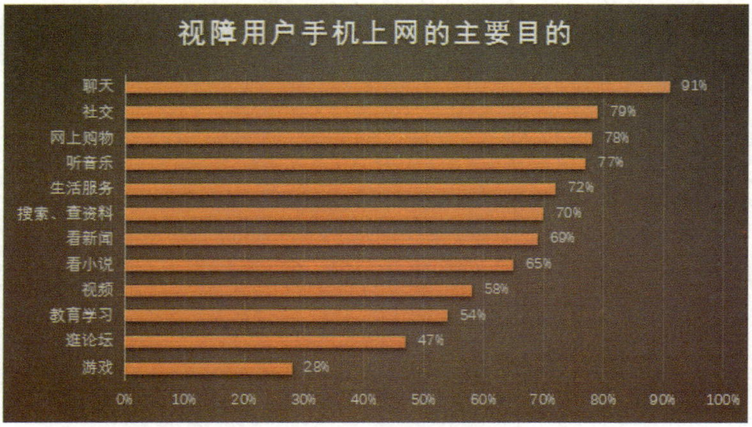

图 9-2-1　视障用户手机上网的主要目的[③]

（一）信息获取，延伸感知触角

在信息获取层面，无障碍新闻资讯类 APP 和小程序使障碍群体能够获得

① 腾讯 QQ，信息无障碍研究会 . 视障人士在线社交报告［R/OL］. 2019：https://www.ipsos.com/zh-cn/guojimangrenri-shizhangrenshizaixianshejiaobaogao.

② 李东晓，熊梦琪 .“可及”之后：新媒体的无障碍传播研究与反思［J］. 浙江学刊，2017（6）：199-206.

③ 腾讯网产品研发中心，酷鹅用户研究院 . 2018 视障网民移动资讯行为洞察报告［R］. 2018：11.

与其生活息息相关的各类重要信息，并帮助其实现环境感知和社会监测。

2018 年 10 月，今日头条在完成大量用户调研后推出了无障碍版本，开启读屏功能后，通过语音提示和触摸屏幕，障碍群体就可以流畅地进行登录、注册，用听的方式获取新闻信息。内容中的图片和视频也配有语音和介绍，努力提高障碍群体新闻信息获取的完整性。

在新冠肺炎疫情期间，信息无障碍研究会联合众多单位、企业和媒体发布《疫情期间不忽视障碍群体刚需、仍坚持做无障碍的倡议书》。2020 年 2 月，信息无障碍研究会自主研发的“新冠防护无障碍通道”微信小程序正式上线。小程序主要分为“疫情数据”“同行查询”“疫情科普”“较真辟谣”“心理咨询”“发热门诊”六大板块，视障群体及低视力用户可以通过读屏软件和小程序反转颜色模式的界面设计，听读疫情相关信息，跟进疫情进展。

（二）生活服务，打造便捷体验

在生活服务层面，无障碍 APP 通过流程改造，使障碍群体也能平等、便捷地接入和享用现代服务的各项内容，满足生活需要，延展生活能力。

近年来，银行类 APP 积极参与到信息无障碍的建设进程中，为障碍群体提供便利的金融服务。国内银行业两款手机银行 APP“中国建设银行”与“微众银行”率先开展无障碍优化工作，助力视障人士使用手机银行服务，取得了突出进展，获得了用户认可。

中国建设银行是国有银行中首家进行信息无障碍优化的手机银行。2019 年 11 月，中国建设银行 APP 在 Android 端和 iOS 端全新上线。通过“旁白”或“Talkback”功能，障碍用户可以在手机读屏系统的辅助下打开最新版中国建设银行 APP，以触摸屏幕和智能语音交互的方式，顺畅使用建行手机银行服务，办理账户查询、转账汇款、信用卡还款、话费充值等常用业务。

微众银行作为国内首家民营银行、互联网银行，也致力于信息无障碍服务的优化和推进。早在 2016 年，其“微粒贷”服务就推出“手语客服”以满足听障人士的金融服务需求。近年来，在经过对视障用户的调研，以及需求诊断、开发、无障碍测试等诸多环节过后，微众银行于 2019 年 10 月正式上线了无障碍升级版本。该版本正式提供信息无障碍服务，让视障群体通过触摸、滑动、双击等操作，结合语音提示，就能够顺利使用 APP 无障碍地完成开户、转账、购买理财等服务。此外，相较于传统线下银行业务办理的复杂程序，互联网银行通过降低开卡门槛，简化办理流程服务障碍群体，为银行业提高信息无障碍服务质量提供了参考方向。

（三）社会交往，提升沟通质量

在社会交往层面，社交应用的无障碍优化为障碍群体与他人的沟通与交流打开了全新的窗口。

腾讯 QQ 早在 2013 年就启动了无障碍的优化工作，在持续多年的改进中，腾讯 QQ 除了能满足障碍群体基本的聊天、浏览、语音 / 视频通话等需求之外，还能够帮助障碍群体进行点赞、转发、评论、收发红包等高亲密度、高趣味性的互动行为。障碍人群也可以通过“可能认识的人”“QQ 群”“QQ 空间”添加朋友，不断扩展自己的交友范围。另外，为了解决视障群体加好友输入难、扫描对焦不准的问题，团队还将“扫一扫”界面进行了改造，使视障用户无须对准二维码，只需长按就可利用声纹识别完成加好友操作，提升沟通效率。

（四）文化娱乐，增色精神世界

在文化娱乐层面，通过优化短视频类、音乐类、音频类、阅读类等各类文娱应用的无障碍功能，开发无障碍网络游戏等有力尝试，极大丰富了障碍群体可接触的文化内容与娱乐方式。

以短视频类应用为例。当前，短视频正呈现出蓬勃发展的态势，在用户的内容消费中占据着越来越重要的地位。信息无障碍产品联盟曾在发布的内容中提到，当某短视频 APP 进行了无障碍优化后，障碍用户日活上涨了十多万，[①] 可见障碍群体对于短视频内容的广阔潜在需求。2019 年 5 月，抖音 APP 正式上线了无障碍版本，在读屏状态下，通过语音提示和触摸屏幕，就能够实现登录注册、收藏下载、浏览视频、听发评论、点赞喜欢关注并进行拍摄和分享，满足障碍人群短视频内容获取、社交和自我表达等多重需求。

在游戏领域，针对障碍人群的游戏开发方兴未艾，仍然具有较大的市场空白与内容提升空间。2019 年 4 月，腾讯“追梦计划”、腾讯天美工作室针对视障人群推出单机射击类手游《长空暗影》。在此前，市面上仅有几款角色扮演游戏在后期进行了无障碍适配，且大多数针对障碍人群的游戏均由障碍人

① 信息无障碍产品联盟．可及评测 | 第二期短视频 APP，“抖音”逆袭一举夺冠［EB/OL］．2019. http://www.capa.ac/cxqoh?category_type=null.

群自己研发。而《长空暗影》开创了主流游戏厂商在开发阶段就为视障人群进行定制的先河，以专业的制作水准为障碍人群打造丰富、震撼的游戏体验。

在《长空暗影》中，玩家扮演一名因执行任务受伤而暂时失明的飞行员，通过声音的判断躲避和攻击敌机。游戏界面交互简单，游戏步骤和操作说明都配有清晰的语音提示。用户通过手指滑动和点击就能轻松使用跟随场

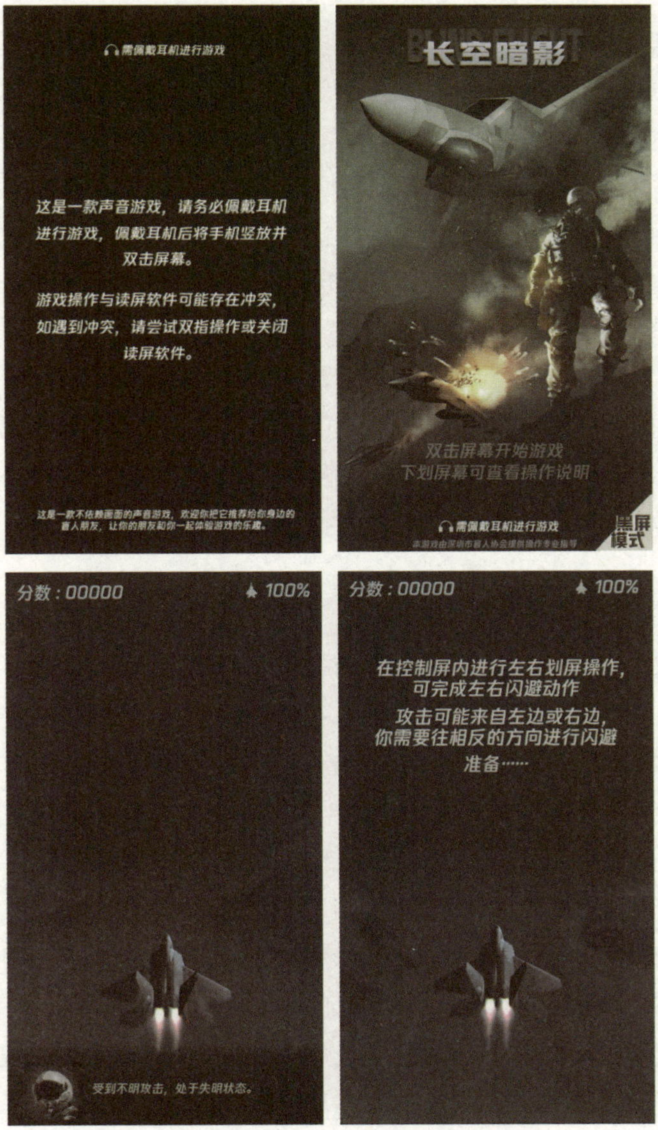

图 9-2-2　《长空暗影》游戏截图

景，触发游戏过程。面对视障人群，《长空暗影》格外注重对声音和配乐的优化以保证游戏体验。用户戴上耳机后，可以根据左右声道立体逼真的空中飞行声音，判断敌机位置。在配乐方面，游戏各场景都由专业配音演员清晰朗读，制作精良的背景音乐和逼真的机械音效极富临场感和沉浸感，令障碍群体也能感受到高品质游戏带来的体验和乐趣。未来，玩家的多样化、剧情的丰富化将成为此类游戏继续探索的方向（图 9–2–2）。

（五）职业融入，助力社会生活

在职业融入层面，办公类应用的信息无障碍优化为障碍群体平等参与社会事务，走进职业生活提供了技术支持。

2019 年 10 月 15 日国际盲人节，由中国信息无障碍技术标准联合工作组、中国残疾人信息和无障碍技术研究中心、深圳市信息无障碍研究会、阿里巴巴技术公益委员会、阿里巴巴集团标准化部及阿里巴巴钉钉联合发起成立了国内首个“智能办公硬件无障碍联盟”。在第 28 个国际残疾人日来临之际，“全国盲校智能无障碍公益行动”正式启动，由“智能办公硬件无障碍联盟”向包括北京市盲人学校在内的全国 30 所盲人学校及特殊教育院校捐赠一批钉钉智能办公硬件，让科技进步普惠到校园师生的同时，也为智能办公硬件无障碍标准的制定纳入更多共创机构。

二、无障碍应用的未来与方向

（一）加速无障碍优化，提前设计流程

随着信息社会的高速发展，移动互联网与日常生活的融合程度不断加深，互联网在障碍人群的生活中扮演着越来越重要的角色，信息无障碍的进程在这一背景下，也需要加快步伐以满足障碍人群日益多元的互联网使用需求。为推动障碍人群在互联网时代机会平等地融入社会生活、享受社会服务，加速现有信息产品的无障碍优化进程是必行之策。

目前，许多已有的无障碍应用仍然存在读屏软件难以读出全部内容、软件间难以兼容、图片信息难获取、验证码验证难以操作、软件升级后无障碍功能难以使用[①]等诸多问题，无法满足障碍人群的使用需求，实现信息无障碍

① 腾讯 QQ，信息无障碍研究会 . 视障人士在线社交报告［R/OL］. 2019. https://www.ipsos.com/zh-cn/guojimangrenri-shizhangrenshizaixianshejiaobaogao.

的目标仍然任重道远。保持对现存问题的清晰认知和对障碍人群真实需求的深度关切，并持续对产品进行改进和优化，才能“构建残健融合的高度文明的信息化社会，为全体人民提供民生福祉与社会保障”。[①]

对于已推出的信息产品进行无障碍优化经常面临一些困境。信息无障碍研究会技术主管刘彪指出，目前国内互联网产品无障碍化的典型问题是，很多产品在设计之初并没有考虑信息无障碍，往往到了使用环节，在收到大量用户关于信息获取困难的反馈后，才考虑进行无障碍优化；同时，很多产品也没有把无障碍纳入产品研发的流程，一旦进行大的改版或人员架构调整，产品的无障碍情况很有可能出现倒退。[②]因此，信息无障碍的考量应提前到互联网产品开发设计之初，贯穿研究、设计、开发、制造、监测等各个环节，将信息无障碍工作制度化，[③]促进信息无障碍产品即时、顺畅地投入使用。

（二）紧跟技术发展，加快标准制定

近年来，5G、大数据、物联网、人工智能等技术发展为推动信息无障碍进程带来了全新可能。语音识别、图像识别、语音合成、智能导航等技术应用，将为障碍人群的日常生活提供全新辅助。加速新技术在信息无障碍事业中的运用，与障碍人群和全社会福祉紧密相连。

近年来已推出的标准包括《ICT产品和服务的可访问性要求EN 301 549 V2.1.2（2018–08）》《GB/T 37668–2019 信息技术　互联网无障碍可访问性技术要求与测试方法》《移动通信终端无障碍技术要求（YDT 3329–2018）》等，既为信息无障碍的产品开发提供引导，也为产品的监督检验提供依据。根据技术应用的发展和进步，信息无障碍的相关标准也应进行相应的跟进，不断优化产品的可感知性、可操作性、可理解性和兼容性，为信息无障碍产品质量提供规范性保障。

（三）推广无障碍理念，号召多元参与

当前，信息无障碍理念不仅受到相关政府部门积极践行的号召，也获得了一大批具有高度社会责任感的企业、社会机构的鼎力支持，信息无障碍事

① 岳中刚．中国残疾人信息无障碍发展报告（2019）[R]//凌亢．中国残疾人事业发展报告（2019）．北京：社会科学文献出版社，2019：207.

② 信息无障碍研究会．创新与机遇：2018 科技无障碍发展大会精彩回顾［EB/OL］．2018. http://www.siaa.org.cn/2018-2.

③ 中国信息通信研究院，深圳市信息无障碍研究会．中国信息无障碍发展白皮书（2019 年），2019：30.

业取得了较为显著的成果。为助推信息无障碍事业不断成长，提高发展动能，信息无障碍理念亟须广泛推广。通过政策支持和各媒体渠道的普及与报道，调动全社会对于障碍人群的关怀和对信息无障碍事业的关注，鼓励来自更多领域的更多主体参与到无障碍事业中来，为障碍人群提供更多文化、信息产品，对于促进无障碍事业实现平稳发展、全面覆盖具有长足意义。

第三节 移动应用“可及评测”创立无障碍技术评定标准

一、信息无障碍产品联盟成立，推动互联网产品开展信息无障碍优化

移动互联网时代，人们对互联网的依赖性日益增强。而残障人士由于身体上的各种缺陷，往往难以像常人一样接触网络。互联网相关科技产品的信息无障碍优化便尤为重要。

2013 年 11 月 11 日，信息无障碍产品联盟（CAPA）正式成立。它是一个由对推动中国互联网信息无障碍感兴趣的机构共同成立的合作组织，由阿里巴巴集团、腾讯、百度、微软（中国）、深圳市信息无障碍研究会共同发起。目前已吸引国内 40 家公司成员单位共同参与信息无障碍，涉及互联网、金融、手机等不同领域。CAPA 的行动内容包括但不限于：开展信息无障碍论坛沙龙等活动，协助互联网公司将信息无障碍融入产品开发及维护流程，参与相关标准的制定及优化，推动相关政策出台，发布专业技术文档、媒体倡导，倡导更多互联网公司及 IT 从业者关注信息无障碍。[①]

在产品服务优化方面，CAPA 已实现专业信息无障碍工程师团队组建、由视障者组成的“视障信息无障碍测试志愿者团队”组建、全国性的“信息无

① 信息无障碍产品联盟概况［EB/OL］. http://www.capa.ac/introduction.

障碍意见反馈渠道”开通，并由此推动互联网产品的信息无障碍优化，包括各项垂直门类的主流互联网产品和多个政府门户网站。

二、无障碍应用建设滞后，“可及评测”模式推出

目前，我国的信息无障碍应用建设相对滞后，仍有较大发展空间。残障群体的互联网技术使用需要较多辅助。学者毛志伟、傅悦、崔瑶等人曾就视障群体的网络使用障碍进行分析。他们提出信息化终端使用困难、平台信息无障碍支持弱、数字教育匮乏三个难题。[①]目前的信息化终端基本上都是无键盘触屏，但这对视障群体非常不利。常见的补救措施就是各类操作系统的辅助工具和第三方无障碍软件。但这些工具往往不能兼容所有应用，同时在设计上也存在一定问题（如无法识别验证码等）。平台方面，多数互联网信息平台不具备无障碍使用系统。例如，图形验证码的认证方式，只支持鼠标或触碰复杂的菜单选择设计，都是常见的障碍要素。在线教育资源也倚重视频、图片形式，导致依靠听觉感官的视障群体在线学习受到了很大局限。如果互联网产品能够主动提供相关的无障碍优化，残障人士的互联网技术需求就能得到较大满足。

针对主流互联网产品的无障碍优化，2018 年 5 月 17 日全球无障碍宣传日，联盟发布首个“可及”互联网产品信息无障碍排行榜。首个榜单聚焦于社交应用的无障碍化体验。此后不定期推出各项垂直品类的产品评测，延续至今，已囊括社交类 APP、购物类 APP、阅读类 APP、游戏类 APP、在线教育类 APP 等多项主题评测，覆盖残障人士互联网使用的方方面面。产品评测是对行业无障碍整体解决方案能力及努力的一种肯定，也为未来互联网信息产品优化提供了新思路和新方法。

可及榜单的名称来源于“可及性”，即通常所说的信息无障碍。榜单涉及的产品，多参考行业主流的应用排行榜，并广泛听取障碍用户意见，最终选出障碍用户关注度最高的多个应用加以评测。

“可及评测”模式发展至今，已日臻完善。排行榜遵循的 AR 评分（Accessibility Rank），是信息无障碍产品联盟推出的一套针对移动端互联网产品的无

① 毛志伟，傅悦，崔瑶．视障群体的信息无障碍应用现状分析［J］．信息记录材料，2019，20（7）：51-53.

障碍评分体系，主要由两部分构成。其中 50% 是来自联盟秘书处信息无障碍研究会工程师的专业评测得分，另外 50% 来自障碍用户调研综合得分。[①] 用户调研部分综合线上调研与线下访谈两种方式，加之工程师的专业评测，最终以用户—工程师双端回馈实现榜单的客观、准确。

第四节　无障碍信息产业创新　探索新时代中国模式

无障碍文化信息从来都不是一个过时的话题，新中国成立以来，我国就开始致力于钻研推动无障碍文化信息传播的建设方案，从早期的盲文出版物以及视听障碍人士专属的广播节目到进入互联网时代后喷涌而出的各类无障碍服务和软件，我国的无障碍文化信息传播取得了越来越多的突破和进展。

但就整体而言，我国的无障碍文化信息传播事业依旧处于起步阶段，相较于发达国家，仍然面临着立法、政策以及社会认同等方面的不足，地区发展不平衡、平台发展差异显著等问题较为明显，无障碍文化信息传播任重而道远。

以网站无障碍服务能力建设为例，为消除“数字鸿沟”，体现“信息平等”，使互联网更好地惠及民生，促进残疾人等社会群体充分参与社会生活，共享社会物质文化成果，中国残疾人联合会、国家互联网信息办公室于 2016 年 3 月联合印发了《关于加强网站无障碍服务能力建设的指导意见》，就进一步做好网站无障碍服务能力建设工作进行部署。《意见》指出到 2020 年底，国务院各部门政府网站、各省级政府门户及部门网站、各市级政府门户网站的无障碍服务能力建设应达到基本水平，能够满足残疾人浏览网站和在网上办理服务事项的基本需求。但是根据中国互联网协会于 2019 年 4 月发布的

① 可及评测 | 无障碍，社交类 APP 的另一种提升［EB/OL］. http://www.capa.ac/2?category_type=null.

《全国各省（市、区）政务信息无障碍建设情况报告》[①]来看，地区之间的无障碍建设发展依旧存在较为显著的差距。

在省级政府门户网站无障碍能力建设指数和服务效能指数中，北京市人民政府网站（首都之窗）凭借规范的网站建设稳居第一，最后一名的服务能力指数以及服务效能指数与北京分别相差 65.5 和 70.04，而在各省（市、区）以上政府无障碍门户网站的建设指数排名中，第一名的上海市和最后一名的西藏相差了将近 99%，由此可见我国无障碍文化信息传播的发展程度在地区间存在较大的差异（见表 9-4-1、9-4-2）。

表 9-4-1　省级政府门户网站无障碍服务能力指数

排名	省、市、自治区	建设指数	规范化及用户体验指数	综合指数
1	北京	40	49.92	89.92
2	新疆	40	48.59	88.59
3	青海	40	48.54	88.54
4	海南	40	48.36	88.36
5	上海	40	46.88	86.88
6	贵州	40	46.74	86.74
7	云南	40	30.3	70.3
8	吉林	40	30.3	70.3
9	天津	40	30.24	70.24
10	河北	40	30.06	70.06
11	宁夏	40	30	70
12	湖北	40	29.52	69.52
13	湖南	40	29.04	69.04
14	江苏	40	28.62	68.62
15	四川	40	28.62	68.62
16	福建	40	28.5	68.5
17	甘肃	40	27.84	67.84

① 全国各省（市、区）政务信息无障碍建设情况报告［R/OL］. http://wza.people.com.cn/wza2013/article.php?tid=12&aid=701.

续表

排名	省、市、自治区	建设指数	规范化及用户体验指数	综合指数
18	江西	40	27.48	67.48
19	山西	40	27.48	67.48
20	河南	40	27.3	67.3
21	内蒙古	40	26.4	66.4
22	安徽	40	25.8	65.8
23	广东	40	25.32	65.32
24	浙江	40	23.88	63.88
25	西藏	0	25.8	25.8
26	黑龙江	0	25.32	25.32
27	陕西	0	25.26	25.26
28	山东	0	25.14	25.14
29	广西	0	24.9	24.9
30	辽宁	0	24.5	24.5
31	重庆	0	24.42	24.42

表 9-4-2　省级政务服务网站无障碍服务效能指数

排名	省、市、自治区	建设指数	规范化及用户体验指数	综合指数
1	北京	40	48.76	88.76
2	上海	40	47.88	87.88
3	湖南	40	28.92	68.92
4	甘肃	40	28.5	68.5
5	西藏	40	27.72	67.72
6	贵州	40	27.24	67.24
7	广东	0	39.76	39.76
8	天津	0	29.16	29.16
9	重庆	0	28.5	28.5

续表

排名	省、市、自治区	建设指数	规范化及用户体验指数	综合指数
10	江苏	0	27.9	27.9
11	黑龙江	0	27.9	27.9
12	宁夏	0	27.72	27.72
13	辽宁	0	27.64	27.64
14	吉林	0	27.56	27.56
15	青海	0	27.56	27.56
16	新疆	0	27.51	27.51
17	山东	0	27.46	27.46
18	陕西	0	27.41	27.41
19	山西	0	25.36	25.36
20	河北	0	25.24	25.24
21	浙江	0	25.24	25.24
22	湖北	0	24.68	24.68
23	安徽	0	24.62	24.62
24	福建	0	19.5	19.5
25	河南	0	19.44	19.44
26	江西	0	19.14	19.14
27	云南	0	19.08	19.08
28	四川	0	19.08	19.08
29	广西	0	19.02	19.02
30	内蒙古	0	18.78	18.78
31	海南	0	18.72	18.72

备注：
1.“建设指数”是网站无障碍建设指标。开展无障碍建设得 40 分，未开展建设不得分。
2.“规范化及用户体验指数”是网站无障碍建设是否符合规范以及障碍用户（主要是盲人用户）无障碍体验的情况，满分 60 分。

根据中国通信院与信息无障碍研究会联合发布的2019年《中国信息无障碍发展白皮书》来看，我国的信息无障碍工作已经由单纯的为某个用户群体服务上升到创建全社会的信息无障碍环境。在信息多元化的今天，以移动互联网、物联网、大数据、云计算为代表的新一轮信息技术变革浪潮，给信息无障碍事业的发展带来了全新的机遇和挑战。越来越多的高科技企业开始关注信息无障碍领域的研究，无障碍文化信息传播的理念推动着产品的创新。

一、产业创新孵化项目与基地纷纷建立

以行业独角兽深圳市信息无障碍研究会为例，其服务的对象主要来自互联网、智慧城市、智能硬件以及金融行业，通过与“互联网+”“AI技术”“大数据技术”以及“物联网技术”的紧密结合，信息无障碍研究会孵化了众多创新型产品。

（一）互联网（表9-4-3）

表9-4-3

产品名称	产品痛点	产品创新	效果
手机淘宝	产品无障碍未融入产品开发中，接到较多投诉	成立信息无障碍工程师团队，将OCR（光学字符识别）技术应用到淘宝商品详情页	帮助1.6万视障人士开店、有27万视障人士享受到淘宝天猫的购物便捷
腾讯QQ	障碍人士无法流畅地使用产品交流	开发声纹加好友功能/引入OCR、语音合成、图片转语音技术/红包功能进行无障碍适配	腾讯获联合国数字技术增强残疾人权能奖，是亚洲首个获奖的组织，也是全球范围内首家获奖的企业
支付宝	第三方读屏软件在读屏过程中存在被劫持的可能	开发上线业内首个密码键盘读屏功能	入选第二届科技无障碍发展大会优秀案例

（二）智慧城市（表9-4-4）

表9-4-4

产品名称	产品痛点	产品创新	效果
深圳市气象局	网页不支持无障碍，影响使用和口碑	推出智创气象共享与应用平台，包括智慧观测、智能预报、智慧防灾、智慧服务四大气象创新板块	国内首个信息无障碍气象类APP

（三）智能硬件（表 9–4–5）

表 9-4-5

产品名称	产品痛点	产品创新	效果
华为	手机 EMUI 存在严重的无障碍问题	将信息无障碍纳入常规流程，开发抬手上屏、识别他 / 她 / 它功能等	华为成为国内第一个将无障碍纳入常规研发流程的手机厂商。高度定制化的 EMUI 系统无障碍体验得到完善，达到原生安卓系统的无障碍水平

（四）金融（表 9–4–6）

表 9-4-6

产品名称	产品痛点	产品创新	效果
中国建设银行	障碍人群无法顺畅操作转账、查询明细、理财、贷款等产品功能	支持手机系统读屏软件朗读，提供智能语音交互服务，让障碍人群可以顺畅地使用手机银行服务	国有银行里首家推出无障碍服务的手机银行，获得了大量障碍用户支持

除了上述的产品创新优化外，为了保证各类无障碍文化信息产品的顺利孵化，全国各地纷纷建立了无障碍事业产业创新孵化基地保驾护航。以深圳市为例，2020 年 5 月 17 日，全国首个示范性无障碍事业产业创新孵化基地——深圳市无障碍孵化空间正式揭牌。空间内设四个功能区域，包括运营管理区、开放办公区、展示体验区、加工检测区，主要致力于培育康复辅助器具、无障碍服务等创新创业项目。

与其他单纯的产业孵化基地不同，深圳市无障碍孵化空间具有事业和产业双重功能，引进了经过全市 200 多万人推介、专家评定的优胜项目团队，既有残疾人专门组织，又有康复辅具领域的企业和创业团队，既发展辅具产业，又最大限度提升了残障人士需要的社会效益，探索出一条事业与产业融合发展的崭新路径。目前已有 12 个无障碍创新项目代表签约入驻，有服务于肢体残障人群的外骨骼机器人研发项目，有提供高精度室外导盲、公交助乘、轮椅地图等全系列无障碍出行产品的项目，还有方便心智障碍患者佩戴的国内目前“最轻、最小”的室内外一体化定位器设备项目等。

二、信息无障碍与扶贫攻坚

在信息时代，信息权也是一种人权。自由平等的信息获取权利，是构成人的生存权利的重要方面。在我国 8502 万残疾人中，很多人因为不能有效使用信息工具和信息网络参与社会生活而陷入贫困，信息无障碍环境是贫困残障群体融入社会的刚性需求。开发信息无障碍软硬件产品，开展信息无障碍互联网建设，可以为残疾人接受教育、就业谋生创造更多机会，为他们依靠自己的力量摆脱贫困提供必要的条件。

国家开展信息无障碍建设，可以将信息扶贫的道路延伸到千万个贫困残疾人身边，使他们能够足不出户参与社会工作，在经济收入方面缩小与社会平均收入的差距。信息无障碍对于打赢残疾人脱贫攻坚战、实现精准扶贫、助力国家经济发展具有重要作用。同时也有利于促进残疾人、老年人、低收入者等特殊人群平等融入社会，体现了我国政府保障人权平等的坚定决心和战略决策。

我国关于无障碍文化信息传播的声音多年来一直存在，相关的行业标准和政策法规也有存在，但是由于缺乏惩戒措施，不具备强制约束力，很多互联网公司在早期由于缺乏资金和人力，都选择性地忽视信息无障碍的建设，即使做了补救也并未将其纳入产品更新的常规流程，很多无障碍化互联网产品在更新后就不能使用了。虽然近几年我国互联网产品的无障碍建设有了长足的进步，但是信息无障碍研究会的负责人表示目前我国的信息无障碍发展仍处于较初级的阶段，推动互联网产品信息无障碍化刻不容缓。

为了推动无障碍文化信息建设的顺利进行，我国从多方面着手进行了努力：政策方面，早在 2014 年中国残疾人联合会、中央网信办就联合印发了《关于加强网站无障碍服务能力建设的指导意见》，2017 年中国残疾人联合会、中国工业和信息化部共同制定下发了《关于支持视力、听力、言语残疾人信息消费的指导意见》。技术标准方面，中国工业和信息化部在 2006 年将信息无障碍纳入“阳光绿色工程”计划，启动了信息无障碍的标准研究工作，2008 年，中国工业和信息化部电信研究院（2014 年更名为中国信息通信研究院）发布了我国第一个信息无障碍相关的标准《信息无障碍身体机能差异人群——网站设计无障碍技术要求》。行业合作方面，2013 年中国信息无障碍产品联盟正式成立，由国内众多科技互联网公司及深圳市信息无障碍研究会共同发起，使数千万障碍用户在通过互联网产品享受平等服务的同时也能创造更多就业机会。

在无障碍文化信息建设的过程中也涌现出了一大批优秀的精准扶贫案例，代表性案例见表 9-4-7：

表 9-4-7

扶贫类型	扶贫案例	扶贫结果
科技扶贫	阿里巴巴网络时代助残：普惠与创富	改善了中国 1700 多万视障人士的购物不便，极大拓宽残疾人就业渠道，也助力残疾人实现了创富梦想，享受到和普通人无差别的网购体验
金融扶贫	平安 EYE 护你	国内第一款专门为视障人群而设计的保险产品，中国平安也是国内首个对官网进行无障碍优化的保险服务平台，为满足中国 1700 万视障人群的保险需求提供全方位的保障
资讯扶贫	今日头条	以多种形式内容满足视障人群阅读资讯的需求，包括图文资讯、微头条、短视频、小视频等；利用今日头条成熟的算法推荐技术，帮助视障用户获取个性化的兴趣资讯，减少视障用户信息搜索成本
生活记账扶贫	随手记	首个考虑了信息无障碍的记账类 APP，帮助障碍用户轻松地进行记账，满足用户在不同生活场景下的需求，从而更加便捷地获取他们所需的服务，有效地从记账的角度帮助障碍群体脱离贫穷
就业扶贫	钉钉	钉钉是视障群体进入主流职场、和健全人员工平等沟通的工作平台，它直接帮助解决障碍群体，尤其是视障群体的就业难、就业门槛高等问题，达到精准扶贫
出行扶贫	滴滴	先后上线了“宝贝专车”“无障碍专车”“敬老版一键叫车”等特殊功能，解决残障人士、老年人等特殊群体出行问题，对部分专车进行无障碍改装，并在线上加设“无障碍专车”入口，方便行动不便的用户提前预约车辆，降低出行过程中的困难，为障碍用户打造专业、周到的出行服务

第五节　大数据驱动信息无障碍研究，文化信息传播成果拓展残疾研究

随着互联网技术的发展，以及互联网传播生态的急剧变化，信息无障碍时时面临着大量机遇和挑战。在这一过程中，政府机构、商业机构、学术机构共同付出了大量的努力，不断为其提供现象层面的描述、实践层面的指引、学理层面的探讨，产生了丰富的研究成果。尤其是在近些年，在大数据技术的加持下，研究进一步被拓展。这些研究成果大致可以被分为三类，一是信息无障碍建设现状与发展，二是视觉障碍群体互联网行为画像，三是信息无障碍建设理念与模式探讨。

一、信息无障碍建设现状与发展

2018 年，由南京特殊教育示范学院中国残疾人数据科学研究院组织编写的《残疾人蓝皮书：中国残疾人事业发展报告（2018）》向社会发布，该报告总结了中国残疾人事业的发展现状，分析了其中的问题，并对残疾人事业的未来发展做出了展望。[①] 书中特别提到了现阶段信息技术对残疾人生活的助力，如一些省市针对残疾人家庭与个人给予电信专项惠残政策，还专为残疾人开发了智慧助残信息服务包，为残疾人提供生活、就业、政策等系列的权威信息服务，着力帮助残疾人融入信息社会。再如，得益于腾讯、百度等互联网公司开放的高精度图像识别服务能力，国内 PC 和手机读屏逐步攻克过往读屏无法朗读界面上图片的难题，同时以“天使眼”和“引途者”为代表、搭载人工智能技术的导盲电子产品开始量产，这些都在一定程度上降低了残疾人融入信息社会的难度。

① 凌亢．残疾人蓝皮书：中国残疾人事业发展报告（2018）[R/OL]．2019-01-03. https://www.pishu.cn/zxzx/xwdt/528475.shtml.

2019 年 7 月，在工业与信息化部的指导下，由中国信息研究院、深圳市信息无障碍研究会联合编写的《中国信息无障碍发展白皮书（2019）》正式发布，《白皮书》主要从信息无障碍的发展历程入手，对信息无障碍理念进行全面的阐述，在系统分析国内外信息无障碍建设现状的基础上，深入探讨推进我国信息无障碍建设的模式与方法。[①] 其中提到，我国采用了政策法规和技术标准相结合的方式来推进信息无障碍环境建设。在政策法规方面，自 2008 年以来依次修订及颁布《中华人民共和国残疾人保障法》《国家人权行动计划（2009—2010 年）》《关于加速推进残疾人社会保障体系和服务体系建设的指导意见》《无障碍环境条例》《“十三五”加快残疾人小康进程规划纲要》《无障碍环境建设“十三五”实施方案》等，不断强调维护残疾人平等参与社会生活的权益，为无障碍建设的发展提供保障。而在技术标准方面，2008 年 3 月工业与信息化部发布首个针对互联网公众服务制定的信息无障碍标准 YD/T1761-2008《信息无障碍—身体机能差异人群—网站设计无障碍技术要求》，此后又在此基础上不断更新修订，2012 年发布 YD/T1761-2012《网站设计无障碍技术要求》，2018 年发布 YD/T3329-2018《移动通信终端无障碍技术要求》，由此为信息无障碍法规政策的执行提供了技术依据，将法规政策的原则性规定转化为产品开发和服务系统建设的具体技术要求，使得政策法规能够得到切实有效的落地执行。此外，《白皮书》还结合当前热点信息技术，分析了信息无障碍工作的未来发展趋势，其主要分为三个方面：现有信息产品的无障碍优化（个人信息终端的残健融合、公共设备的信息无障碍、公共服务的信息无障碍等）、高新信息技术进入无障碍领域（“互联网 +”技术、人工智能技术、大数据技术、物联网技术等）、跨行业无障碍建设相互结合（与建筑行业的结合、与交通行业的结合等）。

2020 年 5 月 21 日全球无障碍宣传日，中国互联网协会发布《以人民为中心，党的十八大以来我国信息无障碍事业发展》报告，除了介绍法律法规与标准规范，该报告还总结了当前我国信息无障碍建设的一些具体实践，[②] 如自

① 吕军．中国信息无障碍发展白皮书（2019）[R/OL]．2020-05-20. https://www.vzkoo.com/doc/12437.html.

② 中国互联网协会．以人民为中心，党的十八大以来我国信息无障碍事业发展［R/OL］．2020-05-21. http://wza.people.com.cn/zxd/a/zuixinzixun/2020/0521/137.html.

2013年开展的“美丽中国——中国政务信息无障碍公益行动”，在7年的时间里，推动大部分省级政府网站完成了无障碍建设；再如自2016年起，中国互联网协会每年在联合国举办信息无障碍国际交流论坛，并连续四年在“信息社会世界峰会”期间举办“信息无障碍主体论坛”。此外，自2019年1月起，中国互联网在国家有关主管部委的指导下，人民网的支持配合下，对国家各部门，各省、市、县（区）人民政府及所属党政机关、公共事业单位约13万个网站，各民主党派、社会团体，各级各类公共企事业单位、新闻媒体、金融服务、电子商务等10万多个重要的公共服务网站无障碍建设情况及其服务效能进行检测，并发布调查报告。

二、视觉障碍群体互联网行为画像

2016年，中国信息无障碍产品联盟秘书处发布了《中国互联网视障用户基本情况报告》，[①] 该报告通过问卷调查的方式在总体上对视障互联网用户进行了画像。它指出，互联网上的视障者男女比例约为4比1，年龄主要分布在21岁至40岁之间，一级视力残疾者（指没有或有微弱光感、矫正视力低于0.05）占大多数，超过一半具有高中以上学历，大多数从事推拿按摩类职业，但也有12%的视障者进入IT行业。其中，92%的视障者已经开始使用智能手机，83%的视障者在操作手机、电脑时完全依赖读屏功能，但60%表示有时仍需寻求健全人的帮助。视障者日常上网需求包括社交、资讯、看书、听音乐、玩游戏，以及随着视障者收入的逐年增加，理财也成为其上网的一大主要事项。

2018年，腾讯网产品研发中心与酷鹅用户研究院联合信息无障碍研究会发布了《视障网民移动资讯行为洞察报告》。[②] 该报告不再停留在对总体概况的描述，而是深入到了具体的一项互联网行为，展开更为细致的刻画。它指出视障群体存在强烈的资讯需求，其关注资讯的主要目的是增长知识、了解特定感兴趣内容，部分用户会主动高频关注知识型内容产品，如微信读书、

① 戴杰，郑锐，石浩．中国互联网视障用户基本情况报告［R/OL］．2018-02-02. https://cloud.tencent.com/developer/article/1035504.

② 腾讯研究院，信息无障碍研究会．视障网民移动资讯行为洞察报告［R/OL］．2018-04-17. https://cloud.tencent.com/developer/article/1099608.

知乎、得到（付费使用）；视障用户移动资讯使用频率及时长均较高，每天1次以上的用户占88%，47%的用户每天浏览资讯超过一个小时，其渠道主要集中在新闻APP、微信推送、社交分享、视障论坛等。此外，该报告还指出，视障用户对移动新闻产品满意度一般，认为其操作仍然很不方便，尤其是在获取图片信息时，频繁的乱码、无法读取十分影响体验。

2019年，上述三个机构又联合发布了《视障人士在线社交报告》[①]。该报告在上述报告的基础上，补充描绘了视障群体在线上社交层面的行为表现，它指出视障群体的线上社交活动主要集中在聊天、浏览、语音/视频通话，其次是在线讨论、点赞评论、转发、收/发红包等。其目的则主要在于获取生活资讯、维护及拓展社会关系。同视力无障碍群体一样，文字是视障人士在线社交最主要的载体，其次是语音信息和通话，除此之外，他们也会使用表情和图片进行互动，最为常用的emoji表情是"害羞""酷""抓狂""委屈"。此外，报告总结了视障人士互联网无障碍使用的五大难点，分别是：读屏软件难以读出全部内容；软件间难以完全兼容；图片信息难以被获取；验证码验证难以操作；软件一旦面临升级，无障碍功能便难以适配。

三、信息无障碍建设理念与模式探讨

除了对信息无障碍建设做现象层面的总结描述，随着信息无障碍建设的深入，越来越多的学术机构投身进来，对其进行理论层面的阐释以及建设模式的总结探讨。

蔡聪以《残疾人权利公约》理念和条款作为出发点，阐释了立足于《公约》人权模式下的信息无障碍建设[②]，他指出，在国际人权法向国内法转化的过程中，如何处理残障人群人权保障与私营主体应当承担的业务，确保残障人群所接受的服务和产品符合信息无障碍的要求与原则，成为新时代发展下面临的新问题。私营主体应当向《残疾人权利公约》提倡的人权模式转型，在科技产品、生产与销售的过程中，应当有残障人群的平等参与。李东晓、

① 腾讯研究院，信息无障碍研究会．视障人士在线社交报告［R/OL］．2019-10-15. https://mp.weixin.qq.com/s/mfY2eBQIjxoujZ1dtkywfw.

② 蔡聪．我国实现残障人信息无障碍的挑战与新方向：以《残疾人权利公约》为视角［J］．人权，2018（2）：70-83.

熊梦琪则更进一步指出，新媒体技术一定程度上降低了无障碍建设的技术难度，但技术的“可及”并未带来传播的“通畅”，[①] 因此他们提出“传播无障碍”的概念，以求与“信息无障碍”的技术中心视角相区别。“传播无障碍”强调信息的传送的动态过程、用户的主动性、传播过程的交互性以及传播活动的社会性等。

目前，互联网无障碍建设大多始于为用户提供公共服务的机构和部门，如政府网站、残疾人相关的服务网站、学校及公共卫生服务网站。一些学者针对这些项目具体建设的展开，作出建设模式上的探讨。

周晓英、唐思慧在具体分析了国内外政府网站信息无障碍政策、标准和举措之后，指出我国政府网站无障碍发展应注重四个方面，一是加强信息无障碍相关法律的制定与完善；二是加快制定和实施信息无障碍标准，构建信息无障碍合理评价体系；三是加强信息无障碍技术及产品的政策和资金支持；四是采用多种方式服务于信息弱势群体，逐步实现最终目标。

蔺梦华在分析了公共图书馆开展残疾人服务的必要性和可能性后指出，公共图书馆应该“从建筑设施无障碍，信息交流、获取无障碍，心理无障碍和网络服务无障碍四个方面开展服务”；[②] 赵伟娜则强调应当建立“残疾人信息分析数据库和残疾人定位导航数据库”，通过馆藏语音化、网站建设无障碍和运用语音识别技术为视力残疾人、听力残疾人以及肢体残疾人提供全方位的服务。[③]

李东晓则对电视媒体无障碍建设展开了研究，他提出针对不同用户的特点以及要达到的无障碍传播的效果，可以构建一个包含目标受众、实现方法、参与者、预算开支、资金来源以及运营模式等六要素的理论模型，[④] 在这一模型中确定用户群体的特点是基础，技术方法是支撑，参与者分析是关键，合理的预算以及持续的经费是保障，实用有效的运行模式是无障碍传播持续性发展的制度性框架保障。他指出成立“无障碍频道”，集合社会力量，

---

① 李东晓，熊梦琪．“可及”之后：新媒体的无障碍传播研究与反思［J］．浙江学刊，2017（6）：199-206.

② 蔺梦华．公共图书馆残疾人无障碍服务研究［D］．广州：中山大学，2006.

③ 赵伟娜．数字图书馆建设中的信息无障碍［J］．华章，2009（16）：31-32+35.

④ 李东晓．无障碍传播的理论模型及其应用——以电视媒体之于视听障碍者的传播为例［J］．郑州大学学报（社会科学版），2013，46（3）：168-172.

吸纳残疾人参与，加强立法和监督以及建立无障碍建设体系是解决当前我国电视媒体无障碍建设困境的有效措施。

第六节 我国信息无障碍法律体系的发展与难题

一、信息无障碍是国际社会尊重并保障的一项基本人权原则

无障碍是残障人士独立生活和充分平等参与社会生活的基础和前提。无障碍的物质、社会、经济和文化环境、医疗卫生和教育以及信息和交流，对残疾人能够充分享有一切人权和基本自由至关重要。在联合国的倡议下，提供无障碍并促进其发展被视为一项重要的国家义务。在现代信息社会中，无障碍也更加强调信息无障碍环境的建设。残障人士能够通过多种媒介获取信息、进行交流与获得社会服务，进而提升教育水平实现就业。显然，信息无障碍是残障人士享有受教育权、劳动就业权的基础。建设信息无障碍环境，有助于弥合数字鸿沟，减轻残障人士与非残障人士之间的不平等现实。①

联合国自20世纪中叶起先后发布《世界人权宣言》《残疾人机会均等标准规则》和《残疾人权利公约》，分别提到了平等享受信息的权利。而由联合国主办的信息社会世界峰会（WSIS）发布了《日内瓦宣言》《日内瓦行动计划》《突尼斯承诺》和《突尼斯信息峰会议程》等文件，试图帮助包括残疾人在内的所有人享受信息社会的福祉。

纵观世界，美国、英国、加拿大、澳大利亚、日本、韩国等国纷纷采用将法规政策与技术标准相结合的手段来推进信息无障碍环境的建设。

美国在《残疾人康复法案》中规定，政府在购买IT产品和服务时，供应

① 蔡聪.我国实现残障人信息无障碍的挑战与新方向：以《残疾人权利公约》为视角［J］.人权，2018（2）：70-83.

商必须主动证明其产品能够满足本国制定的关于信息无障碍的标准；要求联邦机构所采用的电子和信息技术不能对残障人士形成障碍；要求从事商业活动的网站必须和一般的商业机构一样遵守美国残疾人法中有关无障碍设施的规定。英国于2002年、2004年先后颁布《商品、设备、服务无障碍的权利：实施纲要》《Web：对残疾人的无障碍和包容性》，用于推动网站的无障碍建设。2001年日本政府的IT政策指挥部发文，要求政府机构、官方报纸的网站信息可以被视障人群访问，要求为医院就诊儿童通过网站进行学习、老龄残疾群体使用互联网等工作提供政策性支持。此后，日本又针对网站的无障碍化出台正式的工业标准，同时以行政手段要求政府网站招标时必须明确信息无障碍要求。在韩国的《信息法》中明确规定了残障人士、老年人平等地访问和利用信息的权利。而在信息无障碍上，韩国将工作重点放在无障碍上网和无障碍使用移动应用上。

二、中国信息无障碍法律体系发展历程

2015年世界卫生组织与世界银行联合发布报告，指出全球有超10亿残疾人，约占总人口的15%，其中6亿在亚洲。根据国务院新闻办发布的数据显示，截至2019年，中国残疾人口达8500万，约涉及全国五分之一的家庭，保障残障人士等弱势人群的信息无障碍权益任重道远。

（一）法律体系保障信息无障碍权益

从我国宪法层面来看，虽然没有明确提出"信息无障碍"，但"国家尊重和保障人权"是被写进宪法的重要规定，第45条写道："国家和社会帮助安排盲、聋、哑和其他有残疾的公民的劳动、生活和教育。"信息无障碍是残障人士在现代社会接受教育、独立生活的重要前提，内在地包含于宪法上残障人士的权利内容之中。从国家专门法层面来看，《中华人民共和国残疾人保障法》规定："国家和社会应当采取措施，逐步完善无障碍设施，推进信息交流无障碍，为残疾人平等参与社会生活创造无障碍环境。各级人民政府应当对无障碍环境建设进行统筹规划，综合协调，加强监督管理。"2012年国务院通过《无障碍环境建设条例》，指出"电信终端设备制造者应当提供能够与无障碍信息交流服务相衔接的技术、产品"。从实施层面，规定了无障碍的具体

要求。[①]

总的来说，信息无障碍已得到我国法律的承认，形成了以《中华人民共和国宪法》为核心，以《中华人民共和国残疾人保障法》为主干，以《无障碍环境建设条例》为重要支撑的信息无障碍权益保障法律法规体系。

（二）深圳：探索信息无障碍建设新标准

深圳作为我国最早开展无障碍建设的城市之一，自 2017 年将建设全面无障碍城市纳入深圳市总体规划的“规划工程”，制定了一套全面的“标准工程”。2018 年通过《深圳市创建无障碍城市行动方案》，引领和规范各区、各领域、各环节的无障碍建设，全方位、系统化推进创建无障碍城市。2019 年正式印发《深圳市无障碍城市总体规划（2020—2035 年）》，在促进信息无障碍发展方面，提出了三点建设意见。一是从完善信息无障碍标准和法规体系出发，保障无障碍信息产业可持续发展；二是对无障碍信息服务水平提出更高要求，进一步提升信息识别服务水平，拓展特殊的信息识别服务项目；三是要完善信息无障碍公共服务平台，统一规划设计“政务”“教育科技”“医疗健康”“电子商务”等信息无障碍平台。

政策支持与科技助推下，一大批深圳本土的专业机构、企业积极加入信息无障碍的建设中，开拓了无障碍信息产业的深圳模式。深圳信息无障碍研究会就是其中的领军者。作为国内最早关注信息无障碍的专业机构，其目标是推动中国互联网产品在可及性、可用性、可理解性等方面的提升，保障视障者、听障者、老年人等用户顺畅使用。同时，研究会还联合腾讯、阿里巴巴、百度等公司成立了中国信息无障碍产品联盟，推动“信息无障碍”成为 IT 企业产品标准。值得关注的是，研究会还组建了一支由视障 IT 工程师组成的技术团队，从被服务者转身成为技术开发者，使信息障碍群体融入主流社会成为现实。

而腾讯公司作为本土互联网公司中的佼佼者，利用自身强大的科技力量，助力深圳无障碍城市建设。例如，腾讯公司开发了一款翻译软件，利用 AI 智能科技实时将手语翻译成文字，极大地提升了听障人士交流的便捷性。

信息化已经成为建设无障碍城市的主要路径。发挥科技创新、信息智能

① 蔡聪．我国实现残障人信息无障碍的挑战与新方向：以《残疾人权利公约》为视角［J］．人权，2018（2）：70-83.

化优势，有助于提升信息障碍人群的生产、生活质量，推动无障碍城市迈入新的发展阶段。

三、法律实施中存在的问题

综上所述，我国出台的一系列法律法规政策，为信息无障碍环境建设提供了最为坚实的保障，有利于无障碍文化信息全面发展，有利于信息障碍群体共享互联网发展成果，有利于我国全面建成小康社会。然而，在法律法规的实施过程中，一些问题也逐渐浮现：

（一）如何确保法律条文从纸上落到实处

从国家宪法、专门法再到相关法规、政策都规定，信息障碍群体享有平等获取、使用信息的权利。但在法律条款具体实施的过程中，信息无障碍环境的整体建设困难重重。特别是私营实体，满足信息障碍用户使用需求的驱动力不足，导致信息无障碍产品存在功能单一、更新慢等缺点。因此，国家应当采取立法、行政等措施，要求私营实体为障碍群体提供无障碍产品。当然，适当的鼓励性政策也必不可少，这样可确保私营实体在自身正常运营的过程中积极投身于无障碍环境建设。

（二）信息障碍群体如何争取相关权益

由于社会长期结构性不公平带来的教育水平、经济实力等方面的差异，导致障碍群体在维护相关权益方面处于劣势。一方面，不高的媒介素养，导致障碍群体难以较快了解到最新的法律法规政策；另一方面，若遭遇不公平对待，需要花费较多精力、金钱来寻求法律援助，这对于障碍群体来说，并非一件易事。

后 记

近年来，中国残疾人文化权利与信息传播权利的保障不断进步，残疾人受教育权保障持续改善。为保障残疾人享有平等受教育权，我国颁布修订了《残疾人教育条例》，将残疾人教育纳入《国家中长期教育改革和发展规划纲要（2010—2020年）》和《“十三五”推进基本公共服务均等化规划》，制定实施了两期《特殊教育提升计划》，着力办好特殊教育，努力发展融合教育，提高残疾人受教育水平。中国无障碍文化信息传播的实现与不断完善，是中国残疾人事业发展的见证；通过政策与制度优化和宏观治理，强化公共文化服务、信息技术和传播环境的无障碍化；通过技术创新与社会协同，纵深推进无障碍信息传播的本土建设；总结新时代无障碍信息传播服务的特征，从而探索中国模式的实践优势与学理贡献，服务世界。《无障碍与文化传播》的写作与出版既是见证伟大祖国在信息无障碍领域的辉煌成就，更是关照残疾人研究、信息无障碍、公共服务和新闻传播学研究的跨学科交融与对话的一个成果。

《无障碍与文化传播》由中国传媒大学新闻传播学部的研究团队完成，由赵淑萍、吴炜华编纂。王婧雯、邹佳丽、任戈戈、秦瑜明、宋君仪、金玲易、程素琴、李怡滢、李晓娟、蔡旻俊、吴昊、赵希婧、蔡雨、曹晚红、蒙思思、韩冰、黄雨婷、张守信、王念、姜俣、蒋仪、刘颖、杨祎铭、张方媛、吴雨珂参与了本书的资料收集与整理工作。

在《无障碍与文化传播》付梓之际，让我们再次感谢为本书献出心力和智慧的各位老师和同学，也感谢在信息无障碍之路上奔走的每一位无名英雄，是你们的努力和勇气，推动了本书的最终完成。